폭력개념연구

열 가 지 사 나 운 힘 의 해 부

폭력개념연구

서보혁·이성용·허지영 엮음

종교폭력   생태폭력   일상적폭력

국가폭력   폭력연속체

긍정성의폭력   공동체폭력

사이버폭력   인도주의폭력

젠더폭력

돌아 보다 모다는사람들

폭력개념 연구

등록 1994.7.1 제1-1071
1쇄 발행 2024년 9월 20일

엮은이   서보혁 이성용 허지영
지은이   서보혁 허지영 강혁민 이병성 김신현경 이성용
          이나미 황수환 이찬수 조계원
펴낸이   박길수
편집장   소경희
편집·디자인   조영준
관 리   위현정
펴낸곳   도서출판 모시는사람들
          03147 서울시 종로구 삼일대로 457(경운동 수운회관) 1306호
          전화   02-735-7173 / 팩스 02-730-7173
인 쇄   피오디북(031-955-8100)
배 본   문화유통북스(031-937-6100)
홈페이지 http://www.mosinsaram.com/
ISBN   979-11-6629-205-7   03300

이 책을 기획하고 집필하던 때도 그러했지만, 출간을 앞둔 2024년 무더운 여름 한반도와 세계 분쟁 지역에서 폭력의 비릿한 냄새로, 전쟁의 검은 연기로 숨이 막히는 듯하다. 군인과 민간인을 구분하지 않고 백주대낮에 학살이 공공연히 자행되고 있다. 또 재미 삼아, 돈벌이로 개인의 존엄을 파괴하는 작태가 일상적으로 벌어지고 있다. 그 가운데 평화의 싹은 죽지 않으려 돌틈에 숨어들어 갈 수밖에 없다.

왜 이런 책을 펴내려 했던가 후회한 적도 있다. 발 내딛고 걸어가는 이 현실의 길 위에서 폭력을 흔하게 볼 수 있고, 바다 건너서도 들을 수 있고, 나의 생활 공간 어귀에서도 언제든 볼 수 있고, 내 맘에서도 폭력은 움트고 있거늘…. 각각의 명분이 있어 폭력을 행사한다지만 이제는 인간 사이는 물론 인간의 삶의 터전에도 무지막지한 폭력을 가하고, 그 반작용으로 말미암은 재난 가운데서 고민하고 신음하는 인간 군상 앞에서 폭력 개념을 따지는 일이 무슨 쓸모가 있을까?

그런데 한편으로 인간의 필요에 의해, 그 종말의 창 밖에서 생존의 가능성을, 평화의 희망을 찾는 것이 위선이기만 할까. 인류 역사는 평화와 폭력의 공존, 둘의 상호작용이었다고 자위하면서 질문해 보는 것이다. 과학기술과 정보통신의 발달이 평화와 폭력에 다같이 기여해 왔다. 그 절정이 이 책에서 소개하는 여러 폭력 군상이 아닐까 싶다. 거기에는 오래전부터 인간에 의해, 인간을 향해 가해진 재래식 폭력과 근래에 새로이 부상한 신흥 폭력이 혼재하면서 폭력의 위력은 가속화하며 발산하는 듯하다. 평화를 그리려면, 아니 그런 폭력을 완화하려면 그 기원과 운동을 파악하는 일은 피할 수 없는 작업이다. 평화의 낙원은 아니더라도 평화를 진작시키고 폭력을 지양하는 길을 찾으려면, 고투하지 않을 수 없는 과업이다. 적어도 열 사람의 필진은 그렇게 생각하고 이 일에 덤벼들었다.

이 책은 평화·폭력 연구에 관심이 있는 연구자들이 자발적으로 모여 출간을 기획하고 초고를 집필하고, 집필자 세미나를 거쳐 초고를 다듬었다. 기획에서부터 출간까지 함께해 주신 허지영, 이성용 교수께 깊이 감사드리고, 어떠한 후원도 없는 연구 출간 사업에 흔쾌히 동참해 주신 동료 선생님들에게도 감사드린다.

출간에 앞서 집필진들은 두 차례 학술회의에서 발표할 기회를 가졌는데, 이는 탈고 직전 원고를 완성하는 데 큰 도움이 되었다. 2024년 4월 12일 선문대학교에서 열린 한국평화종교학회의 춘계학술회의와 같은 해 4월 30일 강원대학교에서 열린 강원대 통일강원연구원 주최의 학술회의에서 각각의 폭력 논문들이 발표되고 공개 논평을 받았다. 발표 기회를 만들어주신 한국평화종교학회 김민지 회장님과 강원대학교 통일강원연구원 송영훈 원장님에게 깊이 감사드린다. 그리고 두 학술회의에서 유익한 토론을 해주신 여러 선생님들께도 감사드린다. 강원대 회의에서 최보선, 이동기, 심세현, 정원회 박사님(이상 강원대)과 전병길 선생님(전 통일과나눔), 그리고 한국평화종교학회에서 안신(배재대), 안연희(선문대) 교수님 등 모든 분들의 유익한 토론이 이 책을 완성하는 데 큰 도움이 되었다.

어려운 출판계 사정에도 불구하고, 『평화개념 연구』에 이어 이 책의 출간을 흔쾌히 맡아주신 도서출판 〈모시는사람들〉의 박길수 대표님께도 감사드린다. 두 책이 한국인들의 평화의식 함양에 이바지하기를 기대하는 마음 간절하다. 책에서 잘못된 부분이 있다면 이는 전적으로 필자들의 책임이다. 독자 여러분들의 질정을 부탁드리는 바이다.

집필진을 대표하여
2024년 9월
서보혁 씀

보름달은 앞면과 뒷면으로 이루어져 있지만 우리는 흔히 보름달의 앞면만 상상하기 쉽다. 그러나 뒷면이 없는 보름달은 납작한 허상일 뿐이다. 평화에서도 비슷한 오해가 생기곤 한다. 평화 연구는 많았어도 그 뒷면에 해당하는 폭력에 대해서는 관심이 적었다. 이 책은 열 가지 개념으로 기성 폭력과 신흥 폭력을 정밀하게 논하면서, '폭력 연속체'라는 개념으로 평화연구의 새로운 지평을 열어 보인다. 평면적인 평화론을 넘어 입체적인 평화론을 제시한, 참신하고 선구적인 저작이다.

_ 조효제(성공회대 사회과학부 명예교수, 한국인권학회장)

평화로운 세상을 만들기 위해서라도 평화를 위협하는 폭력의 은밀한 작동 방식을 규명해내야 한다. 이 책은 그에 관한 세밀한 해부서다.

_ 박홍서(동서대학교 중국연구센터 학술연구교수)

인류의 역사는 선만이 아니라 악도 진화되어 왔다. 본서는 악의 현재성인 폭력의 진화 과정을 적나라하게 보여준다. 치밀하게 작업한 그 결과가 우리에게 업(業, karma)의 악순환을 끊고 평화로 가는 대전환의 빛이 되리라 확신한다.

_ 원영상(원광대학교 평화연구소 소장)

폭력은 사랑이나 우정보다 더 흔한 인간 삶의 상수이고 더 잦은 선택 행위
이다. 이제 폭력 현상의 다양성과 역동성의 비밀을 찾는 탐정들이 등장했
다. 그 평화 탐정들을 버선 발로 맞는다. 폭력의 비밀을 알아야 평화의 대
문이 열린다. 평화에 관심 있는 이는 누구나 이 대문을 넘나들 것이다.

_ 이동기(강원대학교 대학원 평화학과 교수)

폭력의 사전적 의미는 물리적 힘을 통해 나의 의지를 상대방에게 강요하
고 그 과정에서 상대방에게 해를 입히는 행위를 뜻한다. 여기서 '물리적 힘'
이나 '가해'는 다양한 방식으로 표출될 수 있고, 우리는 이런 다양한 형태의
폭력을 매일매일 곳곳에서 경험한다. 오랫동안 한국 사회를 관통하는 개
념이 '폭력'이라고 생각해 온 나로서는 『폭력개념 연구』는 환영하고 싶은
저작이다. 이 책은 폭력이라는 개념을 전통적인 의미에서부터 21세기 새
로운 확장까지를 탐구한다. 이 책을 통해 폭력은 경찰봉이나 집단 난투극
에만 있는 것이 아니라, 우리의 일상, 예컨대 남성중심적 위계 질서 속에,
'우리가 남이가'하는 말 속에, 타자의 가난과 장애에 대한 동정 속에, 무심
코 적은 익명의 댓글 안에도 있다는 것을 알게 된다.

_ 이윤경(카나다 토론토대학교 사회학과 교수)

폭력개념연구

제2부 — 부상하는 폭력

연구의 의의와 범위

서보혁·허지영

문제의 제기

나는 혹은 우리는 지금 어떤 세상에 살고 있는가? '어떤 세상'이라….

동료들이 모두 퇴근한 시간 홀로 있을 때나, 모처럼 새벽에 일어나 책상 앞에 앉을 때나 생각해볼 만한 질문이다. 평소에는 생각하기 어려운 질문이다. 질문이 무겁고 그 무게를 견디가 버겁기 때문일 터이다. 이 질문과 그 답을 구하는 데 있어서 이제 나와 우리를 구분하기도 힘들게 되었다. 식량이든, 에너지든, 의약품이든 나의 문제와 우리 문제는 점점 더 겹쳐지고 있다. 우리가 의도했는지 안했는지를 따져보려면 또 다른 사유의 시간이 필요하지만, 아무튼 나와 우리와 세상은 더욱 가까워졌다. 그 방향이 긍정적인지 부정적인지는 생각하기 나름이지만, 코로나19 이후 침체국면을 면치 못하고 있는 세계경제와 우크라이나-러시아 전쟁과 이스라엘-하마스 전쟁이 지속되는 안보 정세를 감안하면 낙관하기 어려운 것만은 분명하다. 이런 일련의 현상들로 미중 패권경쟁이 수그러든 것 같은 착시현상이 나타나고 있지만, 전통적인 안보문제의 영향력은 결코 줄어들지 않고 있는 점도 지구촌의 미래를 전망하는 데 놓칠 수 없는 화두이다. 거기에 에너지 위기와 같은 전통적인 정치경제 문제에 기후위기와 같은 비전통적인 글로벌 이슈가 신흥 안보문제로 부상하였다. 결국 나와 우리는 글로벌 복합위기 시대에 들어선 셈이다, 그것도 깊이 말이다.

이들 거대하고 생경하고, 그래서 복합적인 지구적 현상은 대체로 인간의 삶을 밝고 행복하게 안내하기보다는 어둡고 불행하게 만들 개연성이 크다. 물론 인공지능 수준이 높은 첨단 컴퓨터와 로봇이 인간을 노동으로부터 해방시키고, 신약과 첨단 의료기기의 발명으로 수명이 길어질 가능성은 그런 비관을 완화시켜줄 수 있다. 그러나 그런 기대도 잠시, 소득 양극화와 혐오·배제의 문화로 비관이 낙관으로 쉬이 전환하기 어려워 보인다. 이렇게 세계적으로나, 한 사회 차원에서나 개인과 집단, 양 측면을 망라해 갈등과 비관이 넘쳐나고 있다. 이 책의 필자들은 그런 흐름이 높아지는 배경으로 폭력의 진화를 의심하고 있다.

폭력(暴力)은 무엇인가? '사나운 힘'은 그 자체의 힘을 갖고 있는가, 아니면 인간 의지의 발로인가? 폭력은 어디서 어디까지이고, 그중에서도 폭력을 폭력으로 만드는 핵심 요소는 무엇인가? 이런 질문은 철학적 질문이자 폭력 담론의 역사에 해당하는 질문이기도 하다. 필자들은 이런 깊이 있는 질문에 직접 답하기보다는 우회하는 방법을 택하고 있다. 오늘날 세계는 어떤 폭력에 직면해 있는가? 혹은 오늘날 위력을 발휘하고 있는 폭력들이 인간과 세계에 어떤 영향을 미치고 있는가? 결국 이 책은 폭력 개념의 형성과 전개를 탐구하면서 오늘날 인간과 세계를 이해하고, 가능하면 어디로 가는지도 생각해 보고자 한다. 어디로 가야 할 것인지는 감히 연구 목적에 포함시키지는 못하지만, 논의 결과 그에 관한 함의(含意)를 찾아볼 수 있기를 희망하는 것이다.

연구의 범위

위에서 던진 질문, 곧 이 연구의 목적에 답하려면 무엇보다 분명히 하나로 묶어내기 어려운 폭력의 군상을 이해하고 그 사이를 관통하는 주요 의미를 찾아보아야 할 것이다.

우리의 문제의식은 깊다기보다 단순한 축에 해당한다. 오늘날 인류가 직면하고 경험하고 있는 폭력은 어떠한가? 그 형태와 성질, 그리고 그 영향은 무엇인가? 그중에는 현대 이전부터 존재하였던 기성 폭력도 있을 것이다. 재래식 폭력이라고도 이름 붙일 수 있는 이런 폭력은 구체적으로 무엇이 있는가? 그렇다면 개방화, 세계화, 정보화, 나아가 신냉전 등으로 불리는 오늘날에도 폭력은 과거와 같은 성질을 띠고 있는지, 혹은 어떻게 변용을 하는지 궁금하다. 또 기성 폭력이 신흥 폭력과 갖는 관계나 그 상대적 비중도 궁금하다. 21세기 급변하는 세계에서 기성 폭력과 달리(혹은 그에 비해) 새로 부상하는 폭력은 무엇이 있는가? 신흥 폭력은 무엇이 기성 폭력과 다르고 같은가? 신흥 폭력의 주 무대는 한 사회인가 세계인가, 물질세계인가 가상 세계인가, 혹은 개인적 차원 중심인가 아니면 세계적 차원 중심인가? 어떤 폭력이든지 간에, 그것이 객관적 성격의 폭력인지 아니면 관찰자가 판단하는 범위 내에서의 폭력인지도 고려할 바이다. 이처럼 폭력은 오래되고 새롭고, 거시적이고 미시적이고, 객관적이고 주관적인 면을 두루 품고 있는 개념이다. 또 폭력은 평화, 민주주의, 차별, 인권과 같이 추상 수준이 높은 개념이다. 달리 말해 폭력 개념은 현상을 포괄하는 범위가 넓은 개념이고 그래서 복잡하고 모호해보일 수 있다.

이 책은 다양한 폭력 개념을 꽤 많이 초청해 오늘날 인류가 겪고 있는 현실을 풍부하게 이해하는 데 그 목적을 두고 있다. 초청한 폭력 개념들은 크게 오래되었지만 여전히 건재한 기성 폭력과 새롭게 부상하는 신흥 폭력으로 구성된다. 이런 구분은 다소 자의적인 측면이 없지 않지만, 이 연구의 의의를 부각시키는 역할을 하고 있다는 데 만족하고자 한다. 평화 개념만큼이나 폭력 개념 연구는 국내에서 크게 미흡하다. 물론 몇몇 유명 사상가의 폭력 논의를 소개하는 도서나 교양 수준의 개론서는 있어 왔지만 이 책이 추구하는 바와 같은 학술적이고 체계적인 논의는 찾아보기 어렵다.

이 책에서 다루는 폭력 개념의 범위는 크게 두 축으로 구성되어 있다. 하나는 개념들의 범위로서, 현재 인류가 경험하고 있는 복잡다단한 현실을 반영하는 차원에서 10개의 개념을 검토하고 있다. 이 개념이 크게 기성 폭력과 신흥 폭력으로 구성되어 있음은 위에서 언급했지만, 이들 개념은 현실에서 서로 연관되어 있다. 이 책에서는 기성 폭력 개념으로 국가 폭력, 공동체 폭력, 젠더 폭력, 종교 폭력을 선정했다. 물론 이들 폭력이 오늘날 어떻게 작동하는지에 초점을 두어 기성 폭력의 현대성을 부각시키고자 한다. 신흥 폭력 개념은 생태 폭력, 인도주의적 폭력, 긍정성의 폭력, 일상적 폭력, 사이버 폭력, 연속선상의 폭력 등 여섯 개 주제이다. 이들 중에는 역사적으로는 기성 폭력으로 간주해도 무방한 것도 있지만, 개념의 발전 측면에서 신흥 폭력으로 간주하였음을 밝혀둔다. 신흥 폭력으로 간주한 개념들을 통해 오늘날 인간사회의 복잡성을 풍부하게 이해하고, 나아가 비폭력적인 사회로의 전환 가능성을 그려볼 수 있을 것이다.

이 책이 다루는 폭력 개념 범위의 또 다른 축은 각 폭력 개념이 담아내는 일단의 구성 요소들이다. 거기에는 해당 개념의 등장 배경, 개념의 발달 과정, 개념의 특징, 그리고 그 개념이 내포하는 의미를 포함한다. 폭력 개념들의 축이 오늘날 세계의 현실을 거시적으로 이해하는 데 유용하다면, 폭력 개념의 요소 축은 세계의 현실을 미시적으로 이해하는 데 유용하다. 개념 요소의 축은 해당 폭력이 당대의 관심을 받은 정치, 사회, 경제 등 제반 측면들과 그 개념의 발달 과정을 드러내줄 것이다. 그리고 해당 폭력에 대한 이해가 오늘날 세계에 주는 의미도 논의하고 있는데, 여기서는 한국사회나 한반도에 주는 의미도 포함하고 있다.

이와 같이 폭력 개념을 씨줄과 날줄로 논의함으로써 폭력에 대한 인식을 높임은 물론 폭력 너머를 풍부하게 상상할 수 있기를 기대해 본다. 여기서 채택한 폭력 개념에 대한 접근 방법과 논의 범위는 폭력을 줄이고 평화를 늘려가는 데 이바지한다는 문제의식을 담고 있다. 결국 폭력 개념 연구의 종착지는 평화이고 폭력 개념 이해는 그로 가는 길에 필히 조우할 중간 지대인 셈이다.

책의 구성

이 책은 2개 부로 구성되어 총 열 가지 폭력 개념을 제시하고 논의한다. 제Ⅰ부는 비교적 오랜 기간 존재해 온 폭력 개념이지만 현재 사회에도 여전히 유효한 네 가지 폭력을 다룬다. 이를 통해 여전히 해결되지 못한 전통적인 폭력 문제를 체계적으로 이해하고자 했다. 제Ⅱ부에서는 세계화나 기술의 발전과 같은 시대적 맥락에 따라 새롭게 부상하는 폭력의 특징을 발견하고자 했다. 폭력 개념의 통일성 있는 검토를 위해 각 장의 제목을 'ㅇㅇ폭력'으로 명명하고 개념의 등장, 개념의 전개 및 특징, 개념의 의의 등의 논점을 공통으로 다루고 있다.

제1부는 '여전히 건재한 폭력'이라는 주제 아래 국가 폭력, 종교 폭력, 젠더 폭력, 공동체 폭력을 설명한다. 먼저 1장은 국가 폭력의 개념을 검토하기 위해 논의의 배경, 특징, 효과, 그리고 극복 방안을 차례로 논의한다. 국가 폭력을 국가의 위임을 받은 주체가 정치적 목적을 달성하기 위해 개인이나 집단에 가하는 폭력 행위로 정의하고 냉전 시기와 탈냉전 시기에서 나타나는 배경과 특징을 서술한다. 특히, 국가 범죄나 정치 폭력과 같은 유사 개념과 상당한 공통점이 있으나 국가 폭력 고유의 영역에 주목한다. 나아가 국가 폭력은 정치적 우발성이나 우연성에 의해 발생한 폭력이 아니라, 철저히 기획되고 조직화된 정치적 의도를 통해 일반 시민들을 구별하고, 그 구별에서 탈주된 집단에 대한 권리와 신체 양 측면에 가하는 폭력임을 강조한다.

2장은 종교 폭력 개념을 현대 사회에서 종교 폭력으로 보이는 현상들을 '세속 시대(a secular age)'의 역사적 맥락에서 검토한다. 세속 시대는 국민국가, 정교분리 원칙에 입각한 자유주의, 민족주의, 자본주의에 의해 추동된 세계화를 그 특징으로 한다. 이러한 세속 시대의 종교 폭력은 세속 시대 이전의 시대, 즉 근대 이전 시대의 종교 폭력과 전혀 다른 양상을 띠게 된다. 세속 시대의 종교 폭력은 세속 이데올로기와 긴밀한 연결 속에서 발생한다.

3장에서 소개하는 젠더 폭력, 더 정확히 말해 젠더 기반 폭력(gender-based violence)은 폭력에 대한 논의들 중에서도 비교적 최근에 이름을 얻었지만, 젠더 폭력은 인류 사회에서 가장 오래된 폭력이라는 점에서 여전히 건재한 폭력에 포함시켰다. 이 개념과 혼용되는 여성에 대한 폭력이 가부장제와 여성 차별과의 관련 속에서 문제화되기 시작한 것은 1960~1970년대 페미니즘의 제2물결 때부터였다. 이 장에서는 국제 인권 체제에서 젠더 기반 폭력 개념이 형성되는 과정과 한국 사회에 주는 함의에 대해서도 고찰한다.

4장은 공동체 폭력 개념을 분석하고 이 개념의 도입이 평화학 연구에 미친 영향을 살펴보는 것을 목적으로 한다. 2000년대 내전 연구의 한 영역으로 주목받기 시작한 공동체 폭력은 최근 전후 복구 및 평화 구축 과정에서 지역 커뮤니티의 주도적 역할을 강조하는 소위 평화 구축의 '로컬화' 담론의 활성화에 힘입어 다양한 방향에서 연구가 일어나고 있다. 이 장은 공동체 폭력이 학술 담론에서 다루어진 역사에 대해 먼저 개괄하고, 최근 학계 논의에서 주목하고 있는 공동체 폭력의 개념적 특징을 소개한다. 특히 이 개념과 관련한 기존 논의가 정체성 집단(communal group)을 기본 단위로 발생한다는 점, 국가 기구가 분쟁의 당사자로 참여하지 않는다는 점, 각 정체성 집단의 정치적-물질적 이해관계를 둘러싼 첨예한 갈등이 주요 원인으로 작용한다는 점을 강조한다.

제2부는 '부상하는 폭력'이라는 제목 하에 여섯 가지 폭력 개념을 다룬다. 이 개념들은 환경 파괴나 온라인 기술의 발전과 같은 새로운 맥락에서 발생하는 폭력의 문제를 생각해 볼 기회를 제공한다. 또한 일회적 사건으로서의 폭력이 아니라 점차 미묘한 방식으로 지속적이고 만연한 형태로 가해지는 폭력 양태를 목격할 수 있다.

5장에서는 생태 폭력 개념이 등장한 배경과 전개 과정, 그 특징과 의의를 살펴본다. 기후위기 및 이러한 위기가 초래한 폭력적 양상들로 인해 등장한 개념인 생태 폭력은 환경 정의와 인간 안보를 위협하는 것으로, 더 나아가 자연의 고유한 권리를 침해하는 것으로까지 의미가 확장·심화되었다. 이러한 생태 폭력은 행위자적이거나 구조적 특성을 띠지만, 이 두 가지 특성을 동시에 가진 폭력이란 특징이 있다. 또한 자연, 사회, 심리적 차원을 포괄하며, 가해와 피해의 경계가 흐린 특징도 지녔다.

6장은 인도주의적 목적을 둔 활동이라도 지원을 받는 대상의 입장에서는 폭력적인 상황으로 느끼거나 폭력 그 자체로 여길 수 있다는 점을 고려한 인도주의 폭력을 다룬다. 인도주의 폭력은 직접적인 형태보다는 간접적인 형태로 주로 나타나며, 의도성보다는 비의도성이 나타나며, 혹은 사상이나 이데올로기적 우월성을 강조하며 폭력을 정당화하기도 한다. 그렇다고 인도주의 폭력 개념이 인도주의 자체에 대한 비판을 목적으로 하는 것은 아니다. 인도주의적 대의가 의도하든 의도하지 않든 훼손되어 폭력으로 귀결될 수 있다는 점에 유의해야 한다는 점을 강조한다.

7장은 일상적 폭력 개념을 소개하고 그 특징을 논의한다. 법적·제도적 차원에서 인정되는 폭력의 범주는 비교적 명확하지만, 일상에서 경험하는 폭력은 극단적이지 않으며 좀 더 만연한 형태로 가해지기에 폭력으로 인정받지 못하는 경우가 많다. 일상적 폭력은 그렇게 미묘하지만 구조적 또는 개인적 차원에서 일상에서 반복해서 발생하는 물리적·비물리적 폭력을 아우르는 개념이다. 미묘하고 소소한 형태로 표출되기 때문에 사회에서 정상적 행태로 수용되거나 최소한 심각한 문제는 아니라는 인식이 강한 것이 특징이다. 일상적 폭력 개념은 의식적·무의식적으로 가해지는 사소하고 미묘한 행위들을 명확한 '폭력'으로 인식하도록 도와준다는 점에서 의미가 있다.

8장은 어떤 일을 긍정적인 자세에서 수행해가는 과정에 비의도적으로 발생하는 폭력 전반을 일컫는 긍정성의 폭력을 논의한다. 긍정성의 폭력은 특히 자유롭게 경쟁하며 성과를 쌓아가도록 추동하는 신자유주의의 흐름 속에서 저마다의 긍정적 활동들이 중첩되고 과잉되며 형성된 새로운 폭력 양상을 일컫는다. 여기에는 긍정성을 권장하는 사회적 차원과, 사회적 요구를 수용하는 데서 오는 난관들을 자발적으로 감내하면서 긍정성을 강화시키는 개인적 차원을 포함한다. 이 두 차원은 상호 순환한다. 하지만 균등하지는 않다. 온갖 난관을 감내하면서 개인의 '정신승리'를 도모하려 하기에, 폭력의 피해자는 있지만 가해자는 실종된 그런 폭력이다.

9장은 사이버 폭력 개념의 등장 배경과 전개 과정을 살펴보고 개념의 특징과 의의를 검토한다. 사이버 폭력 개념은 인터넷과 디지털 기술이 보편화되기 시작한 1990년대 후반부터 사이버 공간에서 발생한 일탈 행동이 증가함에 따라 등장했다. 사이버 폭력은 사이버 공간을 행동 장소로 설정하고 있는 개념인 만큼 사이버 공간의 특성과 밀접한 관련성이 있다. 사이버 폭력 개념은 디지털 기술이 사이버 공간에서 만들어내는 새로운 형태의 폭력에 주목한다. 그런 폭력의 심각성과 사회적 파급효과에 대한 인식을 강화하며 체계적이고 다각적인 접근이 필요함을 강조한다는 점이 사이버 폭력 개념의 의의이다

10장은 폭력 연속체 개념을 토의하고 있다. 통상 폭력은 평화의 대립어로서 부정적인 의미를 내포하고 있다. 그러나 현실에서 폭력은 평화와 동거하고 그 내에서 다양한 변이를 일으킨다. 폭력 연속체 개념은 이런 폭력의 현실적 측면에 주목해 폭력에 대한 다원주의적 이해를 추구한다. 또 폭력 연속체 개념은 폭력을 지양하고 평화를 수립하는 데 좀 더 현실성을 높여줄 것으로 기대할 수 있다. 이 개념은 폭력 내에, 그리고 폭력과 평화 사이에 다양한 수준과 형태의 폭력이 있을 수 있음을 보여주고 있다. 본문에서는 폭력 연속체 개념을 제기한 다양한 주장과 제안을 소개하면서 개념의 의의와 특징을 찾고 있다. 대신 개념이 모호하고 전쟁과 같은 명백한 물리

적 폭력의 경우에는 적용의 한계를 보인다.

　마지막으로 결장에서는 폭력과 평화를 연결짓는 개념으로 비폭력주의를 토의하고, 이러한 논의가 한국사회에서의 평화 논의를 확장하는 데 기여할 수 있는 가능성을 토의한다. 첫째, 다양한 형태의 행위들 중 폭력과 비폭력을 구분 짓는 기준의 모호성과 관련해 그동안 비폭력 활동의 두 흐름으로 자리 잡은 원칙적 비폭력주의와 실용적 비폭력주의를 논의한다. 한반도에서 비폭력주의와 관련한 논의 초점은 실용적 비폭력주의와 폭력의 제한적 이용을 지지하는 시각이 서로 소통할 지점을 찾는 데 우선순위를 둘 필요가 있다. 둘째, 비폭력으로 간주할 수 있는 행위는 크게 비폭력운동에서 허용할 수 있는 폭력의 수준, 목적 달성 과정에서 발생하는 피해, 그리고 원칙적으로 수용 가능한 폭력이 존재하는가 여부 등의 측면에서 논의해볼 수 있다. 이와 관련해 한국사회에서는 민주화 이후 국가와 시민사회 사이의 폭력 행위, 그리고 현상적으로 물리적 폭력이 아니거나 개인적 의도를 포함하지 않으나 사회적으로 큰 폭력 양상을 나타내는 문제가 주목받고 논쟁도 불러일으키고 있다.

　이 책에서 살펴본 열 가지 폭력 개념은 오늘날 폭력 및 평화 연구에서 다루는 주요 시각과 접근 방법을 포함한다. 오래된 개념이지만 여전히 건재한 폭력과 시대적 맥락에 따라 새롭게 부상한 폭력을 나누어 분석하면서 오늘날 폭력이 더욱 교묘하고 일상적인 방식으로 전개되고 있음을 확인할 수 있다. 또한 과거에 비해 폭력의 주체도 다양해졌다. 이는 폭력의 피해자인 개인들이 폭력의 주체가 될 수도 있음을 말해준다. 폭력 개념에 대한 인식을 확장하는 것을 통해 폭력을 극복하기 위해 분투하고 있는 평화연구와 평화운동이 맞닿길 희망한다.

제1부

여전히 건재한 폭력

제1장   국가 폭력

강혁민

1. 들어가는 말

폭력의 시대라고 규정되는 20세기는 그야말로 전쟁과 학살, 인권유린의 시기였다. 이 시대의 잔혹성을 사유한 많은 사상가들은 앞다투어 폭력론을 제시했고 이에 뒤질세라 대학이나 연구 기관들도 냉전과 탈냉전의 전쟁과 폭력을 종합적으로 분석해 세계에 만연해 있는 폭력의 양상을 조직적으로 들추어냈다.[1] 이러한 자료들은 일제히 폭력의 만연성과 파국성을 드러내 우리가 살아가고 있는 일상이 얼마나 위험 세계에 들어앉아 있는지 보여주었다. 그리하여 21세기 국제사회에 대한 새로운 전망은 적극적이고 희망찬 평화의 미래이기보다는 과거보다 더 조직적이고 일상적인 폭력이 발현된 세계였음을 꼬집었다.

이렇듯 폭력이 더욱 일상화되면서, 폭력을 자행하는 주체도 급격히 다변화되었다. 전쟁은 남성·여성·어린이·노인에 이르기까지 국가를 구성하는 각 계층이 전면적으로 참여하는 양상을 보이며, 이에 따라 전쟁은 더 이상 젊은 남성의 전유물이 아니게 되었다. 메리 캘도어(Mary Kaldor)의 '새로운

---

1   웁살라갈등센터(Uppsala Conflict Data Program)와 스톡홀름 국제 평화연구소
    (Stockholm International Peace Research Institute)가 대표적이다.

전쟁'도 이와 같은 복잡한 폭력의 주체와 주체성에 주목했다.[2] 재독 철학자 한병철의 폭력에 대한 단상도 이렇게 일상화되고 다변화된 폭력과 그 주체들에게 우리의 시선을 집중시킨다.[3]

폭력의 주체가 급격히 다변화되고 있다는 사실 만큼 중요한 것은 폭력이 정치적 진공상태에서 우발적으로 발생하지 않았음을 깨닫는 것이다.[4] 슬라보예 지젝(Slavoj Žižek)의 날카로운 눈은, 전쟁과 폭력에는 언제나 그것을 행사하는 주체, 그리고 희생을 강요당하는 객체가 존재함을 보았다. 다시 말해, 정치적 기획이 없는 폭력이란 존재하지 않으며 폭력의 발생 경로와 주체가 다변화된 만큼, 그것을 조종하고 행사하는 정치적 기획도 다변화되고 있다. 따라서 우리는 그 어느 때보다도 폭력을 낯설게 마주해야 하며, 그 본질적 주체에 대한 비판을 게을리할 수 없는 처지에 놓여 있다.

그렇다면 일상화되고 조직화된 폭력을 조직적으로 계획하고 행사하는 주체는 무엇인가? 그리고 그것은 어떤 특징이 있는가? 이 글은 21세기의 폭력을 논하면서 국가의 의한 폭력, 국가가 행사하는 폭력에 주목하고자 한다. 국가폭력은 폭력론에서 새로운 개념은 아니지만 여전히 국가가 21세기 폭력의 핵심 주체임을 부인할 수 없다는 점에서 우리는 국가폭력을 다시 고찰해야 할 필요가 있다. 그리고 이를 낯설게 보고 극복하기 위한 실천적 방안이 무엇인지 다시 들여다 보아야 한다.

2   메리 캘도어, 유강은 역, 『새로운 전쟁과 낡은 전쟁: 세계화 시대의 조직화된 폭력』, 파주: 그린비, 2010.
3   한병철, 김태환 역, 『폭력의 위상학』, 파주: 김영사, 2020.
4   슬라보예 지젝, 정일권, 김희진, 이현우 역. 『폭력이란 무엇인가-폭력에 대한 6가지 삐딱한 성찰』, 서울: 난장이, 2011.

그런데 국가폭력은 무엇인가? 국가가 폭력의 주체로 지목된다는 것은 무엇을 뜻하는가? 하나의 개념으로서 국가폭력을 논하기 위해서는 먼저 이 개념이 지칭하는 '국가'와 '폭력'을 상세히 분석해야 하지만 지면상의 이유로 이 작업은 기존의 업적들[5]로 대체하고자 한다. 그보다 필자는 국가폭력의 양상과 특징, 그리고 이 개념을 통해 평화공존에 줄 수 있는 함의를 나열함으로써 국가폭력을 설명할 것이다. 글을 전개하는 과정에서 필자는 국가폭력이 어떻게 20세기와 탈냉전 시대에 발전되어 왔으며 이 시대의 국가폭력이 어떠한 특징을 지니고 있는지에 초점을 맞추어 설명할 것이다.

2. 개념의 등장 배경

본고에서 논하고 있는 여러 폭력 개념들과 마찬가지로 국가폭력을 간략히 정의하기란 까다로운 일이다. 그것은 국가가 무엇인가 또는 국가와 폭력의 관계는 무엇인가에 대한 철학적인 설명이 불가피하기 때문일 것이다. 또한 국가폭력이 현대사회에 나타나는 역사적 전개 양상에 따라 그 의미 규정이 달라질 수 있기 때문이다. 그럼에도 불구하고 국가폭력을 광의의 개념으로 서술하자면 이것은 국가 또는 국가의 위임을 받은 주체가 정치적 목적을 달성하기 위해 개인이나 집단에 가하는 폭력 행위라고 할 수 있다. 여기에서 폭력 행위는 직접적이거나 간접적인 형태를 모두 포함하

---

5 국가와 폭력의 관계에 대한 논의는 문수현, "국가와 폭력: 국가가 실패하는 순간에 대한 고찰", 『역사비평』 131호, 2020, 24-62쪽을 참조하라.

며, 국가의 경계 밖에 존재하는 이념·제도·문화·인종 등은 폭력의 대상이 된다.

학자들마다 국가폭력을 달리 해석하는 것은 자연스러운 일이다. 주지하듯, 국가폭력의 주체를 이해하는 시각에 따라 그 양태와 범위, 그리고 성격이 다소 달라질 수 있기 때문이다. 예를 들어, 국가폭력의 주체는 곧장 정부·군대·경찰과 같은 권력 기구일 수도 있지만, 권력을 위임받은 행위자들일 수도 있다. 또한, 국가의 법·제도·체제 그리고 문화도 폭력의 주체가 될 수 있다. 그리고 그러한 구조 안에서 개인과 집단은 폭력에 '연루된' 가해자 또는 피해자가 될 수 있다. 특정 집단을 의도적으로 제도화함으로써 시민과 비시민을 규정하고 배제하여 이들에 대한 인권유린을 유도하고 구조적 폭력을 공고화할 수 있기 때문이다. 이처럼, 국가폭력의 행위 주체에 따라 폭력의 범위는 다양해진다. 이뿐만 아니라 국가폭력과 비슷한 개념들의 의미 규정도 어렵게 한다. 후술하겠지만 가령, 국가범죄나 정치폭력과 같은 개념들은 국가폭력의 특유성을 강조하지만 개념적 경계를 흐릿하게도 한다. 따라서 무엇을 국가폭력이라고 하는가 그리고 그 결과는 무엇인가에 대한 논의는 좀 더 세심히 분석할 필요가 있다.

국가폭력은 언제 그리고 어떻게 등장하게 된 것인가? 그리고 이 개념이 학술적인 논의에 전면적으로 나타난 계기는 무엇인가? 국가폭력이 하나의 개념 체계로서 학술적 논의에 전면적으로 등장하게 된 것은 냉전 시대에 나타난 국가 주도의 정치폭력·대량 학살 및 인종 청소 그리고 반혁명적 억압 등이 국제적 현상이 되었기 때문이며, 개념이 명확해지게 된 것은 탈냉전 시대에 내전 및 테러리즘이 폭증했기 때문이다. 최근에는 전통적으로 이해되던 국가폭력이 좀 더 복잡한 양상을 띠게 되었는데, 그러한 이유

중 하나는 국가와 국가 사이의 탈경계화가 이루어지면서 비국가 행위자들의 범국가 연대를 통한 테러리즘·자폭·반란·폭동 등이 국가적 경계를 무시하고 발생했기 때문이다. 이러한 국가폭력은 국제사회 지형에서 연대한 집단들의 사회·정치·경제적 관심과 니즈를 관철시키기 위한 폭력으로 수단화되어 더욱 해결하기 어려운 것으로 발전하고 있다.[6]

1) 냉전 시대의 국가폭력

20세기 내내 전 세계를 전쟁의 도가니로 몰아넣은 냉전은 자유와 공산 진영 간의 이념 전쟁으로만 설명될 수는 없을 것이다. 냉전적 체제는 진영적 노선을 취한 개별 국가로 하여금 그 이념을 따르지 않는 시민들과 반체제 인사들에게 인권유린이나 학살 등을 자행할 수 있는 구조적 길을 열어 주었다. 예를 들어, 자유주의 진영에서 냉전은 친자본주의와 반사회주의를 이념적으로 정당화시켰으며, 이 진영에 속한 대부분의 국가들은 '반공'적 지배 체제를 배태해 냄으로써 국내적으로 반공에 기반한 법·제도·정치 구조를 통해 이념적 타자들에 대한 폭력을 일상화하였다.[7] 김동춘은 이것을 '전쟁정치'라 칭하였는데, 냉전 시대 국가는 국민들에 대한 치안을 담당할 조직과 기구, 국가보안법과 각종 비상조치법을 고안해 냄으로써 폭력과

---

6   Adria Lawrence and Cheonoweth Erica, "Introduction" in Chenoweth Erica and Adria Lawrence (eds.), *Rethinking Violence: States and Non-State Actors in Conflict* (Cambridge; London; The MIT Press, 2010).
7   김동춘, "냉전, 반공주의 질서와 한국의 전쟁정치: 국가폭력의 행사와 법치의 한계", 『경제와사회』 89호, 2011, 333-366쪽.

전쟁의 정치를 정당화시켰다.[8]

확실히, 냉전 시대 폭력의 주체는 대부분 국가였다. 냉전의 최전선에서 벗어난 많은 국가들, 가령, 동아시아·라틴아메리카·아프리카 지역의 국가들은 전쟁정치를 실현하고자 했다. 이러한 국가들에서는 냉전이 아닌 열전으로서 냉전의 최전선이 긴 평화(long peace)[9]로 항해하는 가운데 오히려 뜨거운 전쟁, 즉 국가폭력이 자행되었다.[10] 권헌익이 지적하듯이 비서구 국가들에게 냉전은 내전과 정치폭력의 시기였다.[11] 라틴아메리카는 열전 속 국가폭력의 중층적 위기를 그대로 받아 낸 대륙 중 하나다. 라틴아메리카의 대부분의 국가들, 가령, 콜롬비아·과테말라·쿠바·니카라과·엘살바도르와 같은 국가에서 냉전은 기존의 정치적 사회적 긴장을 극단으로 치닫게 하는 촉매제 역할을 했다.[12] 예를 들어, 콜롬비아는 20세기 초부터 정치적 엘리트에 의한 양당제화 후견주의로 대중들의 반발이 심각했다. 1950~1960년을 지나면서 반정부 게릴라 그룹들이 출현하였고, 정부는 반공주의 이념을 중심으로 마약 퇴치와 자유민주주의 확산을 필두로 미국의 개입을 허락함으로써 1980~1990년대에 대대적으로 이 그룹들의 소탕 작전을 벌였다.[13] 정부에 대항하는 시민들과 반체제 인사들에게 정치폭력이

8   김동춘, 『전쟁과 사회: 우리에게 한국전쟁은 무엇이었나?』, 서울: 돌베개, 2000.

9   John Lewis Gaddis, *The Long Peace: Inquiries into the History of the Cold War* (New York; Oxford: Oxford University Press, 1989).

10   John Paul Lederach, *Building Peace: Sustainable Reconciliation in Divided Societies* (Washington D.C.: United States Institute of Peace Press, 1999).

11   권헌익, 이한중 역, 『또 하나의 냉전』, 서울: 민음사, 2013.

12   박구병, "라틴아메리카의 '뜨거운 냉전'과 종속의 심화, 1945-1975", 『이베로아메리카 연구』 제27권 3호, 2016, 133-157쪽.

13   Frank Safford and Marco Palacios, *Colombia: Fragmented Land, Divided Society*

자행된 것이다. 이처럼 냉전 시대 국가폭력은 전 세계적 현상이 되었으며, 탈냉전 시대 국가폭력의 토대가 되었다.

한편, 냉전 시대에 나타난 뚜렷한 현상은 '체제의 변환'이었는데, 이 체제 변환의 과정에서 국가는 시민들에게 광범위한 폭력을 자행했다. 특히, 1970~1980년대 라틴아메리카와 동유럽 국가들을 중심으로 정치적 체제가 변화하면서 국가가 국민들에게 폭력을 행사하는 것이 가능해졌다. 특히, 권위주의 정부에서 민주주의 정부로의 이행은 무엇보다 많은 사상자를 만들어 냈다.[14] 정치적 이행에서 국가는 체제의 반대편에 서 있는 시민들뿐만 아니라 무고한 시민들까지도 강제 구금하거나 집단 학살하는 등 광범위한 인권유린을 자행했다.

2) 탈냉전 시대의 국가폭력

아이러니한 것은 탈냉전이었다. 냉전이야 치열한 이념 전쟁이 중심과 주변부 전 영역에 걸쳐 전쟁과 내전, 열전을 발생시키는 폭력의 구조였다고 치더라도, 탈냉전이 기존의 국제 양극화 체제에서 발생된 구시대적 유물을 그대로 답습할 것이라고는 예상치 못했다. 그러나 국가폭력은 새롭게 다

(New York; Oxford: Oxford University Press, 2002); 조성권, "콜롬비아에서 정치폭력의 역사적 기원과 발전-양당주의, 후견주의, 그리고 반공주의를 중심으로-", 『중남미 연구』 제14집 1호, 1995, 45-80쪽.

14 Edward D. Mansfield and Jack Snyder, "Prone to Violence: The Paradox of the Democratic Peace," *The National Interest* 82 (2005/6), pp. 39-45. Ainhoa Montoya, *The Violence of Democracy: Political Life in Postwar El Salvador* (New York: Palgrave Macmillan, 2018).

르완다 냐마타 제노사이드 기념관. "냐마타 학살은 1994년 4월에서 7월에 발생한 르완다 제노사이드의 대표적인 사례로서 이 사건을 기념하기 위한 냐마타 제노사이드 기념관이 냐마타 교회 안에 건립되었다. 이 학살은 투치족에 대한 제노사이드 였으며 약 2500명이 희생되었다."(출처: https://commons.wikimedia.org/wiki/File:Nyamata_Memorial_Site_13.jpg, CC BY-SA 3.0)

가온 시대에도 여전히 건재했다. 탈냉전 시대에 발생한 폭력의 특징이라고 할 수 있는 비국가 행위자들에 의한 무력 갈등에도 불구하고 국가에 의한 폭력은 그 지속성을 유지했다.[15] 탈냉전 시대의 전쟁 양상을 분석한 웁살라갈등센터의 자료에 따르면 1989년과 2014년 사이 전 세계적으로 전쟁이나 유혈 갈등은 일시적으로 감소되는 추세를 보이다 2014년 이후부터 다시 증가하고 있다. 탈냉전 분쟁의 주요 행위자는 비국가 행위자로 이념, 종

---

15 이철기, "비국가무력갈등의 추세와 특징에 관한 분석: 1989년-2012년", 『사회과학연구』 제30집 3호, 2014, 23-42쪽.

교, 문화, 민족을 포함한 다층적 원인에 의해 테러리즘을 자행한다. 그렇다고 정부군과 반군 사이에 발생하는 내전이 감소되지 않았으며, 국가가 자국의 시민들에게 폭력을 행사하는 일방적 국가폭력도 계속되고 있다.

2023년 종합된 자료에 따르면,[16] 국가기반분쟁(state-based conflict)은 1989년부터 2014년까지 약한 소강상태를 보이다가 2014년부터 전 세계 모든 지역에서 다시 증가했을 뿐만 아니라 냉전 시대의 분쟁 횟수를 넘어섰다. 지역별로는 아프리카 국가들과 아시아 국가들에서 강한 추세를 보인다. 분쟁의 유형을 보면, 주로 국가 내(intrastate) 분쟁이 주를 이룬다. 그렇다고 해서 모든 국가 기반 분쟁이 국가폭력을 의미하지는 않는다. 한 국가 내에서 발생하는 분쟁도 국가가 일방적으로 시민들에게 폭력을 행사하고 있다. 여기에서 일방적 행위의 주체는 정부를 의미하고 정부의 시민에 대한 폭력인 것이다. 정부에 의한 폭력의 경우 대부분이 역시 아프리카와 아시아 지역에서 나타나고 있으며, 탈냉전 시대 내내 비국가 행위자에 의한 폭력보다 국가 행위자에 의한 폭력의 횟수가 더 많았다. 요컨대, 탈냉전 시대의 한 국가에서 나타나는 국가폭력은 감소하지 않으며 그 빈도수에서 냉전 시대와 전혀 다를 바가 없다.

16 https://ucdp.uu.se/exploratory를 참조하라.

3. 개념의 전개

1) 국가범죄

국가폭력 개념을 좀 더 명확히 하기 위해서는 이와 비슷한 개념들을 함께 살펴볼 필요가 있다. 먼저, 국가범죄(State Crime)가 있다. 국가범죄는 범죄학의 용어로서 사법적 개념인 범죄의 주체를 국가로 상정하는 관점이다.[17] 범죄학은 범죄를 위법행위(an act of violation of law)로 규정하는데, 국가범죄는 국가가 스스로 정한 법을 위반함으로써 범죄의 주체가 되는 것이다. 국가범죄는 특정 개인의 범법 행위라기보다 국가의 조직적이고 구조적인 위법행위를 말하며 이로써 국가에 의해 부당한 대우를 받는 집단이 발생한다.[18]

이재승[19]은 국가범죄가 국가와 범죄를 이해하는 주체에 따라 그 범위와 특성이 달라질 수 있지만 보편적으로는 국제형사재판소가 관할하는 범죄 목록을 이해함으로써 국가범죄의 양상을 알 수 있다고 서술했다. 그에 따르면 국가범죄는 '정치적·인종적·민족적·종교적 이유 등으로 자행된 집단 살해, 살인, 녹화 사업, 강제 전향, 의문사, 강제 실종, 고문, 구금, 강제 불임, 강간, 강간 캠프, 강제 임신, 강제수용, 강제 입양, 강제격리, 해직, 숙

---

17 Raymond Michalowski, "In Search of 'state and crime' in state crime studies" in William J. Chambliss, Raymond Michalowski., and Ronald C. Kramer (eds.), *State Crime in the Global Age* (New York: Routledge, 2010), pp. 13-31.

18 Raymond Michalowski (2010), p. 4.

19 이재승, 『국가 범죄』, 서울: 앨피, 2004.

청, 강제 이주, 재산 강탈, 강제 합병, 토지 침탈, 자원 수탈, 문화재 약탈, 인간 사냥, 노예화 등'[20]을 포함한다. 한편, 미할로브스키(Michalowski)[21]는 국가범죄를 개념적으로 세분화하여 이해할 것을 요청한다. 그는 국가범죄를 법률적 범죄, 일탈적 범죄, 침해적 범죄로 구분했다. 먼저 법률적 범죄로 국가범죄를 국내법과 국제법의 위반, 다자적 조약의 위반, 인권법의 위반으로 구분했고, 일탈적 범죄로는 정부의 조직적 행위로써 정치적 목적을 위해 사회적 제도를 위반하는 것, 그리고 침해적 범죄로서 정치경제적 목적을 지닌 의도적인 인간 행위를 지칭했다. 국가범죄를 구조적으로 용인된 최상위 폭력이라고 보았다.

이러한 관점에 따르면, 국가범죄는 국가에 의한 범죄적 폭력을 일컬으며, 국가범죄가 포함하는 여러 층위는 국가폭력과 동일하다고 할 수 있다. 요컨대, 국가 행위자에 의한 정치적 기회에 따른 폭력을 국가폭력이라고 할 수 있으며, '위법'의 측면에서 폭력을 세분화한 것을 국가범죄라고 이해할 수 있는 것이다.

2) 정치폭력

국가폭력과 비슷한 또 다른 개념은 정치폭력(Political Violence)이다. 정치폭력은 좁게는 정치적 목적을 달성하기 위한 과정에서 파생되는 폭력이라고 정의할 수 있지만, 넓게는 정치적 이유와 관련된 모든 종류의 폭력을 지

---

20 이재승 (2004), pp. 23-24.
21 Raymond Michalowski (2010), p. 17.

칭한다. 블록스햄과 거워스(Bloxham and Gerwarth)는 정치폭력을 네 가지로 구분하여 논의한다.[22] 무력 분쟁에서의 폭력, 집단 학살이나 인종 청소를 위한 폭력, 테러나 국가적 억압의 폭력, 그리고 (반)혁명 투쟁에서 발생하는 폭력이 그것이다. 이 네 가지 거시적 폭력은 정치적 목적을 위해 사용되며 단순히 국가 행위자뿐만 아니라 비국가 행위자들도 포함하고, 종교적·이념적·문화적인 측면을 모두 포함한다는 점에서 그 범위가 매우 넓다고 할 수 있다.

정치폭력을 구성적인 관점에서 연구하는 잭슨과 덱스터(Jackson and Dexter)는 정치폭력이 우연적이거나 우발적인 사건이 아니라 사회적으로 조직된 폭력임을 강조한다.[23] 특히, 정치폭력을 가능하게 하는 주체와 구조가 사회적으로 구성되며 그 과정에서 국가의 '짜여진' 영역 밖에 존재하는 개인들과 집단들에 대한 묵인이나 방조가 나타난다. 따라서 정치폭력은 언제나 조직화된 폭력(organized violence)이며 구체적인 정황과 논리가 뒷받침된 잔인성을 수반한다고 할 수 있다.

이로 볼 때, 국가폭력은 정치폭력과 개념적으로 유사한 점이 있다. 왜냐하면 두 개념 모두 정치적 목적을 달성하는 과정에서 발생하는 폭력을 지칭하고 있기 때문이다. 그럼에도 정치폭력은 수행하는 주체가 비단 국가 행위자가 아닌 좀 더 포괄적인 행위자를 상정하고 있다는 점에서 국가폭력

---

22 Donald Bloxham and Roblert Gerwarwh, "*Introduction*" in Donald Bloxham and Robert Gerwarwh, (eds.), *Political Violence in Twentieth-Century Europe* (Oxford: Oxford University Press, 2011), pp. 1-19.

23 Richard Jackson and Helen Dexter, "The Social Construction of Organized Political Violence: An Analytical Framework," *Civil Wars* 16-1 (2014), pp. 1-23.

과는 구분된다. 국가폭력은 국가의 행위자 또는 그 권한을 위임받는 대리자에 의해 수행되는 정치적 폭력이기 때문이다.

4. 개념의 특징

1) 국가폭력의 구조적 특징

국가폭력은 폭력의 강도 측면에서 타의 추종을 불허하는 잔인성을 지닌다. 특정 집단에 대한 총체적인 폭력은 그 집단이 완전히 제거되거나 기능을 할 수 없을 만큼의 상해를 입힌다. 도대체 이러한 가공할 만한 폭력은 어떻게 발생할 수 있는가? 그것은 국가폭력이 지닌 구조적인 특징에 기인한다. 국가폭력의 원초적인 목적은 국가로부터 탈주한 집단을 구별하고 그들을 국가에 순응시키기 위한 도구로서 폭력을 자행하는 것인데, 이를 위해서 구조적 논리가 뒷받침된다. 홍성흡에 따르면, 국가는 '처벌받아야 할 사회적 범주를 창출하고 사회적 범주 사이의 경계를 유지하고 강화시키며, 특정한 행위규범을 강요하고 순응하도록 만들며, 특정한 집단을 정당화하거나 무력하게 만들고자 하는 사회문화적 기획'을 한다.[24] 국가는 국가를 유지하고 운영하는 과정에서 시민들을 재단하고 길들이려는 국가적 기획에 폭력을 동원하는 것이다. 이러한 관점은 여러 학자들에 의해 강조되

---

24 홍성흡, "국가폭력 연구의 최근 경향과 새로운 연구 방향의 모색", 『민주주의와 인권』
    제7권 1호, 2005, 5-28쪽.

어 왔다.

예를 들어, 바우만(Zygmunt Bauman)은 국가에 의해 자행된 거대한 폭력은 폭력의 현상 그 자체만으로 평가될 수 없으며 오히려 폭력에 의해 설계되는 사회의 성격을 알아차려야 폭력의 본질을 알 수 있다고 주장했다.[25] 그는 홀로코스트와 같은 대량 학살이 현대사회에서 문명을 위한 선결 과정으로 받아들여지는 것을 비판했다. 조화로운 사회, 갈등이 없는 사회, 올바로 작동하는 사회를 만들기 위해 국가는 사회 구성원을 길들이고 그들에게 잘 들어맞는 하나의 형식을 폭력을 통해 구성해 낸다는 것이 그의 고찰이다. 한편, 부르디외(Pierre Bourdieu)에게 국가는 정교화된 권력장이다.[26] 부르디외는 국가를 물리적인 형식으로 보지 않고, 국가는 국가 담론에 의해 주조된 국가 사고가 투영된 일종의 의식으로 형성된 것이므로, 여기에서 중요한 것은 상징적 권력이라고 했다. 그가 주목하는 국가의 본질은 '한정된 영토와 인구 전체에 대해 물리적이고 상징적인 폭력을 합법적으로 독점 사용하는 것을 주장하는 그 무엇'이며,[27] 국가 의식이 지배자-피지배자의 도식에서 상징 권력을 통해 개인과 사회집단을 구별 짓는 주체이길 주장할 때 국가는 국가를 구성하는 권력의 바깥, 즉 피지배자들을 구별 짓는다는 점에서 내재적으로 폭력적인 것이다. 마지막으로 마이클 만(Michael Mann)은 민주주의에 천착하면서 이 제도에서 나타나는 국가폭력에 대해

25 지그문트 바우만, 정일준 옮김, 『현대성과 홀로코스트』, 서울: 새물결, 2013.
26 채오병, "부르디외의 국가: 상징권력과 주체", 『문화와 사회』 제26권 2호, 2018, 227쪽.
27 Pierre Bourdieu, *On the State: Lectures at the College de France, 1989-1992.*
   (Cambridge: Polity Press, 2015), pp. 3-4.

논했다.[28] 만에 따르면, 민주주의에서 논의되는 '시민성'은 국가에 맞는 시민성을 의미하며 이는 다른 말로 하자면 시민적 타자를 생산한다는 뜻이기도 하다. 민주적 제도의 포용성은 기실 배제의 기술이며, 다원적 사회에서 국가는 시민들에게 문화적·신체적 동화, 강압적 이주, 인종 청소 등의 결과를 안겨 준다고 비판했다.

이러한 분석에 따르면, 국가는 그것을 운영하고 발전시키는 과정에서 내재적인 모순을 겪게 되며 폭력적 수단을 통해 시민들을 관리하고 통제함으로써 폭력을 행사하는 것이다. 따라서 국가폭력은 정치적 우발성이나 우연성에 의해 발생한 폭력일 수 없으며, 철저히 기획되고 조직화된 정치적 의도를 통해 일반 시민들을 구별하고, 그 구별에서 탈주한 집단에 대해 권리와 신체 양 측면에 폭력을 가하는 것이다.

2) 국가폭력의 결과

국가폭력은 사회적으로 구성되며 그 파급효과는 광범위하게 나타난다. 그렇다면 국가폭력이 가져오는 결과는 무엇인가? 국가폭력의 직접적인 결과는 다소 복잡한데 그것은 이 폭력이 특정 개인들에게만 피해를 주는 것이 아니라 사회적, 정치적, 문화적으로도 많은 부정적 결과를 가져오기 때문이다. 먼저, 국가폭력의 결과를 물리적으로 이해한다면 폭력의 대상은 무엇보다도 개인과 공동체가 될 것이다. 국가권력으로부터 구별 짓기의

---

28 Michael Mann, "The dark side of democracy: the modern tradition of ethnic cleansing", *New Left Review* 235 (1999), pp. 18-45.

대상이 된 개인들은 인간으로서 누려야 할 기본권을 박탈당한다. 강제 구금, 고문, 폭행, 노동 등 개인의 의지가 아닌 강압적 의지에 의한 폭력은 개인들에게 물리적이고 정신적인 피해를 준다. 여기서 주목해야 할 것은 누가 '피해자'인가다. 주지하듯 국가폭력이 특정 개인들에 대한 폭력 행사일 뿐만 아니라 하나의 거대한 메커니즘으로서 더욱 광범위한 차원으로 이해되어야 한다면, 그것이 가져오는 피해의 규모는 개별적 피해를 넘어 사회적, 정치적, 문화적으로 해석되어야 하기 때문이다.[29]

국가폭력의 결과를 좀 더 다층적으로 이해하기 위해서는 국가폭력이 사회에 가져온 사회적, 제도적, 정치적 결과에도 주목해야 한다. 샤프(Andrew Schaap)는 국가폭력의 정치적 결과에 주목했다.[30] 그는 국가폭력을 포함한

---

29 학자들마다 피해자를 규정하는 해석이 상이하며, 대표적으로는 법률적 개념으로서의 피해자와 정의론에 입각한 피해자 개념으로 나뉠 수 있다. 국내에서 논의되는 피해자 정의는 김혜경(2023)의 연구에 잘 담겨져 있다. 김혜경(2023)에 따르면 법률적 개념으로서 피해자는 네 가지 범주로 나뉠 수 있다. 첫째, 범죄피해자 보호법에 따르면 피해자를 "타인의 범죄행위로 피해를 당한 사람과 그 배우자, 직계존속 및 형제자매" 및 "범죄피해 방지 및 범죄피해자 구조 활동으로 피해를 당한 사람"이다. 둘째, 특정범죄에 대한 피해자 규정은 "직접적으로 피해를 입은 사람"으로 정의하며, 셋째, 특정한 역사적 사건과 관련하여 발생한 피해자를 다루는 법률은 해당 특별법이 규정한 피해자들을 지칭한다. 마지막으로, 일제강점기 및 반민주 독재시절에 발생한 역사적 사건에서 피해자는 역시 그 법률이 지칭한 피해자를 지칭한다. 그러나 역사적 사건과 특별법에 대한 법률적인 피해자에 대한 범위는 논의의 대상이다. 역사적 부정의를 포함한 모든 국가폭력은 사법적 차원의 피해 논의만 따질 것이 아니라 모다 광범위한 결과와 사회, 정치, 문화적 결과까지도 포괄적으로 다루어야 하기 때문이다. 이런 점에서 김혜경은 국가폭력을 위시한 구조적 폭력을 다루는 범죄피해는 '정의'론과 부합하여야 할 뿐만 아니라 법률적 피해 개념에 사회적 합의가 반드시 수반되어야 한다고 주장하고 있다. 김혜경, "피해자중심적 정의론과 범죄피해자 개념-법률상 피해자 개념의 해석", 『피해자학연구』 제31권 3호, 2023, 119-151쪽.

30 Andrew Schaap, *Political Reconciliation* (London; New York: Routledge, 2005).

대부분의 대량 학살은 반정치적(anti-political) 사고방식에 기인한다고 보았다. 그는 정치적인 것을 차이와 다름으로 보는 다원적인 구성물로 이해하면서, 국가폭력은 안과 밖 또는 옳고 그름을 인위적으로 상정하여 다원성보다는 일원성을 주장하는 행위라고 보았다. 샤프가 보기에 국가폭력은 특정한 집단을 제거하는 것을 넘어 그 사회의 정치 자체를 없애는 행위이기도 한 것이다. 그리고 정치를 없애는 행위는 더 나아가 시민들의 시민적 공존 자체를 불가능하게 하여 야만성이 사회를 지배하는 결과를 가져오게 된다. 머피(Colleen Murphy)는 샤프의 주장에 동의하면서 국가폭력의 사회정치적 결과를 네 가지로 나누어 논했다.[31] 머피는 국가폭력이 구조적 불평등의 만연, 집단적 부정의의 정상성, 심각한 존재론적 불안감, 그리고 권위에 대한 근본적 불확실성을 가져온다고 서술했다.[32] 그리고 이러한 조건들이 국가폭력을 경험한 사회의 시민적 삶과 일상적 삶 모두를 위태롭게 한다고 주장했다. 그런가 하면, 필포트(Daniel Philoptt)는 국가폭력의 결과를 피해자와 가해자, 그리고 시민들의 차원으로 구분하고 국가폭력이 어떻게 정치적 공동체를 파괴하는지 분석했다.[33] 먼저 그는 정치적 집단으로서 피해자와 가해자 사이의 균열이 정치 공동체 파괴를 주도한다고 보았다. 특히 피해자에 대한 차별과 배제가 제도화되는 현상은 피해자의 트라우마를 악화시킬 뿐만 아니라 공동체의 비윤리성도 촉진시킨다고 보았다. 이러한 사회적 배제 행위는 시민들의 정치적 관계를 분열적이고 적대적인 것으로

---

31 Colleen Murphy, *The Conceptual Foundations of Transitional Justice* (Cambridge; New York: Cambridge University Press, 2017).

32 Colleen Murphy (2017), p. 75.

33 Daniel Philpott, *Just and Unjust Peace* (Oxford: Oxford University Press, 2012).

만들며, 국가폭력을 둘러싼 시민들의 상이한 해석과 입장은 반대 집단에 대해 혐오와 불신을 조장하고 이 분열된 공동체는 마치 하나의 정상적인 것으로 취급되어 파괴적 관계성으로 변질된다.

3) 이행기/전환적 정의

상기한 것같이 국가폭력의 결과는 복합적이다. 이를 올바로 극복하지 않고 재발을 방지하지 않는다면 폭력은 언제든지 다시 재발할 수 있다. 국가폭력이 우발적인 행위가 아니라 사회적으로 구성되는 조직적 폭력이기 때문이다.

국가폭력을 위시한 다양한 폭력들을 다루는 메커니즘을 이행기 정의(transitional justice) 또는 전환적 정의(transformative justice)라고 한다. 이행기 정의는 정치적 전환기 즉, 권위주의에서 민주주의로 또는 내전이나 전쟁에서 평화 체제로 이행되는 과정에서 생겨난 국가폭력의 잔재를 처리하기 위한 사법적 개념이다.[34] 20세기 냉전과 탈냉전에서 발생한 국가범죄·정치폭력·내전·대량 학살 등 인도에 반한 범죄의 가해자를 법률적으로 다루어 법치와 정의를 구현하고 진실과 명예 회복을 실시하여 피해자들의 니즈를 만족시키며, 제도적 개혁 등을 통해 민주주의를 확립하여 와해된 사회를 재건할 수 있도록 하는 정치적 방안인 것이다. 우리말로 이행기 정의는 때때로 '과거 청산'으로 이해된다.

---

34 Ruti G Teitel, *Transitional Justice* (Oxford: Oxford University Press, 2000); Priscilla B. Hayner, *Unspeakable Truths: Transitional Justice and the Challenge of Truth Commission* (New York: Routledge, 2010).

유엔캄보디아 특별재판부 피해자 증언. "유엔캄보디아 특별재판부는 캄보디아 학살의 진실을 밝히고 가해 책임자를 심판하기 위한 특별법정이다. 국제 이행기 정의의 대표적인 사례로서 크메르루즈 집권기간 중 자행된 집단학살죄, 인도에 반한 죄, 전쟁범죄, 살인 및 고문 등의 책임자와 지도자를 심판했다. 대표적으로 이엥 사리(Ieng Sary), 키우 삼판(Khiue Samphan), 누온 체아(Nuon Chea) 등에 대한 책임추궁을 실시했다." (출처: https://commons.wikimedia.org/wiki/File:Chum_Mey_-_30_June_2009_3.jpg, CC BY 2.0)

이행기 정의는 사법적 절차를 통해 가해자들의 책임 규명과 피해자들의 알 권리를 충족시키기 위한 진실 규명 작업이라는 양 측면을 강조함으로써 피해자 인권과 법치를 회복하고자 하는 것이다. 하지만 이와 같은 사법주의에 대해 지금까지 많은 학자들은 의구심을 갖고 있다.[35] 국가폭력을 경험

---

35 Kieran McEvoy, "Letting Go of Legalism: Developing a 'Thicker' Version of Transitional Justice," in Kieran McEvoy and Lorna Mcgregor (eds.), *Transitional Justice from Below* (Oxford: HART Publishing, 2008), p. 45; Nevin T. Aiken, *Identity, Reconciliation and Transitional Justice: Overcoming Intractability in Divided Societies*

한 수많은 국가들에서 이행기 정의는 가해자들의 사법적 책임을 묻기보다는 진실과 형량을 맞바꿀 뿐만 아니라 권력이 상속되어 가해자를 처벌하지 않고 기소를 유예하거나 형을 집행하지 않는 불처벌(impunity)을 가능하도록 만든다는 것이다. 이뿐만 아니라 과거의 사건에 대해 객관적 진실을 밝혀내기는 매우 어려우며, 진실이 밝혀진다고 하더라도 그것으로부터 가해자를 처벌하는 것은 또 다른 문제이기 때문이다. 이 외에도 정의와 진실을 올바로 구현하는 것이 얼마나 어려운지에 대한 실례는 참으로 많다. 학자들은 하나같이 이행기 정의의 정태적인 메커니즘은 국가폭력의 잔재를 넘어서기에는 충분하지 않으며, 좀 더 전환적이고 체제 변환적인 정의를 실현해야 한다고 주장한다.[36] 이를 전환적 정의라고 칭하며 이 정의 모델은 사법적 절차의 중요성을 인정하면서도 폭력의 구조를 변혁시키고 사회적 공존이 가능할 수 있는 평화적이고 화해적인 과정에 초점을 맞춘다. 요컨대, 이행기 정의와 전환적 정의 모두 국가폭력의 결과를 극복하고 재발을 방지하기 위한 사법적, 정치적, 사회적 장치다.

(New York: Routledge, 2013).

36 Erin Daly, "Transformative Justice: Charting a Path to Reconciliation," *International Legal Perspectives* 12 (2001/2002), pp. 73-184; Gready, Paul., and Robins, Simon, "From Transitional to Transformative Justice: A New Agenda for Practice," *International Journal of Transitional Justice* 8-3(2014), pp. 339-361.

5. 결론: 국가폭력을 넘어서

본 장은 국가폭력의 개념을 다루고 이 개념의 역사적 배경과 전개, 특징 및 쟁점을 차례로 논하였다. 주지하듯 국가폭력은 그 주체와 성격에 따라 달라지는 광범위한 개념이며 국가가 폭력의 주체가 되어 촉발되는 모든 형태의 폭력을 지칭한다. 이 개념은 탈냉전기 비국가 행위자에 의한 폭력이 폭증함에 따라 그 개념적 명확성이 더해졌지만 그렇다고 해서 이 시기에 국가폭력이 사라진 것은 결코 아니었다.

국가폭력은 그 자체의 폭력성에 대해서 논할 수도 있지만 그것이 가져 오는 파급효과를 온전히 분석할 때 그 면모가 드러난다. 사회적으로 구성 되는 이 폭력은 대체로 구체적이며 목적이 분명하다는 특징이 있다. 또한 이 폭력은 장기적으로 그 사회에 부정적 영향을 가져온다. 따라서 국가폭 력의 피해자들은 대체로 그 사회 밖에 존재하며 대부분은 억압되어 살아간 다.

이러한 국가폭력의 잔재를 넘어서기 위해서 여러 가지 시도들 곧, 이행 기 정의, 갈등 전환, 그리고 비판적 평화 연구를 통해 국가폭력의 구조적 폭력성을 드러내고 이를 극복하기 위한 방안을 마련하고자 노력하고 있 다. 특히, 민주주의 사회에서 수행할 수 있는 정치적 제도와 문화를 통해서 다시는 그러한 집단적 폭력이 발생하지 않을 수 있도록 하는 것이다.

20세기 한국의 현대사는 국가폭력의 백화점이라고 불릴 정도로 국가의 일방적 폭력을 경험했다. 해방 이후, 국가 형성기와 전쟁, 그리고 권위주의 체제에서 국가는 시민을 상대로 전근대적 무력을 행사했다. 국가 형성기 에는 좌우 대립에 의한 일종의 내전의 형태로, 권위주의 체제에서는 반공 이데올로기, 분단, 국가 안보에 의한 정치적 폭력의 형태로 국가폭력이 나타났다. 국가폭력은 국가 내부의 적을 규정하고 발본색원하여 그들의 신체와 권리를 비인간화시킴으로써 정치적 타자로 전락시켰던 것이다.[37] 국가폭력에 희생된 피해자들의 삶은 여전히 고통스러우며, 이들의 시민적 및 정치적 권리 또한 부정되기 일쑤다. 이들이 겪어 내는 불평등한 일상에 대해서 사회적인 관심도 없다. 그렇다면, 국가폭력을 넘어서기 위한 대안은 무엇일까? 여전히 고통 속에 내몰려 있는 피해자들을 사회적으로 재발견할 수 있는 방안은 무엇인가? 필자는 두 가지 방안을 제시함으로써 이 글을 마치고자 한다.

먼저, 국내적으로는 포용적 제도를 만들어야 한다. 한 나라에서 국가폭력이 발생하는 구조적 경로는 해당 사회가 추구하는 이상적 형태를 위한 프레임이다. 이 프레임을 유지하기 위해서 국가는 시민들을 규정하고 분류하여 좋은 시민과 그렇지 않은 시민을 구분하는 작업을 하게 된다. 이 과정에서 바람직하지 않은 시민들 혹은 반정부적 인사들은 제거해야 할 대상으로 이해되어 고문, 구금, 살인 등 여러 형태로 피해를 당하게 된다. 이를 극복하는 것은 국가의 제도를 어떻게 만들어 내느냐에 달렸다고 할 수 있다. 제도는 국가의 행위를 결정하는 토대가 되는데, 포용적 제도를 통해 국가의 폭력적 행위를 저지할 수 있을 것이다. 20세기 국가폭력이 많은 경우 권위주의 정권에서 발생하였음을 감안하면, 포용적 제도의 설립은 민주주의 국가가 할 수 있는 방안이라고 하겠다. 포용적 제도를 통해 특정 개인이나 집단을 규정하지 않고 배제하지 않으며 시민들 간에 서로를 적대적으로

---

37 조현연, 『한국 현대정치의 악몽: 국가폭력』, 서울: 책세상, 2022.

구분하지 않는 사회정치적 문화를 형성하는 것이 필수적이다.

국제적으로는 평화적 연대를 확산시켜야 한다. 20세기 동아시아 국가들에서 발생한 국가폭력의 많은 예들은 냉전 시대 이념의 소용돌이에서 규정된 반국가 또는 반체제 인사들과 집단들에 대한 폭력이었다. 국내적으로 포용적 제도를 만들어 평화적 정치 문화를 건설한다고 해도 국제적인 감시와 연대가 없다면 깨지기 쉽다. 상호 연대하는 국가들 사이의 감시와 연대는 국내적인 문제가 발생하더라도 국제적으로 범죄를 규정하고 정치적 일탈을 하지 않을 수 있는 일종의 범퍼 역할을 할 수 있다. 물론, 국제적 연대가 쉬운 것은 아니다. 미얀마와 홍콩의 경우 국제적 감시와 연대가 작동하였음에도 불구하고 폭력이 발생하였다. 이로 미루어 볼 때, 국제적 연대와 국내적 제도는 함께 작동해야 한다.

종교 폭력

제2장

이병성

1. 들어가는 말

현대사회에서 종교는 사적인 영역에 속한 것이며, 세상에서 평화를 증진시키며, 사회적 통합을 이루어 낸다고 보는 경향이 있다. 그러나 이러한 일반적인 생각과 달리 종교가 평화를 해치면서 폭력과 깊게 연관된 소식을 우리는 많이 접하게 된다. 즉 종교가 폭력에 깊게 연루되어 있다는 것이다.

현대의 종교 폭력 하면 떠오르는 가장 강렬한 이미지는 2001년 9월 11일 미국에서 벌어진 테러 사건이다. 이 테러 사건은 알카에다(al-Qaeda)의 지도자인 오사마 빈 라덴(Osama bin Laden)이 주도하였고, 빈 라덴과 그를 따르는 무리들은 이슬람 근본주의자들로 알려졌고, 이 이슬람 근본주의자들은 그들의 테러를 미국 주도의 서구 제국주의에 저항하는 지하드(jihad)라고 불렀다.[1] 이 사건 이후로 많은 사람들에게 이슬람 근본주의는 테러리즘 같은 종교 폭력과 깊게 연관된 것으로 받아들여졌다.

---

1   Pieter Nanninga, "The role of religion in al-Qaeda's violence " in James R. Lewis (ed.), *The Cambridge Companion to Religion and Terrorism* (New York: Cambridge University Press, 2017), pp. 158-171. 빈 라덴이 쓴 성명서를 모아논 문헌으로는 다음을 참조하라. Bruce Lawrence (ed.) *Messages to the World: The Statements of Osama Bin Laden* (London: Verso, 2005).

여기서 제기되는 중요한 질문 하나는 종교가 이토록 잔인하고 무자비한 폭력과 어떠한 관계를 가지고 있는가이다. 다르게 말해서, 종교가 폭력을 유발하는가? 아니면 여러 유형의 정치적 목적을 위해서 종교가 폭력을 행사하는 데 이용되고 있는 것인가? 단순하게 말해서, 종교 그 자체가 폭력의 원인인가, 아니면, 종교가 폭력을 행사하는 데 이용되었는가이다.

이 논문에서는 현대사회에서 종교 폭력으로 보이는 현상들을 종교와 폭력이 연관되는 역사적 맥락에서 검토해야 한다고 본다. 그 구체적 역사적 맥락은 '세속 시대(a secular age)'이다. 이 세속 시대는 국민국가·정교분리 원칙에 입각한 자유주의·민족주의·자본주의에 의해 추동된 세계화를 그 특징으로 한다. 이러한 세속 시대의 종교 폭력은 세속 시대 이전의 시대, 즉 근대 이전 시대의 종교 폭력과 전혀 다른 양상을 보인다. 세속 시대의 종교 폭력은 세속 이데올로기와 긴밀한 연결 속에서 발생한다.

2. 종교 폭력을 바라보는 세 가지 관점

1) 종교, 평화, 폭력

20세기와 21세기에, 현대인은 수많은 사람들이 전쟁이나 국가폭력, 인종이나 민족과 관련된 집단 폭력의 희생자들이 된 것을 목도해 왔다. 이러한 폭력의 근본 원인은 세속적인데, 세속적 목적에는 이데올로기·영토·민족주의·인종·냉전·반공주의·반미주의 등이 포함된다. 이렇게 세속적 폭력이 거대함에도 불구하고 많은 사람들은 오늘날 '종교 폭력'에 주목하고 있다. 그 이유는 무엇인가? 가장 큰 이유는 종교는 평화적이어야 하는데, 20세기 말부터 지금까지 종교와 관련된 폭력 현상이 많이 발생하기 때문에, 현대사회에서 종교 폭력에 더욱 주목하게 된 것이다.

많은 이들은 종교는 근본적으로 평화를 지향한다고 본다. 특히 내부적인 관점에서 더욱 그렇다. 대부분의 기독교인들은 예수의 복음을 평화적으로 믿고 해석하며, 대부분의 이슬람교도들도 이슬람을 평화의 종교로 여기며, 유대인들도 자신의 종교에 대하여 비슷한 생각을 가지고 있다. 물론 불교인들과 힌두교인들도 마찬가지 생각을 가지고 있다. 대부분의 세계종교를 믿는 신앙인들은 그들이 믿는 종교의 가르침이 전쟁이나 테러리즘 같은 폭력을 유발한다고 믿지 않는다.

이러한 내부적 시선과 달리 종교인들은 타 종교를 아주 적대적으로 보는 경향이 있다. 특히 서구 문화권에서 기독교인들이 이슬람을 테러리즘의 종교로 보는 태도에는 적대적 감정이 매우 강하다. 9·11 테러 이후 미국 기독교인들의 이슬람 공포증(Islamophobia)은 아주 좋은 예다. 이들은 이슬람의 경전인 코란의 가르침이 이슬람인들이 저지른 테러리즘 행위를 지하드[2] 곧 성전(聖戰)으로 정당화해 주고 있다고 비난한다. 이러한 서구의 시각, 특히 미국의 시각은 한국 기독교인들에게도 강한 영향을 주고 있다. 한국 기독교인들, 특히 개신교인들은 이슬람에 강한 적대적인 태도를 보이고 있다.

종교 폭력이라는 주제를 논의할 때, 가장 어려운 문제 중 하나는 무엇이 폭력인지 정의하는 문제다. 많은 분석가들은 테러리즘뿐 아니라 전쟁·사

---

2   이슬람 지하드에 대한 논의로는 다음의 문헌을 보라. Bernard Lewis, *The Crisis of Islam: Holy War and Unholy Terror* (New York: Random House, 2003).

형제·낙태 등을 종교적 입장에서 중요한 폭력의 문제로 보고 있다.[3] 하지만 현대사회에서 종교 폭력은 전쟁이나 테러리즘과 깊은 관련성이 있다.

전쟁과 관련하여 폭력 사용을 어떻게 할 것인가는 기독교 신학의 중요한 주제이다. 기독교인들은 전쟁에 대해 세 가지 관점을 지니고 있다. 평화주의, 정당 전쟁론, 십자군 전쟁론[4]이 그것이다. 로마의 콘스탄티누스 황제에 의해서 기독교가 공인(기원후 313)되기 이전의 대부분의 기독교인들은 국가가 행사하는 폭력에 동참하는 것을 비신앙적이라고 보았다. 그러므로 많은 기독교인들은 로마 군인이 되는 것을 거부하였다. 이러한 태도는 나중에 '평화주의'라고 불리는 역사적 유형이 되었다. 현대의 양심적 병역 거부의 원형을 이들에게서 찾을 수 있다. 현대의 양심적 병역 거부자들이나 2~3세기의 평화주의적 기독교인들은 모두 폭력을 정당화하면서 독점적으로 사용하는 국가에 결코 협력하지 않았다.[5] 기독교가 로마제국에 의해 공인되고, 얼마 후 국가 종교가 되면서, 기독교는 국가를 위한 종교가 되었다. 기독교가 국가 종교가 된 이후, 기독교는 무력과 폭력을 사용하는 국가를 하나님이 세우신 세상의 권위로 받아들였다. 이들은 국가가 사용하는 무력이 정당한 목적과 정당한 조건하에서 정당하게 사용될 수 있다고 주장하였다. 이것을 정당 전쟁론(just war)이라고 한다. 그리고 11세기 말부

---

3   Mark Juergensmeyer, Margo Kitts, and Michael Jerryson, *The Oxford handbook of religion and violence* (Oxford University Press, 2013) 참조.
4   Roland H. Bainton, *Christian attitudes toward war and peace: a historical survey and critical re-evaluation* (Wipf and Stock Publishers, 2008) 참조.
5   막스 베버 Max Weber는 국가가 폭력을 독점적이면서 합법적으로 사용한다고 주장하였다. Max Weber, *Economy and Society*, Guenther Roth and Claus Wittich (eds.), (Berkeley: U. California , 1978), p. 54.

터 진행된 십자군 전쟁론이 전개되었다. 전쟁의 목적이 평화와 정의의 회복인 정당 전쟁론과 달리, 십자군 전쟁론에서는 전쟁을 하나님의 원수들에 대항하여 수행하는 거룩한 전쟁으로 보고 있다. 십자군 전쟁을 일으킨 기독교인들은 성스러운 도시인 예루살렘을 점령한 이슬람인들을 하나님의 원수로 보았고, 이들과 싸워 승리하고 예루살렘을 점령하는 것을 거룩한 전쟁으로 이해하였다. 이러한 전쟁관에서는 전쟁에서 자행되는 폭력은 대부분 정당화되었다.

이러한 기독교 전쟁론 논의에서 국가가 사용하는 물리적 힘은 한편으로는 중립적 의미의 무력으로 보이기도 하고, 또 한편으로는 부정적 의미의 폭력으로 보이기도 한다. 그러나 전쟁이 나면 무력과 폭력 사이의 경계선은 희미해진다. 정당 전쟁론이든 십자군 전쟁론이든, 그 폭력 또는 무력에 대한 정당화와 신성화가 있을 뿐이다.

현대사회에서 종교가 전쟁과 관련된 폭력을 어떻게 보느냐만큼 중요한 문제는 종교가 테러리즘과 어떠한 관련성이 있느냐의 문제이다. 많은 사람들은 종교인들이 연루된 테러리즘을 특정 종교와 결합하여 보려는 경향이 아주 강하다. 이슬람이 종교 폭력의 전형이라는 입장이 그것이다. 하지만 이러한 관점은 서구적 시각에 의해 굴절된 매우 잘못된 관점이다. 마크 위르겐스마이어(Mark Juergensmeyer)가 잘 지적하고 있는 것처럼, 미국에서 일어난 테러리즘 중 기독교 근본주의자들이 저지른 테러가 이슬람 근본주의자들이 저지른 테러보다 적지 않았다. 예를 들어 티머시 맥베이(Timothy McVeigh)가 저지른 오클라호마시 연방정부 빌딩 폭탄 테러, 메릴랜드주와 플로리다주에서 루터교와 장로교 활동가들이 저지른 낙태 시술 병원에 대

한 폭탄 투척과 낙태 시술 병원 직원에 대한 총격 등이 그러한 예이다.[6]

종교는 평화와 정의 같은 선을 추구하지만, 종교 그 자체가 선한 것은 아니다. 세상에 그 자체로 선한 종교는 없다. 종교는 때로 선한 일을 하기도 하고, 폭력 같은 부정적인 일에 연루되기도 한다. 문제는 현대사회에서 종교가 어떻게 대부분의 사람들이 부정적으로 인식하는 폭력과 연관되는가이다.

2) 종교가 폭력의 직접적 원인이라는 관점

종교 폭력을 보는 관점에는 크게 세 가지가 있다. 첫째는 종교가 폭력의 직접적인 원인이라고 보는 관점이다. 둘째는 종교 폭력이라고 보이는 현상들에서, 그 폭력이 일어나는 원인으로서 종교의 역할에 특별한 지위를 부여하는 것을 의심하는 관점이다. 셋째는 종교가 폭력의 직접적인 원인은 아니지만, 종교가 폭력에 깊게 연관되어 있다는 입장이다.

종교가 폭력에 직접적 책임이 있다고 주장하는 이들은 종교가 폭력을 조장하는 고유한 성향이 있다고 본다. 종교학 연구자인 헥터 아발로스(Hector Avalos)는 그의 책 『*Fighting Words*』[7]에서 종교 자체가 폭력의 직접적이고 근본적인 원인이라고 주장했다. 아발로스는 종교적 헌신의 구조로부터 폭

---

6 Mark Juergensmeyer, "Does religion cause terrorism?" in James R. Lewis (ed.) *The Cambridge Companion to Religion and Terrorism* (New York: Cambridge University Press, 2017), pp. 13-14.

7 Hector Avalos, *Fighting Words: The Origins of Religious Violence* (New York: Prometheus Books, 2005).

력은 필연적으로 발생하게 된다고 보았다. 특히 아브라함 종교라고 일컬어지는 기독교· 이슬람· 유대교에 이러한 경향이 강하다고 보았다. 기독교의 속죄 행위, 이슬람의 승리주의, 그리고 유대교의 복수에 대한 가르침은 그것이 세상 속에서 실현되려고 할 때 필연적으로 폭력 행위를 수반한다고 보았다. 각각의 종교는 그들의 신도가 폭력을 행사한 결과로 영적인 축복의 은총을 받을 것이라고 가르친다고 그는 주장했다.

무신론자인 크리스토퍼 히친스(Christopher Hitchens)는 종교는 모든 것을 '중독'시키면서, 폭력을 조장하고, 그 폭력을 정당화한다고 주장한다. 그는 자신의 책『God is Not Great』에서 이러한 주장을 했다. 그는 종교, 특히 조직화되고 체계화된 종교를 '폭력적이고, 비합리적이며, 편협하'다고 보면서, 이러한 종교의 폭력성·비합리성·편협성은 '인종차별, 종족주의, 편견과 동맹을 맺고 있고, 무지에 뿌리내리고 있고, 자유로운 사고에 적대적이며, 여성을 경멸하고 아이들에게 강압적'이라고 평가했다.[8] 그는 이러한 종교들은 전체주의적 성격을 지니고 있는데, 그에게 전체주의 체제는 인류와 세상을 '완벽하게 만들겠다'는 목적을 가지고 있고, 이러한 전체주의 체제는 '본질적으로 종교적'이라고 보았다.[9] 그는 세속적 전체주의는 그 자체가 현실적인 종교를 지우려고 할 때조차도 '종교적'이라고 보았다. 위르겐 스마이어는 히친스의 종교의 폭력적인 모습에 대한 주장을 다음과 같이 잘 요약했다. 히치슨에게, "종교는 폭력적으로 정의되기 때문에 종교는 폭력적이다. 중독된 모든 것이 종교적으로 불리어지기 때문에 종교는 모든 것

---

8 Christopher Hitchens, *God is Not Great: How Religion Poisons Everything* (New York: Twelve, 2007), p. 56.

9 Christopher Hichens (2007), *God is Not Great*, p. 232.

을 중독시킨다."[10]

아발로스나 히친스와 같은 학자들은 종교 그 자체가 폭력의 원인이라고 보면서, 그들의 주장을 지지하는 수많은 예들을 나열하고 설명했다. 하지만 그들은 종교의 평화적인 역할에 대하여서는 간과하거나 무시하려는 경향이 있다. 이런 점에서 종교에 대한 이해가 매우 일방적이라고 평가하지 않을 수 없다.

3) 종교의 역할을 부수적이라고 보는 입장

두 번째 관점, 즉 종교 폭력으로 보이는 현상에서 종교의 역할은 직접적이고 근본적이라기보다는 주변적이고 부수적이라는 보는 입장에서는 종교를 초문화적인 힘이라기보다는 하나의 문화적 구성물로 본다. 이들의 입장에서는 테러리즘 같은 종교 폭력이 모든 사람들이 인지하고 이해하고 받아들이는 어떤 객관적 현상이 아니고 종교 영역과는 다른 영역에 깊게 연관되어 있다고 본다.

종교적으로 보이는 폭력 현상을 연구하는 많은 사회학자들, 정치학자들, 범죄학자들, 심리학자들이 이러한 입장을 취한다. 이들은 종교와 폭력 사이의 관계를 연구할 때 좀 더 객관적인 데이터를 요구한다. 이들은 종교와 폭력 사이에 유의미한 상호 관계가 있는지 살펴보면서, 둘 사이의 잠재적인 연결 고리는 무엇인지 살펴보고, 종교보다 더 중요한 요소들, 즉 심리적

---

10 Mark Juergensmeyer, "Does religion cause terrorism?" in James R. Lewis (ed.) *The Cambridge Companion to Religion and Terrorism* (New York: Cambridge University Press, 2017), p. 25.

인 요소, 사회적인 요소, 정치적인 요소들이 종교적으로 보이는 폭력 현상을 더욱 잔인하고 과격화하는 데 더 큰 역할을 한다고 결론을 내린다.

이러한 관점의 대표적인 학자는 윌리엄 캐버노(William T. Cavanaugh)이다. 캐버노는 그의 저서 『The Myth of Religious Violence』에서 비종교적 폭력과 구별되는 범주로서의 종교적인 폭력은 없다고 주장했다.[11] 앤드류 실크(Andrew Silke)는 종교와 폭력의 직접적인 인과관계보다는 사회 정체성, 집단에 대한 충성심, 그리고 그가 속한 집단이 당하고 있는 불의함에 대한 분노 등이 종교와 관련하여 중요한 역할을 한다고 보았다.[12] 그는 사회심리적 요인이 종교 폭력에 중요한 영향을 준다고 분석하면서, 종교는 이러한 사회심리적 요소들이 폭력으로 전환되는 데 주변적인 역할만 할 뿐이라고 결론을 내렸다. 실크는 사회 정체성이 종교인들이 행사하는 폭력을 이해하는 데 중요하다고 하면서 이 사회 정체성을 이해하는 데 중요한 요소가 종교이고 집단에 대한 충성심이라고 보았다.[13] 매콜리(McCauley)와 모스칼렌코(Moskalenko)는 사회심리학적 입장에서 이슬람 테러리스트들의 과격화 과정을 설명했다.[14] 그들은 인간의 동기, 소집단 역학, 그리고 인지 과정 등이 이 과격화에서 중요한 요소라고 본다. 그들에게 종교적인 외양을 갖

---

11 William T. Cavanaugh, *The Myth of Religious Violence: Secular Ideology and the Roots of Modern Conflict* (New York: Oxford University Press, 2009); William T. Cavanaugh, "Religion, violence, nonsense, and power" in Lewis (ed.) *The Cambridge Companion to Religion and Terrorism*, pp. 23-31.

12 Andrew Silke, "Holy Warriors: Exploring the Psychological Processes of Jihadi Radicalization," *European Journal of Criminology* 5 (2008), pp. 99-123.

13 Andrew Silke (2008), p. 110.

14 Clark McCauley and Sophia Moskalenko, *Friction: How Radicalization Happens to Them and Us* (New York: Oxford University Press, 2011).

는 폭력 행위에서 종교는 결정적인 요소가 아니다. 그들은 폭력이 행사되는 정치적인 영역에서 믿음과 행위는 구분되어야 한다고 보며, 다른 요소 없이 믿음만 있다면, 그것은 그들의 '행동의 약한 예측치(a weak predictor of action)'일 뿐이라고 본다.[15]

이러한 입장을 지지하는 학자들은 종교와 관련된 것처럼 보이는 수많은 폭력 행위, 특히 이슬람 테러리즘에서 폭력의 원인은 종교적 요소가 아니라 세속적인 이유 때문이라고 보고 있다. 이러한 세속적 이유에는 외국 세력, 특히 미국이나 서구 세력에 의해 지배당하고 억압당하는 민족이나 종족의 해방, 그리고 그들의 지배하에 있는 영토의 독립, 서구화되고 타락하고 있는 전통문화의 보존, 자기 민족의 정체성 확립 등이 있다. 이들은 정치적이고 세속적인 목적을 종교적인 상징과 언어로 재구성하여 종교를 이용하고 있을지라도, 종교 자체가 그 목적이 되지 않는다고 본다. 종교는 수단이지 목적이 되지 못한다. 종교적 외양을 지닌 테러리즘에 종교는 종속변수이지 독립변수가 아니다.[16]

---

15 Clark McCauley and Sophia Moskalenko (2011), pp. 119-120.
16 이러한 관점을 잘 설명해주는 학자는 Robert A. Pape, *Dying to Win: The Strategic Logic of Suicide Terrorism* (New York: Random House, 2005)이다. 로렌스는 그의 책 Bruce Lawrence, *Shattering the Myth: Islam Beyond Violence* (Princeton, NJ: Princeton University Press, 2000)에서 이슬람적인 관점에서 이러한 입장을 논의하였다.

4) 종교는 폭력에 깊게 연관되어 있다는 관점

세 번째 관점은 위의 두 가지 입장을 비판하면서, 종교 자체가 폭력의 원인은 아니지만 종교는 폭력과 깊게 연관되어 있다고 주장한다.

테러리즘 같은 종교 폭력을 이해하는 데 종교와 폭력의 인과적 관계를 부인하는 입장에 대하여 많은 학자들은 비판적이다.[17] 예를 들어서, 신종교 운동을 연구하는 사회학자인 론 도슨(Lorne L. Dawson)은 이러한 입장에 대하여 비판적이다. 도슨은 종교적인 것과 테러리즘 같은 폭력 사이에는 '직접적인 인과관계'[18]가 있다고 주장한다. 그는, 이슬람 테러리스트들이 테러를 저지를 때 종교 이외의 요소들도 중요한 역할을 하지만, 종교적 믿음과 종교적 정체성은 테러를 저지르는 데 결정적인 역할을 한다고 본다. 그는 종교와 폭력 사이의 '직접적 인과관계'를 부인하는 입장은 종교와 폭력의 깊은 관계를 이해하지 못하기 때문에, 종교가 원인이 되는 폭력에 대하여 효과적으로 대응하지 못하게 된다고 비판한다.[19]

위르겐스마이어도 종교가 테러리즘 같은 폭력과 무관하다는 입장에 비판적이다. 그는 종교 자체가 폭력의 원인이라고 보지는 않지만, 종교와 폭

---

17 Lorne L. Dawson "Discounting religion in the explanation of homegrown terrorism: a critique," in James R. Lewis (ed.) *The Cambridge Companion to Religion and Terrorism* (New York: Cambridge University Press, 2017), pp. 32-45; Lorne L. Dawson, "The Study of New Religious Movements and the Radicalization of Home-grown Terrorists: Opening a Dialogue," *Terrorism and Political Violence* 21 (2010), pp. 1-21.

18 Lorne L. Dawson (2017), p. 32.

19 Lorne L. Dawson (2017), p. 42.

팔레스타인 가자지구 지상 공격을 준비하는 이스라엘 군인들(2023) (출처: https://commons.
wikimedia.org/wiki/File:Sol-War_23-10-29_IDF_01-11.jpg, CC BY-SA 3.0)

력은 깊게 연관되어 있다고 본다. 종교와 관련된 폭력에 있어서 "종교가 문제 그 자체는 아니지만, 종교는 문제적이다."[20]라고 그는 간명하게 표현했다. 위르겐스마이어는 종교가 폭력의 직접적인 원인은 아니지만, 그 '매개체' 역할을 한다고 분석했다.[21]

종교가 폭력의 직접적인 원인이라고 보는 첫 번째 입장은 종교 자체를 매우 부정적으로 보기 때문에 종교의 역사적 의미를 제대로 이해하지 못하

---

20 Mark Juergensmeyer (2017), p. 17.
21 Mark Juergensmeyer (2017), p. 19.

는 근본적인 문제가 있다. 두 번째 입장, 즉 종교는 종속변수이지 독립변수가 되지 못한다는 입장은 종교가 지니는 독립적이고 자율적인 성격을 제대로 파악하지 못한다는 문제가 있다. 이 두 가지 입장과 달리, 세 번째 관점은 테러리즘 같은 종교 폭력이 일어나는 데 종교적 요인뿐 아니라 종교적 요소를 일부 포함하는 복합적인 요인이 있다는 것을 설명하는 데 도움을 준다. 여기서 중요한 점은 이 복합적 요인에서 종교는 다른 요인들 즉 비종교적인 요인들과 어떻게 결합하며, 어떻게 연결되는가이다.

3. 세속 시대의 종교와 폭력

1) 세속 시대

우리가 종교인들의 사회정치적 의미를 분석할 때 주의할 점은, 근현대적인 종교인들은 세속이라는 배경 속에서 자랐다는 점을 유의할 필요가 있다는 것이다. 예를 들어 한국에서 활동한 개신교 선교사들은 대체로 영미 출신인데, 이들은 주로 감리교 출신이거나 장로교 출신이다. 이들은 산업화가 이루어져서 자본주의적 윤리가 중요하고, 자유민주주의가 발전한 사회 속에서 민주적 가치인 자유를 중요하게 여기는 세속 교육을 받은 영미인들이었다. 이들은 서구적 모던에 익숙하고, 자본주의와 자유민주주의라는 세속적 가치를 자신들의 기독교적 가치와 연결하여서, 한반도에서 복음을 전파했다. 이러한 전파가 한반도의 조선인들에게 큰 호응을 얻게 되었고, 이것이 개신교가 한반도에서 단단한 기반을 닦게 되는 결정적인 이유가 되

었다.[22]

  마찬가지로 오늘날 우리가 보게 되는 종교 폭력도 세속적 이데올로기와 밀접한 관련성 속에서 발생하고 있다. 예를 들어 테러리즘을 일으킨 이슬람 과격주의자들은 종교적 헌신뿐 아니라, 아랍 민족주의나, 이슬람 민족주의, 반세계화 이념 등에 기반하고 있다. 그러므로 이러한 유형의 종교 폭력은 세속 시대라는 맥락 속에서 분석되어야 한다.

  종교적인 행태의 폭력에서 종교성은 폭력을 추동하고, 폭력을 정당화하는 중요한 요소이기는 하지만, 그것이 폭력의 모든 것을 설명하지는 못한다. 현대사회에서 종교 폭력의 현상들은 우리가 종교적이라고 부르는 요소뿐 아니라 우리가 비종교적 요소라고 부르는 영역들, 즉 세속적인 영역들과 밀접한 관련이 있다. 이러한 종교적 요소와 비종교적 요소는 현대사회에서 복잡하게 연결되어 있다. 이처럼 복잡하게 연결되게 하는 역사적인 조건은 찰스 테일러(Charles Taylor)가 명명한 '세속 시대(a secular age)'이다.[23]

---

22 Byongsung Lee, *Christianity and Modernity in Korea under Japanese Colonial Rule: the Federal Council of Protestant Evangelical Missions in Korea, Japanese Colonialism, and the Formation of Modern Korea* (PhD Diss., McGill University, 2017).

23 테일러는 세속성(secularity)이 서구적 근현대의 특징이라고 보면서, 세속성을 세 가지로 나누어 설명한다. 그는 이것을 각각 세속성 1, 2, 3이라고 부른다. 첫번째 단계인 세속성 1은 종교적 세계관이 공공영역(정치, 경제, 과학, 예술 등)으로 부터 후퇴하고 있다는 점을 의미한다. 이것은 탈주술화(disenchantment)의 결과이다. 세속주의는 주술화 된 세계로부터 탈주술화 된 세계로의 전환을 의미한다. 그러나 세속주의가 반드시 신의 존재를 부정하지는 않는다. 이것은 단지 신을 초월적 영역, 즉 초자연적인 곳, 그러므로 믿을 수 없는 곳으로 밀어 내어 버리는 것이다. 신은 객관적인 과학의 영역 밖에 놓이게 되고, 이로 인해 과거에 서구인들에게 궁극적이고 우주적 가치를 부여해 왔던 신에 대한 믿음은 점점 더 어려워지게 되었다. 세속성 2는 개인적 차원의 종교적 행위와 헌신의 약화를 의미한다. 개인은 공동체로부터 후퇴하고, 그들

테일러는 현대적 의미의 세속 사회에서 세속의 가치와 규범 그리고 제도는 우리 삶의 조건이 된다고 주장한다. 세속의 가치 중 중요한 것은 자유, 평등, 인권, 민주주의, 다원주의 등이다. 세속의 삶의 영역은 자유민주주의적 정치체제, 자본주의라는 경제 질서, 그리고 시민사회라는 세 영역으로 구성된다. 이러한 세속적 규범과 제도의 조건 속에서 현대인들은 자신의 종교 생활을 모색한다. 그러나 세속이라는 영역의 확대가 반드시 종교 영역의 축소를 의미하지는 않는다. 세속이라는 삶의 조건 속에서 종교의 가르침은 끊임없이 재구성되면서 그 생명력을 잃지 않는다고 그는 주장한다. 이러한 세속에 대한 테일러의 설명은 현시대의 종교 폭력 현상을 설명하는 데 아주 중요한 통찰력을 제공한다.

은 삶의 의미를 더 이상 외부적이고 영원한 원천에서 찾지 않고, 개인의 선택을 통하여 찾는다. 세속성 3은 가장 최근에 전개된 단계이다. 이것은 하나님을 믿지 않는 것이 거의 불가능한 사회로부터 신앙이 여러가지 선택지 중의 하나가 된 사회로의 전환을 의미한다. 테일러는 종교개혁 이전의 시대에는 하나님 또는 신령으로 가득 찬 세계를 믿지 않는 것이 실질적으로 거의 불가능한 시대였다고 진단한다. 그러나 현대시대는 신앙 또는 종교가 현대인들에게 여러 가지 선택지 중 하나인 시대이다. 현대인에게 무종교는 "초기설정값"(default option)이 되었다. 테일러는 이 세번째 단계를 앞의 두 세속성의 단계와 구분하면서, 세속성은 종교적 믿음과 실천이 쇠퇴하는 것을 의미한다기 보다는, 종교적 믿음의 조건이 변했다는 것을 의미한다고 주장한다. 그는 세속성 3이 세속과 종교의 관계를 가장 잘 설명해 주는 관점이라고 강조한다. 세속성 3을 통하여 테일러는 현대의 시대에 종교가 약화된다는 세속화 이론을 비판한다. 그는 세속화 이론과 달리 우리가 사는 세속 사회의 중요한 특징은 종교가 후퇴하는 것이 아니라 세속이라는 조건 속에서 종교가 재구성되는 것이라고 주장한다. Charles Taylor, *A Secular Age* (Cambridge, MA: Harvard University Press, 2007), pp. 20-22.

2) 모던한 범주로서의 종교

종교 폭력의 의미를 묻는 관점에서 가장 중요한 것은 결국 '종교'란 무엇인가이다. 종교라는 개념 자체는 서구 기독교적인 맥락에서 만들어진 서구적이고, 모던한 개념이다.[24] 이 종교라는 개념은 서구 근대의 관점과 가정들을 구체적으로 체현하고 있는 역사적 범주이다.

사람들이 '이슬람 테러리즘'이라고 부르는 현상은 종교가 폭력을 조장하고 정당화해 주는 좋은 예로 설명되고 있다. 그런데 여기서 말하는 '종교'라는 개념은 서구적인 맥락 좀 더 구체적으로 말해 근대적인 맥락 속에서 만들어진 개념이다. 이 '종교'라는 개념은 모더니티(modernity)라는 맥락 속에서만 제대로 이해될 수 있다.

근대 이전의 사회에서 종교와 정치는 구분되지 않았다. 하나의 연속체로 이해되었고, 통합적으로 이해되었다. 근대 이전의 유럽에서 종교로서의 기독교는 그 본질상 정치적이고, 사회적이고, 경제적이었고, 사람들의 모든 삶을 규정하는 윤리 규범을 부여하였다. 종교와 정치의 구분은 근대 이후의 서구 역사에서부터 시작되었다. 서구 근대 정치사에서 종교는 정치적 안정을 해치는 요소로 받아들여졌다. 이러한 맥락하에 서구 근대사상에서 정치와 종교를 분리하고, 종교를 정치의 공적인 영역에서 배제하

---

24 Arthur L. Greil and David G. Bromley (eds.), *Defining Religion: Investigating the Boundaries between the Sacred and the Secular* (Oxford: JAI, 2003); Jonathan Z. Smith, "Religion, Religions, Religious," in Mark C. Taylor (ed.) *Critical Terms for Religious Studies* (Chicago: University of Chicago Press, 1998); D. Dubuisson, *The Western Construction of Religion: Myths, Knowledge, and Ideology*. Trans. W. Sayers. (Baltimore, MD: Johns Hopkins University Press, 2003) 참조.

9.11 테러(2001) (출처: https://commons.wikimedia.org/wiki/File:Explosion_following_the_plane_
impact_into_the_South_Tower_(WTC_2)_-_B6019~11.jpg, Public Domain)

는 세속화는 아주 기본적인 원칙이 되었다. 이것은 자유민주주의의 근간
을 이루게 되었고, 이러한 맥락 속에서 집단이 아닌 개인의 종교의 자유라
는 관념이 발전하게 되었다. 이러한 서구 근대의 전통을 따른 우리나라는
헌법 제20조에서 규정한 것처럼, 종교와 정치를 '분리'시키게 되었다. 이렇
게 사회의 공적인 영역에서 종교는 배제되었고, 종교는 사적인 영역의 것
이 되었다.

　이러한 서구적 모던과 달리, 이슬람 전통에서는 정교분리가 아주 생소한
개념이고, 때로는 불순한 요소로 보인다. 종교적인 것이 삶의 모든 것을 규
정하는 본질적인 것이라고 믿는 이들에게 정치는 종교 생활의 한 부분이

고, 사적 영역과 공적 영역을 구분하면서 종교적 가르침이 정치적 영역에서 배제되어야 한다는 자유주의 이데올로기는 신성모독일 수 있는 것이다.

탈레반, 알카에다, 이슬람국가(Islamic State) 같은 이슬람 극단주의자들은 그들이 알라의 가르침을 따른다고 하면서 동시에 그들의 신앙을 정치적 비판에 연결시키고 있다. 그들은 미국이 독재적인 이슬람 지도자들을 지원하고, 아랍 국가들에 적대적인 이스라엘을 지지하고, 이슬람 국가들에 미군이 주둔하는 것에 대하여 극렬히 반대하고 있다. 즉 그들의 근본주의는 반미주의와 깊게 연결되어 있다. 이들의 성명서는 구체적인 정치적 불만으로 가득 차 있다.[25] 이러한 그들의 반미주의는 또 자유주의적 정교분리에 대한 비판으로도 이어진다. 그들이 보기에는 정치와 종교가 코란의 전통에 의해 일치되는 칼리프 국가(caliphate)가 이상적인 체제로 보기이기 때문이다. 이것은 서구적 근대, 서구적 세속에 대한 비판이며 저항이다.

브루스 로렌스(Bruce Lawrence)가 잘 묘사한 것처럼, 빈 라덴 같은 이슬람 극단주의자들이 저지른 테러리즘은 그들에게 종교전쟁이다. 그런데 이 종교전쟁은 본질적으로 정치적 차원의 전쟁을 포함한다.[26] 이러한 시각에서 정치와 종교는 결코 분리되지 않는다. 정치는 종교적 관점에 의해서 재구성되어야 한다. 이러한 관점에서는 우리가 폭력이라고 부르는 것을 종교적으로 필수 불가결한 것으로 여기게 된다.

---

25 Pieter Nanninga, "The role of religion in al-Qaeda's violence," In James R. Lewis (ed.), *The Cambridge Companion to Religion and Terrorism* (New York: Cambridge University Press, 2017), pp. 158-171.

26 Bruce Lawrence (ed.) *Messages to the World: The Statements of Osama Bin Laden* (London: Verso, 2005), p. xx.

3) 이데올로기, 종교, 폭력

종교와 폭력의 연결성은 종교와 정치라는 더 넓은 관점에서 보아야 한다. 종교가 어떻게 정치와 연결되고, 종교인들이 국가를 어떻게 바라보며, 종교인들이 국가가 정당하게 사용하는 폭력(예를 들어 경찰력, 군사력 등)을 어떻게 바라보는지와 근본적으로 연결되어 있다. 그런데 현대의 정치라는 것은 고대의 정치나, 중세의 정치와는 근본적으로 다르다.

근대 이전의 대부분의 사회에서 종교적 권위와 정치적 권위는 긴밀하게 연결되어 있었고, 종교적 권위는 정치적 권위에 정당성을 부여하고 그 정치체제 안에 살고 있는 구성원들에게 신민으로서의 윤리적 의무와 도덕적 질서를 부여하였다. 왕권신수설은 좋은 예다. 유럽과 다른 경로를 따라간 동아시아에서도 성리학적 유교나 불교가 종교의 이름으로 정치적 정당성을 부여하였고, 대부분의 신민들은 이것을 당연하게 받아들였다. 그러나 근대 이후 이러한 종교와 정치의 관계는 근본적으로 변하게 되었다. 대부분의 자유주의 국가에서 정치와 종교는 법적으로든 실질적으로든 분리되었고, 개인들의 종교의 자유는 보장되었다. 이러한 정교분리의 원칙과 종교의 자유의 권리는 자유주의 이념의 근간을 형성하게 되었다.

세속 시대의 정교분리 원칙은 종교 자유와 깊게 연결된다. 종교 자유를 보장하기 위해서 정교분리 원칙이 강조된다. 그런데 이 종교 자유는 현대인의 종교성의 사사화(privatization)에 기인다. 이러한 맥락에서 볼 때 정교분리는 사사화된 종교 자유의 반영이라고 볼 수 있다. 그런데 이러한 사사화된 정교분리 원칙은 종교가 이데올로기를 매개로 정치에 깊게 관여한다는 사실을 은폐하는 기능을 한다. 이데올로기 차원은 사적인 차원이라기보다는 집단적인 차원의 문제이고, 국가적 차원의 문제이다. 이 점을 이해하는 것이 현대의 종교 폭력의 특수성을 이해하는 데 중요하다.

현대사회에서 종교가 폭력과 연결되는 데 가장 중요한 연결 고리는 세속 이데올로기이다. 신의 이름으로 또는 종교의 이름으로 이루어지는 종교의 폭력은 종교가 독점적인 역할을 행사하지 않는다. 현대 시대에 종교의 이름으로 이루어지는 대부분의 폭력은 세속적 이데올로기와 깊은 관련성이 있다. 이 세속적 이데올로기는 여러 가지로 표현될 수 있는데, 민족주의·애국주의·국가주의·반공주의·인종차별 등이 그 대표적인 예다.

에릭 홉스봄(Eric Hobsbawm)이 잘 지적한 것처럼, 20세기는 '극단의 시대(age of extremes)'였는데, 그 극단의 근본적인 원인은 자본주의·사회주의·민족주의 같은 세속 이데올로기였다.[27] 그 극단적인 세속 이데올로기는 극단적인 폭력 행위의 근본 원인이었다. 세속 이데올로기와 관련된 대규모 폭력이 자행된 역사적 현장은 제1차 세계대전, 제2차 세계대전, 냉전 후 벌어진 '저강도 전쟁(한국전쟁, 베트남전쟁)', 그리고 나치즘, 파시즘, 스탈린주의, 반공 독재의 사회였다. 이러한 참혹한 역사 속에서 세계의 수많은 사람들이 다양한 종류의 폭력에 의해 희생당했다. 한국인들도 결코 예외가 아니었다. 이러한 폭력 행위의 근본적 원인은 세속적이었다.

그런데 이러한 극단적 세속 이데올로기는 20세기 말부터 종교와 깊은 관련성 속에서 폭력 사용과 연결된 것으로 분석되기 시작하였다. 종교인들이나 종교 단체들은 이러한 세속적 이데올로기를 매개로 하여 폭력에 관여

---

27 Eric J. Hobsbawm and Marion Cumming, *Age of extremes: the short twentieth century, 1914-1991* (London: Abacus, 1995).

하였다.[28] 위르겐스마이어가 잘 지적한 것처럼, 종교 폭력으로 보이는 많은 역사적 사례에서, 종교는 '저항의 이데올로기'[29]가 되었다. 이것의 가장 좋은 예는 서구 제국주의에 맞서서 저항한다고 선언한 이슬람과 관련된 테러리즘이다.

미국적인 관점에서 종교를 정치, 특히 국제정치와 연결하는 대표적인 시각은 사무엘 헌팅턴(Samuel P.Huntington)이 제기한 '문명의 충돌(clash of civilizations)'이다.[30] 1992년의 그의 강연에 기반하여, 1997년에 출판된 그의 책에서 헌팅턴은 서구와 비서구가 충돌할 때 냉전 같은 이데올로기 이슈보다는 문명적인 충돌이 이루어질 것이라고 설명했다. 그는 이 문명의 본질적인 요소는 종교이고, 서구적 관점에서 가장 중요한 충돌, 무력의 충돌은 기독교 문명에 기반한 서구와 이슬람 종교에 기반한 이슬람 세력의 충돌이라고 예견하였다. 많은 학자들은 이러한 예견이 2001년 9·11 사건에서 입증되었다고 보고 있다. 헌팅턴의 관점은 미국 기독교인들이 세계의 평화를 지킨다는 명분으로 중동에서의 전쟁을 지지하게 해 주는 중요한 이론적 전거가 되었다. 이러한 국제정치적 이데올로기를 통하여 미국의 기독교인들은 전쟁이 가져다주는 폭력에 관여하게 되는 것이다.

세계적인 차원에서의 종교 폭력에 비하면 한국 사회에서 일어나는 종교 폭력은 대단해 보이지 않을 수도 있다. 개신교인들이 자행하는 불상 파괴,

---

28 Mark Juergensmeyer, *Terror in the Mind of God: The Global Rise of Religious Violence* (Berkeley: University of California Press, 3rd ed., 2003) 참조.

29 Mark Juergensmeyer (2017), p. 18.

30 Samuel P.Huntington, *The Clash of Civilizations and the Remaking of World Order* (London: Penguin, 1997).

개신교인이 주도하는 극렬한 이슬람 반대 집회, 파벌화 된 개신교 종파 안에서 일어나는 구성원에 대한 폭력 등은 한국 사회에서 벌어지는 종교 폭력의 한 예다. 그러나 이러한 현상은 세계 곳곳에서 벌어지는 종교 폭력에 비해서 크게 도드라져 보이지는 않는다. 이러한 이유로 우리 사회의 종교 폭력이 외국의 다른 사회에서의 종교 폭력에 비해 강하지 않다고 주장한다면 그것은 매우 피상적인 견해일 것이다.

한국 개신교인들은 분단 이후 해방 정국과 한국전쟁 그리고 독재로 이어지는 일련의 역사적 과정에서 반공주의와 관련된 폭력 행사에 아주 깊게 관여하였다. 개신교는 반공주의에 신의 이름으로 정당성을 부여하고 반공주의의 비인간성과 폭력성을 변호하고 정당화하였다. 월남한 개신교인들이 주축이 된 서북청년단의 폭력성은 대표적인 예다.[31]

개신교 세력은 공산주의 이데올로기를 우주적 전쟁에서 반드시 이겨야 할 종말적인 악으로 규정한다. 그들은 세상을 절대적인 악과 절대적인 선의 세력들 사이의 충돌의 장으로 보고 있고, 진정한 신자라라면 모든 수단을 동원해서 이 전쟁에서 승리해야 한다고 여긴다. 이 수단에는 무력이나 폭력이 모두 포함된다. 성스럽고 거룩한 전쟁에서 승리하기 위해 헌신한 신자들은 폭력을 사용할 윤리적 의무를 지기도 한다. 예를 들어, 개신교의 한 지도자인 한경직 목사는 북한 공산주의 세력을 그리스도에 적대적인 '붉은 용'의 세력으로 묘사하면서,[32] 무력을 포함하여 어떠한 수단에 의해서

---

31 강인철, 『한국의 개신교 와 반공주의: 보수적 개신교의 정치적 행동주의 탐구』, 중심, 2007; 윤정란, "한국 반공주의와 그리스도교-서북청년단을 중심으로", 『가톨릭 평론』 14, 2018, 29-37쪽.

32 한경직, "그리스도인과 반공," 『새가정』 10.3, 1963, 10-11쪽.

든 반드시 승공해야 한다고 주장한다.[33] 반공주의 이데올로기를 매개로 한 개신교인들의 정치적 관점은 독재 시대에 반공주의라는 이름으로 자행되는 여러 유형의 국가폭력과 집단 폭력을 정당화해 주는 토대가 되었다.

4. 나가는 말

종교와 폭력의 관계를 논의하는 데 중요한 점은 종교 자체가 외롭고 고립된 변수로 존재하는 것이 아니라 다양한 사회정치적 요소들과 깊게 연결되어 있다는 것이고, 이 연결은 세속 사회라는 삶의 조건에 의해 많은 면들이 규정되고 있다는 것이다. 종교 폭력으로 보이는 현상을 종교 이외의 요소 즉 정치, 역사적인 차원으로부터 분리시켜서 설명하려는 시도는 잘못된 접근이고, 이러한 분석을 통하여 종교 폭력을 예방하려는 시도는 무익한 것이다. 더 넓은 의미의 맥락에서 이 폭력적인 현상을 보아야 한다. 그렇게 할 때 종교와 관련된 폭력적인 현상들에 대한 해결책을 찾을 수 있다.

현대사회에서 정치와 종교의 관계, 즉 정교분리 같은 개념에 대한 잘못된 전제와 이해와 해석들이 종교 폭력에 대한 관점을 더욱 혼란스럽게 만든다. 이러한 혼란된 인식은 우리가 더불어 함께 살아야 할 이웃 종교들에 대해 혐오와 차별을 부추긴다. 어떤 종교를 폭력적이며 테러리즘을 정당화한다고 비난하고 낙인찍는 것은 그 자체가 종교를 향한 폭력이 된다. 타

---

33 이병성, "한국 개신교와 민족주의: 국가주의적 민족주의 대 민족대단결 민족주의",
    『기독교사회윤리』 제48집, 2020, 169-173쪽 참조.

종교를 '폭력적'이라고 낙인찍고 증오하고 혐오하는 태도는 종교 폭력을 더욱 조장하고 정당화하기도 한다. 우리는 우리와 다른 종교적 신앙을 가진 사람들을 타 종교인으로 타자화하기보다는 더불어 함께 살아가야 할 이웃 종교인으로 존중하여야 한다.

또한 자신의 종교가 이데올로기를 매개로 이러저러한 폭력에 관여하고 있다는 인식은 자신의 종교의 역사적 과오를 성찰하는 계기를 제공해 준다. 이러한 성찰이 정치적 갈등의 상황 속에서 종교인들의 평화적 역할을 고무하는 출발점이 될 것이다.

현대사회에서 종교 폭력의 문제를 다루기 위해서는 좀 더 근본적인 문제를 제기해야 한다: 세속이라는 삶의 조건 속에서 종교는 정치적인 문제들과 어떻게 관련이 있는가? 이 문제에 대답할 때 우리는 종교 폭력의 의미를 좀 더 심도 있게 파악할 수 있을 것이고, 이러한 심화된 이해는 종교가 평화에 공헌하는 데 도움을 줄 수 있을 것이다.

제3장

젠더 폭력

김신현경

1. 들어가는 말
— 「젠더 폭력방지기본법」은 어떻게 「여성폭력방지법」이 되었나?

2023년 11월, 진주시 한 편의점에서 한 20대 남성이 20대 여성 종업원을 마구잡이로 구타한 사건이 발생했다. 그는 종업원의 쇼트커트 헤어스타일을 보고 '페미니스트'임이 분명하므로 때렸다고 진술했다. 이는 한 여성의 취향이자 표현인 헤어스타일을, 폭력을 정당화하는 동기로 삼았다는 점에서 명백한 여성혐오(misogyny)[1] 폭력이자 범죄이다.[2] 그러나 이 사건의 피해자는 「여성폭력방지기본법」(이하 「여성폭력방지법」)에 규정된 보호와 지원을 받지 못했다.[3] 여성혐오에 기반한 폭력은 현행 「여성폭력방지법」이

---

1 '여성혐오'는 미소지니(misogyny)의 번역어로 여성이 한 명의 인간이자 시민이 아니라 그저 '여자'로 환원되는 제도 및 문화를 일컫는다. 자세한 것은 김신현경, "미소지니를 넘어서기 위해 더 물어야 할 질문들", 『말과활』 11호, 2016, 115-120쪽을 참조.
2 사건 직후 대검찰청은 이 사건을 '혐오범죄'로 규정하고 산하 검찰청에 엄정 대응 지시를 내렸다. 정환봉, "머리 짧다고 여성 구타⋯대검, '진주 편의점 폭행 사건' 엄정대응 지시, 전형적 혐오범죄⋯죄에 상응하는 형 선고되도록", 『한겨레신문』(2023년 11월 21일), https://www.hani.co.kr/arti/society/society_general/1117180.html (검색일: 2024.07.21).
3 오세진, "여성혐오 범죄 피해자는 빠진 여성폭력방지법", 『한겨레신문』(2024년 1월 17일), https://www.hani.co.kr/arti/society/society_general/1124724.html (검색일: 2024.04.28).

정의하는 '여성폭력'에 해당되지 않기 때문이다.[4][5]

2018년에 제정되어 2019년부터 시행되고 있는 「여성폭력방지법」은 2017년 7월 당시 정부의 「젠더 폭력방지기본법 제정 및 국가행동계획 수립·이행」 계획에서 출발했다. 촛불시위와 대통령 탄핵 이후 들어선 문재인 정부는 국정 운영 100대 과제를 선정했는데 '실질적 성평등'은 그중 하나였다. 「젠더 폭력방지기본법」(가칭)의 제정은 바로 실질적 성평등을 위한 하나의 방안으로 제시되었다.[6]

이는 한국 여성운동계의 오랜 숙원이기도 했다. 1987년 민주화, 1990년대 탈냉전이라는 시대적 조건과 여성운동의 성장 및 활약의 결합으로 1990년대에 성희롱, 성폭력, 가정폭력, 성매매를 규제하는 각각의 법률이 제정되었다. 이는 분명 큰 성과였지만 현실에서 일어나는 폭력을 제대로 명명, 규제하는 데는 한계가 있었다. 많은 피해자들이 여러 폭력에 동시적으로 또 연속적으로 노출되어 있지만 각각의 법률은 해당 폭력의 정의 경계 내에서 사안을 다룰 수밖에 없다. 또한 이 법률들은 스토킹이나 친밀한 관계

---

4   「여성폭력방지법」의 '여성폭력' 정의는 다음과 같다. 제3조 1항. '여성폭력'이란 성별에 기반한 여성에 대한 폭력으로 신체적·정신적 안녕과 안전할 수 있는 권리 등을 침해하는 행위로서 관계 법률에서 정하는 바에 따른 가정폭력, 성폭력, 성매매, 성희롱, 지속적 괴롭힘 행위와 그 밖에 친밀한 관계에 의한 폭력, 정보통신망을 이용한 폭력 등을 말한다. 국가법령정보센터, "여성폭력방지기본법," (2018년 12월 24일), https://www.law.go.kr/법령/여성폭력방지기본법 (검색일: 2024.05.01).

5   이 사건은 2024년 4월 9일 창원지법 진주지원에서 열린 1심 판결에서 '심신미약'을 인정받아 징역 3년을 구형받았다. 마녀 D, "여성혐오는 가해자 '선처'의 근거일 수 없다", 『한겨레21』 (2024년 4월 19일), https://h21.hani.co.kr/arti/society/society_general/55397.html (검색일: 2024.04.28).

6   신상숙, "젠더에 기반한 차별과 폭력의 연속선: 통합적 접근의 모색", 『페미니즘연구』 제18권 1호, 2018, 268-269쪽.

에서의 폭력과 같은 오래된 폭력과 디지털 성폭력과 같은 새로운 형태의 폭력을 명명하고 규제하는 데 한계를 보여 왔다. 이런 상황에서 개별 폭력 사안들을 넘어 이 사안들을 관통하는 공통의 권력관계를 드러내고 변화시킬 수 있는 방안이 필요하다는 문제의식이 설득력을 얻어 왔다.

특히 2016년 강남역 여성 살해 사건, #○○계 성폭력 고발 운동, 2018년 미투 운동으로 이어진 페미니즘 대중화 국면에서 거리로 나온 여성들이 이 사건들을 '여성혐오 범죄'로 부른 것은 주목할 만하다. 이는 이 사건들이 개별 가해자와 피해자 간 문제가 아니라 뿌리 깊은 젠더불평등에 기반해 여성에 대한 폭력을 용인해 온 제도와 문화에서 발생했다는 문제의식을 담은 명명이었다.[7] 또한 남아, 십 대 남성, 남성 동성애자 등 생물학적 남성이라 하더라도 "위계적 젠더 이원 체계"[8]에 들어맞지 않기에 폭력의 대상이 되는 상황을 포괄할 수 있는 통합적 접근에 대한 요청이 증가했다.[9] 이보다 앞서 트랜스젠더의 폭력 경험에 기반하여 젠더 폭력을 생물학적 여성에 대한 폭력이 아니라 "젠더 규범을 몸에 각인시키는 실천"으로 재해석할 것을 제안한 연구도 있었다.[10] 그러나 이런 문제의식을 담고 있었던 법 원안은 여성

---

7 허민숙, "젠더 폭력과 혐오범죄: 여성에 대한 폭력은 혐오범죄인가? 논쟁을 중심으로" ,『한국여성학』제33권 2호, 2017, 77-105쪽.; 김민정, "'묻지마 범죄가 묻지 않은 것: 지식권력의 혐오 생산",『한국여성학』제33권 3호, 2017, 33-65쪽.

8 케이트 본스타인, 조은혜 역,『젠더 무법자』, 서울: 바다출판사, 2015, 176쪽.

9 윤덕경 · 차인순, "여성폭력 방지를 위한 포괄적 입법에 관한 연구",『이화젠더법학』제8권 3호,2016, 43-77쪽.; 장다혜, "정책영역에서의 젠더 폭력 개념 도입의 의미와 한계",『한국여성정책연구원 세미나 자료집 - 문재인 정부 2주년 성과와 평가: 젠더 폭력 정책을 중심으로』, 2019, 47-52쪽.

10 루인, "젠더, 인식, 그리고 젠더 폭력: 트랜스(젠더)페미니즘을 모색하기 위한 메모, 네 번째",『여성학논집』제30권 1호, 2013, 199-233쪽.

가족위원회와 법제사법위원회를 거치면서 변형되었다. 우선 '젠더'라는 용어가 생경하다는 이유로 슬그머니 사라졌고 남성 피해자가 소수라는 이유로 삭제되었다.[11] 현행 「여성폭력방지법」이 생물학적 여성 피해자 지원을 중심으로 하되 여성혐오 폭력 피해자는 지원 대상에서 제외하는 매우 협소한 법률이 된 데에는 이런 과정이 있었던 것이다.

「여성폭력방지법」의 제정 과정은 한국 사회에서 젠더 폭력 즉 젠더 권력관계에 기반한 폭력은 여전히 여성폭력 즉 생물학적 여성을 대상으로 한 폭력과 다르지 않은 것으로 이해되고 있음을 보여준다. 이런 상황에서 남성 피해자에 대한 논의는 여성뿐 아니라 남성도 피해자일 수 있다는 주장을 통해 젠더 권력관계를 무화시킨다.

사실 이는 「여성폭력방지법」만의 한계가 아니라 그간 폭력의 개별 유형별로 이루어져 온 법제화가 도달한 한계라고 할 수 있다. 한국 사회에는 성폭력, 가정폭력, 성희롱, 성매매를 규제하는 모든 법이 있다. 그러나 진주시 여성혐오 폭행 사건에 대한 후속 처리는 한국 사회가 이 모든 폭력을 관통하는 권력관계로서의 젠더 권력관계에 대한 합의는커녕 최소한의 이해에도 도달하지 못 했음을 보여준다. 이에 이 장은 한국 사회에서 보다 포괄적인 젠더 폭력 논의가 필요하다는 문제의식에서 국제인권체제에서 여성폭력과 젠더 폭력이 개념이자 규범으로 형성된 과정을 살펴본다. 이는 최

---

11 남성 피해자 보호 및 지원을 제외한 이들이 법제사법위원회의 남성 국회의원들이었다는 사실은 생물학적 남성들이 위계적 이원 체계에서 우위를 점한 단일한 하나의 집단이 아님을 보여준다. 자세한 과정은 구경하, "'여성'만을 위한 '여성폭력방지기본법' 누가 만들었나?", 『KBS 뉴스 취재후』(2018년 12월 10일), https://news.kbs.co.kr/news/pc/view/view.do?ncd=4091968 (검색일: 2024.07.21.)를 참조.

근 활발히 전개되고 있는 혐오범죄 관련 논의[12]에도 유의미한 시사점을 줄 것으로 기대된다.

이 장은 모두 6장으로 구성된다. 1장에서는 서론으로 이 장의 배경과 목적을 서술하였다. 이어 2장에서는 기존연구를 검토하고 연구대상을 제시한다. 3, 4, 5장에서는 국제인권체제에서 여성폭력과 젠더 폭력이 개념이자 규범으로 형성된 과정을 관련 쟁점을 중심으로 분석한다. 6장에서는 분석을 요약하고 이러한 분석이 한국 사회에 주는 시사점을 제시한다.

2. 젠더 폭력에 대한 기존연구 검토와 연구대상

한국 사회에서 1990년대 성희롱, 성폭력, 가정폭력, 성매매를 규제하는 법률이 제정되는 과정은 각각의 개념을 둘러싼 치열한 논쟁을 동반했다. 예컨대 「성폭력 범죄의 처벌 및 피해자 보호 등에 관한 법률」(이하 「성폭력특별법」) 제정 당시 성폭력을 광의의 '여성에 대한 폭력'(violence against women)으로 정의할 것인지 아니면 협의의 '성적 폭력'(sexual violence)으로 정의할 것인지를 둘러싸고 격렬한 논쟁이 벌어졌다. 전자는 성폭력을 여성에 대한 폭력 전반으로 본 데 반해 후자는 직접적인 성적 관계에서 벌어지는 폭력으로 정의한 것이었다. 1994년 「성폭력특별법」의 제정은 후자로

---

12 허민숙, 2017; 김민정, 2017; 홍성수, "혐오에 어떻게 대응할 것인가?: 혐오에 관한 법과 정책", 『법학연구』 제30권 2호, 2019, 191-228쪽.; 장진영, "한국의 혐오범죄 사건 분석: 형법 판례를 중심으로", 『중앙법학』 제24권 3호, 2022, 119-160쪽.; 홍성수, "혐오범죄의 법정책", 『형사정책』 제35권 4호, 2024, 245-272쪽을 참조.

결론 내려진 결과물이었다. 그런데 이런 법적 정의는 기존 성관계(sexual intercourse) 즉, 남성 성기 중심의 사고와 실행에 기반을 둔 것이기에 이에 포함되지 않는 무수히 많고도 피해 정도가 심한 성적 폭력이 사소화, 비가시화되고 만다는 문제점이 법제정 직후부터 줄곧 지적되어왔다.[13] 게다가 다른 용어가 없는 상황에서 성폭력이라는 용어가 젠더 불평등 전반을 가리키는 말로 과잉 의미화되어 여러 문제점을 낳기도 했다.[14]

이 과정에서 여성에 대한 폭력 논의가 피해자의 경험을 반영하는 구체적인 것이면서 동시에 개별 사건들을 넘어서는 포괄적 권력관계를 문제화할 수 있어야 한다는 필요성이 제기되었다. 한국 학계에서 국제인권체제에서 여성 인권(women's human rights) 규범의 확립 과정이 언급되기 시작한 것은 이런 필요성과 무관하지 않다. 이를 잘 보여주는 것이 1997년 「가정폭력방지 및 피해자 보호 등에 관한 법률」(이하 「가정폭력방지법」) 제정 당시 벌어진 명명을 둘러싼 논쟁이다. 이 논쟁은 여성 인권과 그 침해로서의 '아내구타'가 한국 상황에서 어떻게 유보되는지를 생생하게 드러냈다.[15]

가정폭력의 가장 흔하고 광범위한 형태는 남편의 아내 구타다. 이는 가부장적 가족(patriarchal family)에서 불평등한 남편과 아내의 지위에서 비롯된다. 1970년대 이래 국제인권체제에서는 근대 국가가 가족을 사적 영역

---

13 신상숙, "성폭력의 의미구성과 '성적 자기결정권'의 딜레마", 『여성과사회』 13호, 2001, 6-43쪽.; 변혜정, "성폭력 개념에 대한 비판적 성찰: 반성폭력운동단체의 성정치학을 중심으로", 『한국여성학』 제20권 2호, 2004, 41-74쪽.
14 엄혜진, "운동사회 성폭력 의제화의 의의와 쟁점: '100인위' 운동의 수용과 현재적 착종", 『페미니즘연구』 제9권 1호, 2009, 31-78쪽.
15 허민숙, "여성주의 인권 정치학: 보편 vs 상대주의의 전환적 논의를 중심으로," 『한국정치학회보』 제46권 1호, 2012, 53-55쪽.

으로 간주하여 남편의 아내 구타에 불개입 원칙을 견지해온 역사를 문제로
지적하고 아내구타를 여성 인권침해의 대표적 사례로 제시했다. 그러나
1990년대 한국 사회에서 국가가 아내구타에 개입하기 위해서는 '여성 인권
침해'가 아니라 '가정보호와 유지'라는 명분이 훨씬 더 유용했기에 한국의
여성운동가들은 이를 활용하고자 했다.[16] 정희진은 이를 두고 피해 여성의
인권보다 남성 중심적 가족 유지를 강조함으로써 아내구타가 법의 테두리
안으로 수용될 수 있었다고 비판했다.[17] 이에 대해 허민숙은 당시 한국 사
회에서 국제인권체제의 여성 인권담론은 활용 불가능한 것이었기에 가정
보호 및 유지를 내세운 「가정폭력방지법」은 불가피한 선택이었다고 주장
한다.[18] 허민숙은 여성 인권은 저 멀리 보편의 언어로 존재하는 것이 아니
라 각 국가 및 사회의 경험과 삶을 반영하는 구체적 의미를 담을 수 있는,
"맥락적 차원의 포괄적 방식"[19]으로 논의되어야 한다고 본다.

　허민숙의 논의는 국제인권체제에서의 인권 규범이 각 사회에서의 경험
과 논의와 결합해 어떻게 맥락적이면서도 포괄적인 지식을 생산할 수 있는
지를 질문한다는 점에서 중요하다. 그런데 이 때 구체적이고 맥락적으로

16　한국에서는 2022년 9월에서야 가정폭력 피해자의 동의 없이 분리 조치가 가능하다
　　는 대법원 최초의 판결이 내려졌다. 박용필, "가정폭력 피해자, 동의 없이 분리 · 보
　　호 조치 가능… 대법 첫 판단,"『경향신문』(2022년 9월 5일), https://m.khan.co.kr/
　　national/court-law/article/202209051129001.(검색일: 2024.07.21). 그러나 분리 조치
　　는 가해자의 접근을 근본적으로 막지 않기 때문에 분리 조치된 가해자가 피해자를 살
　　해하는 사례가 계속 발생하고 있다. 임명수, "살해된 아내… 가정폭력 못 막은 '임시
　　조치'",『한국일보』 10면, 2024년 4월 25일.
17　정희진, "인권과 평화의 관점에서 본 여성에 대한 폭력," 정희진(편),『성폭력을 다시
　　쓴다: 객관성, 여성운동, 인권』, 서울: 한울아카데미, 2003, 17-36쪽.
18　허민숙, 2012, 54-55쪽.
19　허민숙, 2012, 55쪽.

들여다봐야 하는 것은 각 사회에서의 경험과 논의뿐만이 아니다. 국제인권체제에서의 논의도 처음부터 보편으로 존재했던 것이 아니라 역사사회적 맥락과 더불어 구체적인 과정을 거쳐 확립되었다. 이 과정을 규명함으로써 이 규범들이 한국이 그저 따라야 하거나 혹은 맞지 않다고 거부해야 하는 일방적인 것이라기보다 하나의 유용한 비교 참조점이 될 수 있다.

기존 연구들은 여성폭력과 젠더 폭력의 관점에서 성폭력, 가정폭력, 성매매와 같은 특정 형태의 폭력을 조명했다. 이 연구들은 국제인권체제에서의 여성폭력과 젠더 폭력을 이미 확립된 정의이자 규범으로 다루었다.[20] 한편 국제인권체제에서 여성 인권 개념 발전 과정을 다루면서 여성폭력과 젠더 폭력을 다룬 연구들이 있다. 이 연구들 또한 여성폭력과 젠더 폭력 개념을 논쟁을 통해 확립된 개념으로 보기보다 여성 인권과 관련 정책의 하위 사례로 다룬다.[21] 여성폭력과 젠더 폭력이 개념이자 규범으로 형성되어 온 과정이 연구관심으로 부상한 것은 2016년 페미니즘 대중화와 2017년 「젠더 폭력방지기본법 제정 및 국가행동계획 수립·이행」이 발표된 후부터

20 정희진, 2003; 양현아, "가정폭력에 대한 비판적 성찰: 젠더 폭력 개념을 중심으로," 『가족법연구』제20권 1호, 2006), 1-45쪽.; 김양희, "'가정폭력'은 '개발협력' 이슈인가? - 젠더기반폭력과 현황", 『국제개발협력』제8권 4호, 2014, 200-221쪽.; 이나영, "성매매는 '죄'인가? '여성혐오'에 기반한 구조적 폭력인가?: 헌법재판소의 성매매특별법 합헌 판결을 통해 본 성매매 문제 재고", 『페미니즘연구』제16권 2호, 2016, 397-430쪽.
21 장복희, "국제법상 여성의 지위와 인권: 차별금지와 여성폭력철폐를 중심으로,"『법학연구』제15권 3호, 2005, 63-95쪽.; 조희원·장재남, "유엔을 통한 여성정책의 지구화에 관한 연구", 『평화학연구』제10권 4호, 2009, 169-190쪽.; 박기자, "'world polity' 차원에서의 여성 인권과 여성에 대한 폭력의 이해", 『여성연구논집』28호, 2017, 87-112쪽.; 전형준, "차별의 문제로서 여성에 대한 젠더 기반 폭력: 유럽인권법원 '볼로다나 대 러시아' 판결(제2호)에 적용된 국가의 적극적 의무 법리의 분석을 중심으로", 『인권법평론』32호, 2024, 381-417쪽.

다. 그런데 이 연구들은 여성폭력 및 젠더 폭력의 개념적 형성과정을 다루고는 있지만 통합적 젠더 폭력 법제화를 위한 선행 참고 사례로 위치시키면서 형성과정과 최근 논쟁의 역동을 구체적으로 분석하지는 않았다.[22]

이처럼 한국 학계에서는 주로 여성이 대상인 폭력의 유형별 특징과 법제화에 대한 논의는 풍부하게 진행된데 반해 포괄적 범주로서의 여성폭력과 젠더 폭력에 대한 논의는 매우 부족하다. 이 장은 국제인권체제에서 여성폭력과 젠더 폭력이 개념 및 규범으로 형성된 과정을 살펴봄으로써 포괄적 범주로서의 여성폭력과 젠더 폭력 논의에 기여하고자 한다. 이는 향후 「여성폭력방지법」이 여성혐오 범죄와 남성 피해자를 모두 포괄하는 법으로 거듭나기 위해서도 필요한 작업이다.

이 장의 연구대상은 1970년대부터 2020년대까지 UN을 중심으로 한 국제인권체제에서 생산된 각종 1차 문헌자료들과 이에 대해 연구한 2차 문헌자료들이다. UN 여성지위위원회(Commission of Status of Women)는 1946년부터 활동하기 시작했지만 UN 내에서 여성 인권에 대한 의미 있는 자료가 생산되기 시작한 것은 1975년 제 1차 멕시코 세계여성대회부터다. 따라서 이 시기부터 생산된 UN 주최 세계여성대회 보고서 및 이행전략 문서들, 여성차별철폐협약(Convention on the Elimination of All Forms of Discrimination Against Women, 이하 CEDAW) 전문, 여성차별철폐협약에 근거한 일반권고문들, 여성폭력철폐선언(Declaration on the Elimination of Violence against Women, 이하 DEDAW) 전문, 여성폭력 및 가정폭력 예방 및 근절에 관한

---

22 신상숙, 2018; 김정혜, "평등권으로서 젠더 폭력으로부터 자유로울 권리", 『이화젠더 법학』 제12권 1호, 2020, 147-178쪽.

유럽평의회 협약(Council of Europe Convention on Preventing and Combating Violence against Women and Domestic Violence) 전문 등을 분석대상으로 삼았으며 1차 문헌자료 목록은 참고문헌에서 제시하였다.

국제인권체제에서 여성폭력 및 젠더 폭력 관련 쟁점들의 개념들이 달라진 시기는 1970-80년대, 1990년대, 2000년대 이후로 구분된다. 각 시기별 쟁점은 1970-80년대 여성에 대한 차별과 여성폭력 간 관계, 1990년대 보편적 인권으로서의 여성 인권과 여성폭력 및 젠더 폭력 간 관계, 2000년대 이후 젠더의 교차성과 젠더 폭력 간 관계로 변화하였다. 그러나 개념들 자체는 1970-80년대에 violence against women, gender-specific violence가 혼용되어 쓰이다가 1990년대에 와서 violence against women이 gender-based violence라는 시각이 확립되고 2000년대 이후에는 women이 누구인지를 둘러싼 논쟁이 진행되고 있는 만큼 단순히 '여성폭력'에서 '젠더 폭력'으로 개념적 발전이 이뤄졌다고 볼 수는 없다. 따라서 이 장에서는 violence against women를 '여성폭력'으로, gender-based violence는 '젠더 폭력'으로 명기하고 의미와 맥락을 최대한 설명하면서 혼용한다.

3. 여성에 대한 차별과 하위 사례로서의 폭력

1979년 12월 8일 UN총회는 「여성차별철폐협약(CEDAW)」을 채택했다. 1967년 전신인 「여성차별철폐선언(Declaration on the Elimination of All Forms of Discrimination against Women)」이 있은 지 12년, 1946년 UN경제사회이사회 결의안에 의거해 발족한 여성지위위원회가 활동을 시작한 지 33년 만에

거둔 의미 있는 결실이었다. 이후 CEDAW 위원회(이하 '위원회')는 국제법 상의 인권 기구로 간주되기보다 개발도상국의 여성 발전 정책을 지원하는 주변부 기구라는 구조적 한계[23] 속에서도 여성 인권에 대한 국제적 기준의 원천으로서 여성폭력과 젠더 폭력의 정의 및 범위를 지속적으로 갱신하여 제시해 왔다.[24]

그러나 위원회가 처음부터 폭력을 중요 의제로 다룬 것은 아니었다. 위원회가 여성폭력을 처음 언급한 것은 CEDAW 채택 후 10년이 지난 1989년 일반권고(General Recommendation) 제12호에서였다. 협약 초안 과정에서 여성폭력을 포함하고자 하는 시도가 없지 않았으나 불발되었던 것이다.[25] CEDAW를 가능하게 한 가장 직접적인 에너지의 집결지였던 1975년 제1차 멕시코 세계여성대회[26]에서 여성폭력으로 해석될 수 있는 언급이 꽤 많이 있었음에도 CEDAW에는 포함되지 않은 것이다.

예컨대 제1차 멕시코 세계여성대회 선언문 28번은 강간, 성매매, 신체적 공격, 정신적 괴롭힘, 조혼, 강제 결혼, 매매혼을 여성과 소녀들에 대한 인권침해라고 제시하면서 이를 철폐하는 데 모든 여성들이 연대해야 함을 천

---

23 박기자, 2017, 96-97쪽.

24 2001년에서 2008년까지 CEDAW 위원을 역임한 신혜수에 따르면 이 협약은 제정 초기에는 별 인정을 받지 못하다가 1995년 베이징 제4차 세계여성대회에서 CEDAW의 비준과 이행이 거듭 강조된 이후에야 그 중요성을 인정받게 되었다. 자세한 것은 신혜수, "유엔 여성차별철폐협약(CEDAW)과 선택의정서에 의한 여성 인권보호", 『이화 젠더법학』 창간호, 2010, 1-39쪽을 참조.

25 Marsha Freeman, Christine Chinkin and Beate Rudolf, *The UN Convention on the Elimination of All Forms of Discrimination Against Women: A Commentary* (Oxford: Oxford University Press, 2012), p. 444.

26 Mary Hawkesworth, *Political Worlds of Women, Activism, Advocacy, and Governance in the Twenty-First Century* (Boulder: Westview Press, 2012), p. 260.

명했다.[27] 또한 이 대회에서는 모두 35개 주제에 대해 결의안(resolution)을 채택했는데 5번째 주제인 〈여성과 건강〉[28] 그리고 19번째 주제인 〈여성과 대중매체〉에서 여성을 대상으로 한 신체적, 정신적 폭력과 폭력을 묘사하는 포르노 이미지에 대해 언급했다.[29] 그 외에 개회식에서 주최국 멕시코의 대통령 루이스 에체베리아가 여성 억압과 국제적 위기 및 전쟁의 원인인 폭력이 종식되어야 한다고 말했으며[30] 대회 도중 여러 참석자들이 폭력으로부터 여성을 보호할 좀 더 효과적인 법률이 필요하다고 주장했음을 언급했다.[31] 그러나 이런 언급들은 CEDAW에 명시되지 않았다. 그 이유는 무엇일까?

사실 1975년 여름 멕시코시티에서 열린 이 대회는 당시 가장 큰 세계적 수준의 "여성 의식 고양 이벤트"[32]이자 제1세계와 제2, 3세계 여성들 간 여성 억압의 근본 원인에 대한 이견이 극명하게 부딪힌, 냉전적 갈등과 긴장의 장이기도 했다.[33] 사회주의 및 제 3세계 국가 참가자들은 '여성 문제'가

27 United Nations, "Report of the World Conference of the International Women's Year", United Nations(1976), p. 7, at https://www.un.org/en/conferences/women/mexico-city1975 (검색일: 2024.05.15).

28 United Nations (1976), p. 78.

29 United Nations (1976), p. 93.

30 United Nations (1976), p. 124.

31 United Nations (1976), p. 133.

32 Jocelyn Olcott, *International Women's Year: The Greatest Consciousness-Raising Event in History* (Oxford: Oxford University Press, 2017).

33 Lydia C. G. Orta, "The Convention on the Elimination of All Forms of Discrimination Against Women(CEDAW): From Its Radical Preamble to Its Contemporary Intersectional Approach," Women's History Review, (NOV. 06. 2023, published online), pp. 2-3.; 이혜령, "1975년 세계여성대회와 분단 체험: 이효재, 목격과 침묵 그리고 증언 사이에서", 『상허학보』 68집, 2023, 414-422쪽. 최근 CEDAW와 세계여성

독립적으로 존재하는 것이 아니라 제국주의 지배의 유산과 결합해 작동한다고 보았다. 따라서 이들의 우선 관심사는 남녀 권력 격차와 불평등보다 다른 역사적, 국가적 배경을 지닌 여성들 간의 차이였다.[34] 아이러니한 것은 이러한 시각이 여성에 대한 차별을 보편적 인권 틀이 아닌 개발도상국 발전의 틀 내에서 다룬 당시 국제인권체제의 관점과 결합했다는 것이다.

제1차 멕시코 세계여성대회에서 벌어졌던 여성 차별의 원인과 해결책에 대한 국제 여성운동 그룹들 간 첨예한 논쟁은 CEDAW로 이어졌다. 특히 CEDAW의 서문에서 공평함과 정의에 기반한 새로운 국제 경제 질서의 확립이 남녀평등에 있어 핵심적이라고 명시한 점, 인종주의와 식민주의 및 신식민주의의 철폐, 냉전 긴장의 완화, 각 국가 민중들의 자기 결정권 인정 요구를 명문화한 점은 당시 탈식민화와 냉전으로 가능했던 논쟁을 보여준다.[35]

대회에 대한 역사적 연구들은 전후 국제 여성운동과 페미니즘이 미국을 위시한 서구 여성운동가들 뿐 아니라 사회주의 국가들 및 제 3세계 여성운동가들의 적극적 주도와 개입으로 가능했음을 밝힌 바 있다. Francisca de Haan, "Continuing Cold War Paradigms in Western Historiography of Transnational Women's Organizations: The Case of the Women's International Democratic Federation (WIDF)," *Women's History Review* 19-4 (September 2010) pp. 547-573.; Kristen Ghodsee, "Revisiting the United Nations Decade for Women: Brief Reflections on Feminism, Capitalism and Cold War Politics in the Early Years of the International Women's Movement," *Women's Studies International Forum* 33-1 (January-February 2010) pp. 3-12.; Jocelyn Olcott (2017); Lydia C. G. Orta (2023)을 참조. 미국의 우방이면서 식민지배와 전쟁을 겪고 분단되어 그 어느 곳에도 속하기 어려웠던 한국 대표단의 참석을 참석자 중 한 명이었던 이효재의 시점에서 분석한 연구로는 이혜령 (2023)을 참조.

34 Lydia C. G. Orta (2023), pp. 2-5.
35 United Nations General Assembly, "Convention on the Elimination of All Forms of Discrimination Against Women," United Nations General Assembly (December 18,

이런 인식을 바탕에 둔 CEDAW는 여성에 대한 차별을 다음과 같이 정의했다.

> 제1조. 이 협약에서 "여성에 대한 차별"(discrimination against women)이란 정치, 경제, 사회, 문화, 시민 또는 그 외 분야에서 혼인 여부에 상관없이, 남녀평등을 기반으로 하여 여성이 인권과 기본적 자유를 여성이 인식, 향유, 행사하는 것을 저해하거나 무효화하는 효과 또는 목적을 갖는, 섹스에 기반한(on the basis of sex) 모든 구별, 배제, 또는 제한을 뜻한다.[36]

이 정의에 따르면 여성에 대한 차별의 기반은 '섹스'다. 멕시코에서 세계여성대회가 열리고 UN에서 CEDAW가 채택된 1970년대는 페미니즘 제2물결의 시기이기도 했다. 이 시기에 페미니즘은 섹스와 젠더를 구별하기 시작했고, 젠더에 기반해 여성의 경험을 정치적, 사회적으로 이론화하기 시작했다.[37] 그러나 멕시코 세계여성대회 보고서와 CEDAW에서 섹스 즉 생물학적 성차와 구별되는 사회문화적 성별 권력관계나 이를 의미하는 용어는 등장하지 않는다. CEDAW는 여성차별의 원인으로 정치경제적 구조를 지목했지만 여성차별의 기반은 여전히 생물학적 성으로 이해했다. 여성은 생물학적으로 여자이기에 차별을 받는다는 것이다. 그런데 폭력은 생물학

1979), p. 1, at https://www.ohchr.org/en/instruments-mechanisms/instruments/convention-elimination-all-forms-discrimination-against-women (검색일 2024. 5. 15).; Lydia C. G. Orta (2023), p. 4.

36 United Nations General Assembly (1979), p. 2.

37 배은경, "사회 분석 범주로서의 '젠더' 개념과 페미니스트 문화 연구: 개념사적 접근", 『페미니즘연구』제4권 1호, 2004, 55-100쪽.

적 터전으로 간주되는 몸에 가해진다. 그러므로 여성의 몸에 가해지는 폭력 또한 사회적 권력관계가 행사되는 실천이라기보다 생물학적 여성성에 가해지는 폭력 즉 가해자와 피해자간 개별 사건으로 간주되기 쉽다.

이는 CEDAW보다 14년 앞서 채택된 「인종차별철폐협약(International Convention on the Elimination of All Forms of Racial Discrimination)」이 폭력을 다룬 별개 조항과 피해자들이 폭력으로부터 안전하고 보호받을 권리가 있다고 명시한 것과 대조적이다.[38] 인종(race)은 사회적 범주로 간주되었으며 폭력은 그 자체로 인종차별주의(racism)에 근거하면서 그것을 유지시키는 기제로서 작용하므로 마땅히 근절되어야 하는 것이었다. 반면 성별은 사회적 범주라기보다 여성이라는 생물학적 범주로 다뤄졌다.

그러나 CEDAW는 제16조에서 혼인 및 가족 관계에서 여성에 대한 차별을 별도로 다룸으로써 사적 영역에서의 폭력을 문제화할 가능성을 열었다. 이에 대한 협약 당사국의 의무를 규정한 제16조는 여성 인권을 보편적 인권으로 보지 않은 당시 국제인권체제에 대한 획기적인 도전이었다.[39]

이러한 문제의식은 CEDAW 채택 1년 만에 열린 제 2차 코펜하겐 세계여성대회로 평등, 발전, 평화가 주제였다. 이 대회에서는 모두 48개 주제에

---

38 United Nations General Assembly, "International Convention on the Elimination of All Forms of Racial Discrimination," United Nations (December 21, 1965), p. 3, at https://www.ohchr.org/en/instruments-mechanisms/instruments/international-convention-elimination-all-forms-racial (검색일: 2024.05.15). ; 김정혜, "평등권으로서 젠더 폭력으로부터 자유로울 권리", 『이화젠더법학』제12권 1호, 2020, 152쪽.

39 Dubravka Šimonović, "Global and Regional Standards on Violence Against Women: The Evolution and Synergy of the CEDAW and Istanbul Convention," *Human Rights Quarterly* 36-3 (August 2014), pp. 599-600.; 김정혜 (2020), p. 153.

대해 결의안을 채택했는데 〈매 맞는 여성과 가족 관계에서의 폭력(Battered Women and Violence in the Family)〉이 5번째 주제로 선정되었다. 보고서는 사회적 영역에서 벌어지는 폭력 뿐 아니라 가족과 가정에서 벌어지는 폭력의 심각성을 지적했는데 이를 통해 공사 이분법에 의해 비가시화되어 온 여성폭력에 대한 문제의식이 더욱 발전했음을 알 수 있다.[40]

　이러한 문제의식은 1985년 제3차 나이로비 세계여성대회에서 더욱 심화되었다. 이 대회에서는 특별 관심(special concern) 주제를 선정했는데 그중 〈젊은 여성〉과 〈학대받는 여성〉에서 이들이 폭력과 괴롭힘, 근친강간과 가족 관계에서의 폭력으로부터 보호받아야 하는 권리가 있음을 명시했다. 여기에서 '젠더 특정적 폭력'(Gender-specific Violence)이라는 용어가 처음으로 등장한다. 보고서는 이 용어의 의미를 별도로 설명하고 있지는 않으나 여성에 대한 폭력이 사회적 문제(societal problem)임을 대중들에게 알리고, 이를 철폐하기 위한 정책 및 법 제도를 확립해야 하는 것이 정부의 책무라고 명시했다.[41] 이를 통해 1970년대만 하더라도 여성차별의 하위 사례로 다뤄진 여성폭력이 1980년대에 들어서 가부장제와 여성차별에 근거하면서도 그것들을 유지시키는 독립적인 기제로 다뤄질 기반이 마련되었음을 알

40　United Nations, "Report of the World Conference of the United Nations Decade for Women: Equality, Development and Peace," United Nations (1980), pp. 67-68, at https://www.un.org/womenwatch/daw/beijing/otherconferences/Copenhagen/Copenhagen%20Full%20Optimized.pdf (검색일: 2024.05.15).

41　United Nations, "Report of the World Conference to Review and Appraise the Achievements of the United Nations Decade for Women: Equality, Development and Peace," United Nations(1986), p. 70, at https://digitallibrary.un.org/record/113822?v=pdf (검색일: 2024.05.15).

수 있다.

4. 여성 인권 침해로서의 여성폭력과 젠더 폭력

1989년 베를린 장벽 해체와 1991년 소련 연방의 해체로 상징되는 냉전 체제의 종식은 국제인권체제에도 큰 변화를 가져왔다. 그동안 냉전 이데 올로기를 중심으로 묶여 있었던 국가들의 해체는 인종과 민족 간 무력 갈 등으로 이어졌고, 학살과 집단 성폭력, 난민의 발생은 인권의 측면에서 여 러 쟁점들을 낳았다. 또한 1980년대 자본주의 진영에서 시작된 신자유주 의 경제 질서가 전 세계를 풍미함에 따라 증가한 이주 노동자의 인권 등이 새로운 인권 주제로 부상했다. 1993년 비엔나 인권회의, 1995년 제4차 베 이징 세계여성대회를 비롯한 1990년대 UN 주도의 다양한 국제회의들은 바로 이러한 요구에 부응하기 위한 것이었다.[42]

이 시기에 CEDAW 위원회는 협약 제21조에 규정된 바 있는 '일반권고' 를 통해 여성 대상 폭력의 개념을 좀 더 구체적으로 규정, 확장했다. 특히 1989년 일반권고 제12호와 1992년 제19호, 1994년 제21호는 여성폭력과 젠더 폭력 개념의 질적 전환을 이루었다.[43]

---

42 이대훈, "비엔나 세계인권대회의 성과와 교훈", 『민주법학』7호, 1994, 10-11쪽.

43 위원회는 12호에서 협약 당사국들이 4년마다 제출해야 하는 이행 보고서에 가족 과 직장 및 사회에서 여성폭력으로부터 여성을 보호하기 위해 취한 조치를 포함시 킬 것을 요구했다. United Nations Committee on the Elimination of Discrimination against Women, "General recommendation No. 12: Violence against women," United Nations Committee on the Elimination of Discrimination against Women (1989),

이 중에서도 일반권고 제19호는 CEDAW가 젠더 폭력을 주요 의제로 전면화한 중요한 문서다. 이에 따르면 젠더 폭력이란 "여성이란 이유로 혹은 여성에게 불균등하게 영향을 미치는, 여성을 대상으로 한 폭력"이며 여기에는 "신체적, 정신적, 성적 위해와 고통, 두려움"이 포함된다.[44] 또한 이는 여성에 대한 차별을 금지하는 협약을 어기는 행위이다.[45] 제19호에서는 협약의 각 조항들이 젠더 폭력과 어떤 연관이 있는지를 자세히 설명한 후 당사국들의 "적절하고도 효과적인 조치"와 이에 대한 자세한 보고를 요구한다. 또한 이 권고는 전통적인 영미법에서 비국가 행위자의 행위로 인해 발생한 피해에 대한 국가책임 원칙을 뜻하는 "due diligence"(상당주의의무)를

p. 1, at https://tbinternet.ohchr.org/_layouts/15/treatybodyexternal/Download.aspx?symbolno=INT%2FCEDAW%2F (검색일: 2024.05.15). 19호는 12호에서 요구한 사항이 잘 지켜지지 않고 있다는 판단에서 작성되었다. United Nations Committee on the Elimination of Discrimination against Women, "General recommendation No. 19: Violence against women," United Nations Committee on the Elimination of Discrimination against Women (1992), p. 1, at https://tbinternet.ohchr.org/_layouts/15/treatybodyexternal/Download.aspx?symbolno=INT%2FCEDAW%2FGEC%2F3731&Lang=en (검색일: 2024.05.15). 21호에서는 여성 대상 폭력 근절이 혼인과 가족 관계에서의 평등을 위해 성취되어야 할 중요한 영역임을 지적한다. United Nations Committee on the Elimination of Discrimination against Women, "General recommendation No. 21: Equality in marriage and family relations," United Nations Committee on the Elimination of Discrimination against Women (1994), p. 1, at https://tbinternet.ohchr.org/_layouts/15/treatybodyexternal/Download.aspx?symbolno=INT%2FCEDAW%2FGEC%2F4733&Lang=en (검색일: 2024.05.15).

44 United Nations Committee on the Elimination of Discrimination against Women (1992), p. 1.

45 United Nations Committee on the Elimination of Discrimination against Women (1992), p. 2.

여성차별에까지 확대하는 내용을 담고 있다.[46] 이는 젠더 폭력 예방 의무가 국가에 있음을 명백히 한 것이다. 이와 같이 위원회는 일반권고를 통해 여성폭력 및 젠더 폭력 개념을 발전시켜 나가면서 당사국의 책임 또한 확장해나가는데 이는 CEDAW가 문서상 규정에 그치지 않고 세계여성대회, 글로벌 여성운동의 각종 캠페인 및 활동, 위원회의 상호작용 속에서 계속 재해석, 갱신, 확장되어 가는 제도임을 입증한다.

일반권고 제19호 채택 이듬해인 1993년에 열린 비엔나 세계인권대회(World Conference on Human Rights)는 국제인권체제에서 여성 인권이 보편적 인권의 틀에 통합되었음을 보여준 대회였다. 이 대회는 인종차별과 외국인 혐오를 비롯해 소수민족, 원주민, 이주 노동자, 여성, 아동, 장애인 등 이전까지 인권의 시각으로 다뤄지지 않았던 사회적 소수자들의 인권을 주요 의제로 다뤘다. 특히 대회에서 채택된「비엔나 선언 및 행동 강령(Vienna Declaration and Programme of Action)」에서는 CEDAW 일반권고 제19호에서 규정을 따른 젠더 폭력 근절의 필요성이 여러 번 언급되었다.[47]

---

46 United Nations Committee on the Elimination of Discrimination against Women (1992), p. 2. 영미법에서 'due diligence'는 "특정한 법적 요건을 충족하고자 하거나 의무를 이행하고자 하는 사람에게 합리적으로 기대되고 그러한 사람에 의해 통상적으로 행사되는 주의"를 의미하는데 한국법에서는 "상당한 주의" 또는 "상당주의의무"로 번역되고 있다. 일반적으로 국제투자법, 국제환경법, 국제인권법 등에서 국가책임의 판단기준으로 사용되고 있으며 최근에는 국제인권체제에서 젠더 폭력 특히 가정폭력에 대한 국가책임을 묻는 기준으로 확립되고 있는 추세다. 자세한 내용은 권혜령, "가정폭력에 있어 관습국제법으로서 "due diligence"의 개념과 적용-유럽인권재판소 결정을 중심으로", 『법학논집』 제27권 1호., 2022, 193-195쪽을 참조.

47 United Nations General Assembly, "Vienna Declaration and Programme of Action," World Conference of Human Rights in Vienna (July 25, 1993), pp. 1-41, at https://www.ohchr.org/en/instruments-mechanisms/instruments/vienna-declaration-and-

이러한 흐름에서 같은 해인 1993년 「여성폭력철폐선언」이 UN총회에서 채택되었다. DEVAW의 여성폭력에 대한 정의는 다음과 같다.

> 제 1조. 이 선언에서 "여성폭력"(violence against women)이란 공적, 사적
> 생활을 망라하며 여성에게 신체적, 성적, 심리적 침해와 고통을 초래하
> 거나 그럴 가능성이 있는 위협, 강제, 자유의 자의적 박탈과 같은 "젠더
> 폭력"(gender-based violence)을 의미한다.[48]

이 정의는 여성폭력이 젠더에 기반해 여성을 대상으로 행하는 폭력이라고 본다. 이는 CEDAW 일반권고 제19호의 정의를 좀 더 명료하게 제시했다. 그렇다면 젠더란 무엇인가? DEVAW 서문은 젠더의 정의를 간접적으로 제시한다. 서문은 여성폭력이란 "남성의 여성 지배와 차별을 가능하게 하고, 여성의 완전한 진보를 가로막은, 역사적으로 남성과 여성 간 불평등한 권력관계의 명백한 표현"이며 그렇기에 "여성을 남성보다 부차적인 위치에 머물도록 강제하는 핵심적인 사회적 기제"라고 정의한다.[49] 즉, 젠더란 '남성과 여성 간 불평등한 권력관계'이며 여성폭력은 이를 기반으로 한 것인 동시에 이를 유지하는 기제인 것이다. 이는 초기 CEDAW에서는 지적되지 않았던, 여성차별의 정치경제적 구조가 남성 개인들에게 부여하는 권

---

programme-action (검색일: 2024.05.15).

48 United Nations General Assembly, "Declaration on the Elimination of Violence against Women," United Nations General Assembly (December 20, 1993), p. 2, at https://digitallibrary.un.org/record/179739?v=pdf (검색일: 2024.05.15).

49 United Nations General Assembly, (December 20, 1993), p. 1.

력을 명료하게 표현한 것이다.

DEDAW 제2조가 제시하는 여성폭력의 범주는 이와 관련이 있다. 제2조
는 여성폭력의 범주를 가족 관계에서 벌어지는 폭력, 사회에서 벌어지는
폭력, 국가에 의해 벌어지는 폭력으로 나뉘어 제시한다. 특히 가족 관계와
사회에서 벌어지는 폭력에 대해서는 자세한 사례를 제시한다. 가족 관계
내 여성폭력은 구타, 여아 성적 학대, 지참금 관련 폭력, 배우자 강간, 여성
할례, 여성에게 해로운 기타 전통적 관행, 비배우자 폭력 및 착취 관련 폭
력을 포함한다. 사회에서 벌어지는 폭력에는 강간, 성적 학대, 성희롱, 일
터, 교육 기관에서 벌어지는 폭력, 인신매매 및 강제 성매매가 포함된다.[50]
이는 국가가 자행하거나 묵인하는 공적 영역에서의 폭력 뿐 아니라 사적
관계에서 발생하는 다양한 폭력 또한 젠더 권력 구조에 기반한 여성폭력이
라고 제시함으로써 남성 가해자와 여성 피해자 간 관계 및 폭력이 인권과
직접 연관을 갖는 영역임을 천명한 것이다.

DEDAW는 법적 구속력은 없는 선언문이다. 그러나 DEDAW는 국제법
적 효력을 갖는 CEDAW와의 연관 속에 위치한다. 위원회는 DEDAW 이후
일반권고들에서 여성폭력과 젠더 폭력을 CEDAW의 위반 행위로 규정하
여 차별과 폭력의 관련을 보다 분명히 했다. 비준국들이 이행의 의무를 부
담하는 CEDAW를 통해 각국의 법령과 제도에 영향을 미치도록 한 것이다.

1995년 베이징 제4차 세계여성대회(The Fourth World Conference on
Women, 이하 '베이징 세계여성대회')는 젠더와 여성폭력, 젠더 폭력에 대한
당시까지의 모든 논의가 집대성된 장이었다. 대회에서 채택된 「베이징 선

---

50 United Nations General Assembly, (December 20, 1993), p. 2.

언과 행동 강령(Beijing Declaration and Platform for Action)」은 여성의 권리는 인권임을 선언하고(선언 14항) 모든 형태의 여성폭력을 예방, 근절해야 함을 천명하며(선언 29항), 각국 정부가 행동 강령을 이행하는 데 있어 젠더 관점이 반영되어야 함을 강조(선언 38항)했다. 또한 12개 행동 의제 중 〈여성폭력〉과 〈여성과 무력 분쟁〉을 각각 개별 의제로 포함하여 정의와 현실, 국제사회와 각국 정부, 시민 사회의 전략적 행동을 차례로 제시했다.[51]

특히 「베이징 선언과 행동 강령」은 DEVAW에 명시된 여성차별 및 젠더 권력관계가 여성폭력의 원인이면서 여성폭력을 통해 유지, 재생산된다는 관점을 다시 한 번 제시하면서, 분쟁 지역에서의 여성 살해, 조직적 강간, 성노예, 강제 임신, 강제 불임 및 낙태, 그 외 강제 피임, 태아 성 감별, 여아 살해를 추가하여 여성폭력의 범주를 확대한 점이 특징적이다. 〈여성과 무력 분쟁〉 의제에서는 전쟁 전략으로서의 '인종 청소'와 집단 강간, 대규모 난민의 발생을 인권침해로 규정했다. 또한 대부분의 민간인 피해자가 여성과 아동인 데 반해 국제 외교 질서에서 낮은 대표성을 점하고 있는 여성의 역할이 증대되어야 한다고 강조했다.[52]

전쟁과 무력 분쟁에서의 여성폭력에 대한 언급은 1975년 멕시코 제 1차 세계여성대회로까지 거슬러 올라가지만,[53] 베이징 세계여성대회에서 별개 의제로 언급된 데에는 1991년 일본군 '위안부' 피해자 김학순의 최초 증

---

51 United Nations, "Report of the Fourth World Conference on Women," The Fourth World Conference on Women (September 15, 1995), pp. 1-132, at https://www.un.org/en/conferences/women/beijing1995 (검색일: 2024.05.15).

52 United Nations (September 15, 1995), pp. 56-58.

53 United Nations (1976), p. 124.

1995년 9월 5일 베이징에서 열린 제4차 세계여성대회에서 당시 미국 대통령 영부인이었던 힐러리 클린턴의 연설 (출처: https://commons.wikimedia.org/wiki/File:Hillary_Rodham_Clinton_Addresses_the_Fourth_United_Nations_Conference_on_Women_at_the_Beijing_International_Conference_Center_in_Bejiing,_China_-_NARA_-_131493880.jpg, Public Domain)

언과 1992~1994년에 벌어진 보스니아-헤르체고비나 분쟁에서의 조직적 집단 강간이 준 충격이 컸다. 1993년 당시 유엔인권위원회(Commission on Human Rights, 현재 유엔인권이사회 UNHRC)는 '전시 중 조직적 강간, 성 노예 및 노예와 유사한 관행에 대한 심층 연구'를 수행할 여성폭력문제 특별보고관 임명을 결의했다.[54] 이에 따라 1995년 린다 차베스의 보고서, 1996년

---

54 The Commission on Human Rights, "Question of Integrating the Rights of Women into the Human Rights Mechanisms of the United Nations and the Elimination of Violence against Women," The Commission on Human Rights (March 4, 1994), pp. 1-5, at https://digitallibrary.un.org/record/226487. (검색일: 2024.05.15).

라디카 쿠마라스와미의 보고서, 1998년 게이 멕두걸의 보고서가 제출되었다. 특히 1996년 쿠마라스와미 보고서는 '위안부'라는 용어가 "피해자들이 전시에 강제 매춘과 성폭력을 겪으면서 감내해야 했던 고통, 즉 연일 거듭되는 강간과 심각한 육체적 학대와 같은 고통의 내용을 전혀 반영하지 못"하기에 "군 성노예"라는 용어가 더 적절하다고 제안했다.[55] 이 보고서들은 무력 분쟁 및 전쟁에서의 여성폭력이 과거사가 아니라 현재 문제로 다루어야 하는 중요 의제임을 입증한 것이다.[56]

이처럼 1990년대에는 냉전 종식 이후 인권을 중심으로 한 새로운 국제질서의 모색 속에서 여성 인권이 보편적 인권의 틀로, 여성폭력과 젠더 폭력은 여성 인권이라는 보편적 가치를 훼손하는 여성차별의 한 표현이자 그것을 재생산하는 기제로 다루어지게 되었다.

55 United Nations Economic and Social Council, "Report on the mission to the Democratic People's Republic of Korea, the Republic of Korea and Japan on the issue of military sexual slavery in wartime," Special Rapporteur Radhika Coomaraswamy (January 4, 1996) p. 5, at https://digitallibrary.un.org/record/228137?v=pdf (검색일: 2024.05.15.).

56 국제인권체제에서는 1990년대 이후 군 '위안부'의 '성노예' 규정이 확립되었지만 모든 페미니스트들이 이에 동의하는 것은 아니다. '위안부'의 성노예 규정에 대한 페미니스트들의 논쟁에 대해서는 김은경, "'인정' 이후 글로벌 지식장: 영어권의 일본군 '위안부' 연구의 동향과 과제", 김은실(편), 『'위안부', 더 많은 논쟁을 할 책임』, 서울: 휴머니스트, 2024, 333-348쪽을 참조.

5. 젠더의 교차성과 젠더 폭력 범위의 확장

베이징 세계여성대회는 이처럼 젠더라는 용어를 전면화한 대회였다. 「베이징 선언 및 행동 강령」에서는 젠더 폭력 외에도 젠더 평등(gender equality), 젠더 주류화(gender mainstreaming)와 같은 용어들이 계속 등장했다. 기본적으로 이는 사회적 성별 권력관계뿐 아니라 이를 변화시키기 위한 남성의 참여와 변화를 의미하는 것이었다.[57] 그러나 이런 의미의 젠더 사용에 모든 참가자들의 생각이 일치했던 것은 아니다. 특히 섹슈얼리티(sexuality)와 관련해 벌어진 논쟁은 젠더의 의미를 한층 복잡하게 만들었다.

논쟁은 젠더의 사회 구성적 성격을 강조하는 페미니스트 및 퀴어 그룹의 연합과 교황청, 보수 NGO 단체들 및 몇몇 무슬림 국가의 연합 사이에서 벌어졌다.[58] 전자는 베이징 세계여성대회가 '성적 지향'(sexual orientation) 관련 선언 및 행동 강령을 포함해야 한다고 보았고 후자는 전자의 주장이 젠더라는 용어에 포함되어 있으며 따라서 젠더라는 용어도 사용해서는 안 된다고 보았다. 교황청은 젠더가 "남성과 여성이 사회적으로 구성되는 범주라고 볼 뿐 아니라, 생물학적인 식별로 제한되지 않는 유동적인 성적 정체

---

57 래원 코넬, 리베카 피어스, 유정미 역, 『젠더: 젠더를 둘러싼 논쟁과 사상의 지도 그리기』, 서울: 현실문화, 2021, 294-299쪽.
58 Françoise Girad, "Negotiating Sexual Rights and Sexual Orientation at the UN," in Parker, R. ed al.(eds.), *SexPolitics: Reports from the Front lines* (Sexuality Policy Watch, 2007), pp. 311-359. 베이징 세계여성대회 보고서인 United Nations (September 15, 1995), pp. 154-175에서 대회 중 젠더 용어 사용을 둘러싼 논쟁이 어떻게 정리되었는지를 알 수 있다.

성으로 향하는 문을 열기 때문에" 위험하다고 주장했다.[59] 북미의 우파 단체들은 젠더가 동성애를 포함하며, 페미니스트와 퀴어 그룹들이 인간을 생물학적 남성과 여성이 아닌 "5개의 젠더들"로 이루어져 있다는 생각을 퍼뜨리고 있다고 주장했다.[60] 대회 내내 이들 그룹들의 시위, 로비, 논쟁이 이어졌다. 결국 선언과 행동 강령에서 '성적 지향'이라는 용어는 포함되지 않았으나 이후 국제인권체제에서 젠더의 의미를 둘러싼 논쟁은 한층 격렬하게 전개되었다.

그 대표적인 예가 1998년 「국제형사재판소 설립을 위한 로마규정」(이하 '로마규정')을 둘러싸고 벌어진 논쟁이다. 국제형사재판소는 1990년대에 진전된 전쟁 및 무력 분쟁에서의 범죄에 대한 국제사회 인식에 기반하여 개인의 형사책임을 묻기 위해 설립된 최초의 상설 국제형사법원이다. 따라서 이런 기구를 설립하기 위한 기본 규정에서 젠더 폭력을 어떻게 정의하는가는 매우 중요한 문제였다.

젠더 사용을 옹호한 국가들은 국제인권체제에서 이 용어의 의미가 확립된 지 오래이며, 사회적 차별을 드러내는 젠더가 생물학적 구별을 뜻하는 섹스보다 더 정확한 용어라고 주장했다. 반면 젠더 사용을 반대한 국가들은 이 용어가 성적 지향에 기반한 권리에 힘을 실어 주기에 이를 허용하지 않는 종교와 국가에서는 받아들일 수 없다고 맞섰다. 또한 이들은 젠더의

59 Marja Antić and Ivana Radačić, "The Evolving Understadning of Gender in International Law and 'Gender Ideology' Pushed 25 years since the Beijing Conference on Women," *Women's Studies International Forum* 83 (November-December 2020), p. 2.

60 Françoise Girad (2007), pp. 329-341.

의미가 불분명하기에 각국 언어로 번역하기 어렵고 각국의 법 원칙을 침해한다고 주장했다.[61]

로마규정의 해결책은 "건설적 모호함"(constructive ambiguity), 즉 의도적으로 애매모호한 언어를 쓰는 것이었다.[62] 이를 반영한 로마규정 조항은 다음과 같다.

> 제 7조 3항. 이 규정에서는(for the purpose of this Statute) '젠더'는 사회적 맥락에 따른(within the context of society) 두 개의 성 즉 남성과 여성을 의미한다. '젠더'는 이와 다른 의미를 지칭하지 않는다.[63]

젠더가 "두 개의 성 즉 남성과 여성을 의미"하며 "이와 다른 의미를 지칭하지 않는다"는 문구는 젠더 용어 사용에 반대한 국가들의 주장을 반영한 것이다. 또한 "사회적 맥락에 따른 두 개의 성 즉 남성과 여성을 의미" 한다는 문구와 해당 정의를 로마규정에 국한시킨 것은 젠더 용어 사용을 옹호한 국가들의 주장을 반영한 것[64]이니 절묘한 해법이었던 셈이다. 이후 2000년대 내내 '성적 지향'과 '젠더 정체성'을 국제인권체제에서 통용 가능한 용

61 Valerie Oosterveld, "Constructing Ambiguity and the Meaning of "Gender" for the International Criminal Court," *International Feminist Journal of Politics* 16-4 (December 2014), pp. 564-566.

62 Valerie Oosterveld (2014), pp. 574-575.

63 The International Criminal Court, "The Rome Statue of the International Criminal Court," The International Criminal Court (July 17, 1998), p. 5, at https://www.icc-cpi.int/sites/default/files/2024-05/Rome-Statute-eng.pdf (검색일: 2024.05.15).

64 Valerie Oosterveld (2014), pp. 567-568.

어로 만들고자 하는 시도가 이어졌다.[65]

그런데 젠더 폭력과 관련해 이 용어들이 등장한 것은 2010년 CEDAW 의 일반권고 제28호에서였다. 제28호는 CEDAW 2조 여성차별을 근절하 기 위한 국가의 의무에 대한 자세한 설명과 권고로 구성된 문서다. 우선 위 원회는 국가의 의무 범위 이해가 교차성(intersectionality)에 입각해야 한다 고 제시했다.[66] 교차성은 1991년 흑인 페미니스트 법학자 킴벌레 크렌쇼가 논문 "Mapping the Margins: Intersectionality, Identity Politics, and Violence against Women of Color"에서 흑인 여성의 가정폭력 피해는 여성차별과 인 종차별 중 하나의 축으로만 설명하기 어려우며 두 차별이 교차하는 지점에 서 벌어진다는 것을 분석한 이래 여성들이 경험하는 차별의 복합성을 설명 하는 개념으로 널리 사용되어 왔다.[67] 위원회는 이에 기반하여 여성차별이 여성에게 영향을 미치는 다른 요소들과 긴밀하게 연결되어 작동하며, 국가 는 차별의 교차성과 여성에게 미치는 부정적 영향력을 법적으로 승인해야 한다고 명시했다.

제28호는 여성에게 영향을 미치는 교차적 요소로 인종, 민족, 종교, 건강,

65 Marja Antić and Ivana Radačić, (2020), p. 3.
66 United Nations Committee on the Elimination of Discrimination against Women, "General recommendation No. 28: The Core Obligations of States Parties under Article 2 of the CEDAW," United Nations Committee on the Elimination of Discrimination against Women (2010), p. 4, at https://digitallibrary.un.org/record/711350?v=pdf (검 색일: 2024.05.15).
67 Kimberlé Crenshow, "Mapping the Margins: Intersectionality, Identity Politics, and Violence against Women of Color," *Stanford Law Review* 43-6 (July 1991), pp. 1241-1299.

지위, 나이, 계급, 카스트에 뒤이어 성적 지향과 젠더 정체성을 포함했다.[68] 이는 1990년대에 CEDAW가 젠더를 '남성과 여성 간 불평등한 권력관계'로 해석한 데서 한 걸음 더 나아간 해석이다. 국제인권체제에서 젠더가 다른 권력관계들과 교차하여 작동하는 권력관계로 이해되기 시작한 것이다. 이제 젠더 폭력의 범위는 성적 지향과 젠더 정체성을 이유로 한 폭력으로까지 확장되었다.

2017년 CEDAW 일반권고 제35호는 제28호에서 등장한 젠더의 교차성과 젠더 폭력 범위의 확장을 한층 명료하게 밝히고 있다. 제35호는 지금까지 국제인권체제에서의 여성폭력과 젠더 폭력 논의를 집대성했으며 1992년 일반권고 제19호 발행 25주년이 되는 시점에 이를 업데이트하여 제시한 문서다.[69] 제35호는 도입, 범위, 당사국의 의무, 권고의 네 부분으로 구성된다. 이 중 두 번째인 범위 부분에서 여성폭력과 젠더 폭력의 정의 및 젠더의 교차성과 젠더 폭력의 범위 확장을 다루었다.

위원회는 젠더 폭력이 실질적 성평등(substantive equality between women and men)과 여성 인권 및 자유의 향유에 있어 결정적 장애물임을 명확히 밝힌 후 제28호에서 제시한 젠더의 교차성을 확장했다. 여성차별과 얽혀 작동하는 다른 요소들에 "소수자 지위, 피부색, 사회경제적 지위, 언어, 정치

---

68 United Nations Committee on the Elimination of Discrimination against Women (2010), p. 4.

69 United Nations Committee on the Elimination of Discrimination against Women, "General recommendation No. 35: Gender-based Violence against Women, Updating General Recommendation No.19," United Nations Committee on the Elimination of Discrimination against Women (2017), at https://digitallibrary.un.org/record/1305057?v=pdf (검색일: 2024.05.15).

적 의견, 국적, 혼인상 지위, 부모로서의 지위, 거주지, 장애, 재산, 레즈비언, 바이섹슈얼, 트랜스젠더 및 간성인지 여부, 문해력, 난민, 국적 박탈이나 추방, 과부인지 여부, 이주 지위, 가장의 지위, HIV/AIDS 보균 여부, 성매매, 인신매매, 분쟁 지역 거주 여부, 권리를 위해 투쟁한다는 이유로 낙인찍힌 경우"를 추가한 것이다. 위원회는 젠더의 교차성을, 젠더 폭력이 각각의 여성들에게 미치는 다른 정도와 방식과 연결시킨다.[70]

이런 면에서 제35호에서 '여성에 대한 젠더 폭력'(gender-based violence against women)이라는 표현이 새롭게 쓰인 것에 주목할 필요가 있다. 이 때 women은 생물학적으로 단일한 하나의 집단 여성이 아니라 다른 사회적 위치에서 폭력을 경험하는 다양한 여성들을 의미한다. 즉, 폭력 피해자인 "레즈비언, 바이섹슈얼, 트랜스젠더, 간성"은 젠더 폭력의 여성 피해자로 간주되어야 한다. 이는 젠더 폭력 피해자를 생물학적 여성이자 이성애 여성으로 간주한 기존 관념에 도전하면서 위계적 젠더 이원 체계가 젠더 폭력과 연결되는 양상을 보다 구체화할 수 있는 지점을 제시했다는 점에서 의의가 있다.

위계적 젠더 이원 체계와 젠더 폭력의 연결과 관련해 2011년 「여성폭력 및 가정폭력 예방 및 근절에 관한 유럽평의회 협약」(이하 「이스탄불협약」)을 둘러싸고 지금까지 벌어지고 있는 논쟁은 시사적이다. 논쟁의 핵심은 젠더를 정의한 제 3조와 폭력 피해자에 대한 어떤 차별도 있어서는 안 된다는 내용을 담은 제 4조다. 그 내용은 다음과 같다.

---

70 United Nations Committee on the Elimination of Discrimination against Women (2017), pp. 4-6.

제3조 c항. "젠더"는 사회적으로 구성된 역할, 행동, 활동, 그리고 사회가 여성과 남성에게 각각 적절하다고 간주하는 특성을 의미한다.

제4조 3항. 당사국들은 협약을 이행하는 데 피해자의 권리를 보호하는 조치를 취할 때 섹스, 젠더, 인종, 피부색, 언어, 종교, 정치적 혹은 어떤 견해, 국적 혹은 사회적 출신, 소수 국적 출신, 재산, 출생, 성적 지향, 젠더 정체성, 나이, 건강 상태, 장애, 결혼 여부, 이주 혹은 난민으로서의 지위 혹은 다른 지위에 근거한 어떠한 차별도 해서는 안 된다.[71]

「이스탄불협약」제3조는 젠더를 생물학적 남성과 여성 간 권력관계로 보는 시각을 넘어서 남성다움과 여성다움이라는 이원 젠더화된 속성의 사회적 강제로 확장했다. 또한 협약 제4조가 젠더 폭력 피해자 조치에서 성적 지향과 젠더 정체성을 기반으로 한 차별을 금지한 점은 젠더 폭력의 정의를 확장한 것이다. 트랜스젠더의 폭력 경험을 통해 젠더 폭력 개념을 다시 쓰는 루인은 레즈비언, 바이섹슈얼, 게이, 트랜스젠더 등 비이성애 주체들이 폭력을 당할 때 그 이유는 비이성애자여서가 아니라고 주장한다. 그에 따르면 가해자들은 이원 젠더화된 속성 예컨대 레즈비언이라면 남성적일 것이라든지, 트랜스여성은 큰 골격에 여성적인 옷을 입을 것이라든지 하는 가정을 가지고 이에 걸맞는 피해자를 물색해 폭력을 저지른다는 것이다. 즉 비이성애 폭력 피해자는 비이성애자여서가 아니라 이원 젠더 규범을 벗

---

71 Council of Europe, "Council of Europe Convention on Preventing and Combating Violence against Women and Domestic Violence," Council of Europe (2011), p. 3, at https://rm.coe.int/168008482e (검색일: 2024.05.15).

어난다는 이유로 공격을 당한다.[72] 「이스탄불협약」은 이런 폭력 피해자들의 권리가 보호되어야 한다고 명시했다. 이에 따르면 젠더 폭력 피해자들은 생물학적, 이성애 여성만이 아니라 다양한 비이성애, 트랜스 주체들일 수 있으며 여기에 생물학적 남성 또한 포함될 수 있다.

CEDAW 일반권고가 「여성차별철폐협약」을 보완하는 성격의 문서인 데 반해 「이스탄불협약」은 비준국들에 대한 법적 구속력이 강한 국제협약이다. 2012년 이 협약을 가장 먼저 비준한 터키는 2021년 협약 제4조가 터키의 '가족 가치'를 위협하고 '동성애를 일반화할 위험'이 있다며 결국 탈퇴했다. 동유럽 국가들도 이러한 이유를 들어 비준을 거부하거나 탈퇴를 시도하고 있다.[73]

이처럼 베이징 세계여성대회에서 전면화된 젠더의 사용은 섹슈얼리티와의 연관을 둘러싼 논쟁을 통해 성적 지향과 젠더 정체성이라는 또다른 의미를 획득함과 동시에 젠더의 교차성으로 확장되었다. 이는 젠더 폭력의 범위를 확장했을 뿐 아니라 위계적 젠더 이원 체계와 젠더 폭력 간 연결을 드러냈다. 그러나 2010년대 이후 젠더의 교차성과 젠더 폭력 범주의 확장을 '젠더 이데올로기'라고 명명하고 '안티 젠더 캠페인'(anti-gender campaign)을 전방위적으로 전개해 나가고 있는 글로벌 보수연합의 존재와 언어[74]는, 앞으로 국제인권체제에서 젠더 폭력 논의의 최전선이 바로 위계적 젠더 이원 체계를 각인시키려는 제도, 문화, 통념이 될 것임을 시사한다.

---

72 루인 (2013), pp. 216-217.
73 국제엠네스티, 『인권뉴스』(2021년 7월 20일), "터키의 이스탄불 협약 탈퇴, 무엇이 문제인가," https://amnesty.or.kr/42103/ (검색일: 2024.04.29.).
74 Marja Antić and Ivana Radačić, (2020), pp. 4-6.

6. 나가며: 여성차별, 젠더 이원 체계 그리고 젠더 폭력

이제까지 한국 학계에서의 여성 대상 폭력 연구는 성폭력, 가정폭력, 성희롱, 성매매 등 각 폭력의 법적 정의를 중심으로 분절적으로 이루어져 왔다. 이는 1980년대 말부터 본격화된 한국 여성운동의 전략적 선택과 이에 따른 법제화 양식에 기인한 바 크다. 그 결과 서두에서 본 바와 같이 명백한 여성혐오 폭력을 보다 포괄적인 젠더 폭력으로 접근해 다룰 수 있는 기반이 충분하지 않다. 한국사회에서 젠더 권력관계에 기반한 폭력은 여전히 생물학적 여성을 상대로 한 유형별 폭력으로 이해되고 있다. 이 경우 증대하고 있는 남성 피해자 포괄에 대한 요청이 젠더 권력관계를 무화시키는 결과로 이어질 수 있다는 면에서도 주의를 요한다.

이 장은 국제인권체제에서 여성폭력과 젠더 폭력이 개념이자 규범으로 형성된 과정을 살펴봄으로써 앞으로 한국 사회에서 포괄적 범주로서의 젠더 폭력을 논의할 때 도움이 되는 논의를 제공하고자 하였다. 그러나 이는 국제인권체제에서의 논의를 보편으로, 한국에서의 사건을 특수로 보면서 전자를 따라야 할 규범으로 제시하고자 함이 아니다. 오히려 국제인권체제에서의 논의 또한 당시 역사사회적 맥락에서 구체적인 과정을 거쳐 확립되었음을 규명함으로써 한국에서의 논의를 전개하는 데 하나의 유용한 비교 참조점으로 위치시키기 위한 것이다.

이제까지 국제인권체제에서 논의되고 확립되어온 바에 의하면 젠더 폭력은 첫째, 여성에 대한 오랜 차별과 불평등 관계에 기반한 것이며 둘째, 위계적 이원 체계의 각인이라는 점에서 혐오범죄의 성격을 갖는다. 혐오범죄는 새로운 범죄유형이 아니라 기존의 범죄에 편견이라는 동기가 추가

된 것[75]으로 대부분의 젠더 폭력이 바로 이에 해당한다. 즉, 젠더 폭력 사건 대부분은 그 자체로 혐오범죄의 성격을 갖는다.[76] 따라서 앞으로의 혐오범죄에 대한 법제화 연구는 젠더 폭력을 제외할 것이 아니라 가장 오래된 혐오범죄로서의 젠더 폭력에 대한 연구를 보다 심화해야 할 것이다.

이상의 논의에 의거할 때 여성혐오 범죄는 현행 「여성폭력방지법」의 여성폭력 정의에 부합한다. 이 법은 여성폭력을 "성별에 기반한 여성에 대한 폭력으로 신체적·정신적 안녕과 안전할 수 있는 권리 등을 침해하는 행위"로 정의하고 있는데 여성혐오 범죄는 정확히 젠더 권력관계에서 파생된 성별적 편견에 기반해 여성에 대해 저질러지는 폭력이기 때문이다. 앞서 살펴본 진주시 여성혐오 폭행 사건의 경우 '쇼트커트 헤어스타일을 한 여성은 페미니스트'라는 가해자의 범행 동기는 여성은 머리가 길어야 하며 이를 판단할 수 있는 것은 남성인 자신이라는 젠더 권력관계와 성별적 편견에 기반한다. 또한 '페미니스트는 맞아야 한다'는 범행 동기에는 페미니스트인 여성(피해자가 실제로 페미니스트인지 여부는 차치하고)을 남성인 자신이 구타할 수 있다는, 젠더 권력관계와 성별적 편견이 작동했다. 그러나 현재는 해당 조항의 뒷부분인 "관계 법률에서 정하는 바에 따른 가정폭력, 성폭력, 성매매, 성희롱, 지속적 괴롭힘 행위와 그밖에 친밀한 관계에 의한 폭력, 정보통신망을 이용한 폭력 등을 말한다"에 전적으로 의지하여 개별 폭력을 규제하는 각각의 법률 경계 안에서 협소한 해석을 반복하고 있다.

무엇보다 이러한 논의가 범죄의 형사적 처벌을 넘어서 젠더 폭력과 여성

75 홍성수, 2024, p. 245.
76 허민숙, 2017.

차별 그리고 위계적 젠더 이원 체계의 연관을 보다 면밀히 규명하고 이를 해체할 수 있는 방향으로 나아가야 한다. 생물학적 여성에게 가하는 폭력으로 간주된 젠더 폭력의 결론은 젠더 폭력을 가능하게 한 사회적 권력관계의 변화와 해체가 아니라 가해자에 대한 법적 처벌로 귀결되곤 했다. 물론 이는 중요하지만 제대로 된 법적 처벌을 위해서라도 엄중한 형사처벌을 강조하는 것 이상의 논의가 필요하다. 젠더 폭력이 생물학적 여성에 대한 폭력으로 간주되는 한 어떤 엄중한 형사처벌도 젠더 폭력을 근절할 수 없다. 여성이 생물학적 여자인 한 폭력은 계속 있을 수밖에 없기 때문이다. 또한 이러한 젠더 폭력 논의는 가부장적 이성애 비트랜스 규범을 벗어난 행위를 한 여성과 남성이 그 이유로 피해자가 되는 폭력을 포괄할 수 없다.

특히 한반도는 1876년 개항과 더불어 대륙과 해양 세력의 군사적 대립이 벌어지는 주 전장이 되어 왔다. 제2차 세계대전 중에는 일제의 병참기지화를, 냉전의 초입에서는 열전이었던 한국 전쟁을 겪었다. 이후 성립된 분단체제는 글로벌 탈냉전 시대에도 지속되었으며 이제 미중 대립을 골자로 한 신냉전 하에서 새로운 역할을 부여받고 있다. 이런 한국 사회에서 지배적 남성성(hegemonic masculinity)의 성격은 식민지적 남성성(colonial masculinity)[77]과 군사적 남성성(military masculinity)[78]이 결합된 복합적인 성격을 띤다. 또한 여성의 몸과 성은 여성 개인의 것이 아니라 남성 중심적 국가 및 가족에 속한 것으로 여겨져 왔다. 이에 더하여 2010년대 페미니즘

77 정희진, "한국 남성의 식민성과 여성주의 이론", 권김현경(편) 『한국 남성을 분석한다』 (서울: 교양인, 2017), 28-66쪽.
78 서보혁, 『군사주의-폭력의 이데올로기와 작동방식』 (서울: 박영사. 2024), 219-220쪽.

대중화 이후 한층 가시화되고 있는 젠더 폭력은 폭력이 이윤을 창출하는 거대한 산업이 된 오늘날의 경제 변화 속에서 발생하고 있다.

젠더 폭력은 생물학적 여성에게 그 이유로 가해지는 폭력이 아니라 여성에 대한 차별과 불평등에 기반하며 그것을 유지하려는 이유로 여성에게 행해지는 폭력이다. 또한 여성차별과 연결되는 위계적 젠더 이원 체계를 유지하기 위해 그것에서 벗어나거나 도전한다고 여겨지는 행위를 한 개인들에게 행해지는 폭력이다. 젠더 폭력은 이런 폭력을 묵인하는 문화, 폭력 이후 피해를 더욱 가중시키는 여러 편견들, 이런 문화와 편견이 당연시되는 가족, 학교, 회사, 지역사회, 나아가 국가의 법제도가 결합하여 지속된다. 따라서 실질적인 변화는 사건 각각에 대한 면밀하고도 구체적인 규명과 이를 포괄하는 젠더 권력관계에 대한 논의를 결합하여 심화시키는 데서부터 시작될 것이다.

제4장

공동체 폭력

이성용

1. 들어가는 말

21세기는 정체성을 둘러싼 폭력의 시대였다. 1990년대 중반 냉전 시대의 종식 이후 세계 각지에서 일어난 무력 분쟁은 대부분 인종, 민족, 혹은 종교와 같은 정체성 문제를 중심으로 국내 차원에서 발생하는 특징을 보였다.[1] 그리고 이러한 국내 분쟁은 주요 행위자, 안보 위협 요인, 분쟁의 목표, 재원 조달 방식 등에서 과거의 주류 분쟁 유형이었던 '국가 간 분쟁'과 큰 차이를 보였다.[2] 따라서 정체성 단위를 중심으로 일어나는 폭력의 성격과 발생 원인에 대한 연구가 대폭 확대되어, 소위 분쟁 분석(conflict analysis)의 주류 연구 분야로 자리 잡게 되었다. 이러한 정체성 관련 폭력 중에서 특히 국가조직의 직접 개입 없이 같은 정체성을 지닌 집단 사이에 일어나는 폭력의 특성에 주목하는 연구가, 본 장에서 분석하는 공동체 폭력에 관한 학계의 담론을 태동시켰다. 비정부 집단 사이의 폭력은 그 성격과 전개 양상이 다른 국내 분쟁과 큰 차이가 있다는 점이 확인되면서 이 분야 연구의 중

---

1 Shawn Davies, Therese Pettersson, and Magnus Oberg, "Organized violence 1989-2021 and drone warfare," *Journal of Peace Research* 59-4 (2022), pp. 593-610.
2 Mary Kaldor, *New and Old Wars: Organised Violence in a Global Era* (John Wiley & Sons, 2013).

요성이 더욱 주목받게 되었다.

이와 관련한 평화학계의 연구는 이와 같은 비국가 집단 사이의 폭력을 공동체 폭력(communal violence)이라고 이름 지어 하나의 폭력 유형으로 인정함으로써,[3] 기존에 제대로 다루어지지 않았던 수많은 질문들을 연구할 수 있는 개념 토대를 마련하였다. 몇 가지 예를 들면, 공동체 폭력과 관련한 최근 연구는 다음과 같은 질문들을 주목하고 있다. 인종적 정체성의 차이를 둘러싸고 일어나는 갈등과 폭력은 다른 유형의 폭력과 비교해 어떤 차이가 있을까? 그리고 그러한 차이는 어떤 요인에 의해 나타나는 것일까? 국내 정치는 정체성의 문제를 어떻게 권력 장악의 수단으로 활용하고, 이 과정에서 폭력은 어떻게 발생하는가? 또한 지역 단위의 무장 세력 사이에 벌어지는 전쟁은 정부와 반군 사이의 전쟁과 질적으로 같은 것일까 다른 것일까? 국가조직이 아닌 정체성 집단은 폭력 행사에 필요한 자원을 어떻게 마련하는가? 이런 특징들은 분쟁 해결·평화 구축에 어떤 영향을 미치는가?

본 장에서는 공동체 폭력의 개념을 소개·분석하고, 이 개념의 도입이 평화학 연구에 미친 영향을 살펴보고자 한다. 우선 공동체 폭력이 학술 담론에서 다루어진 역사에 대해 개괄하고 최근 학계 논의에서 주로 주목하고 있는 공동체 폭력의 개념적 특징을 소개할 것이다. 그런 다음 공동체 폭력

---

3 영미학계에서 본 개념을 지칭하기 위해 사용하는 communal이라는 단어는 단일한 정체성을 중심으로 형성된 공동체의 행위나 상태를 지칭하는 뜻을 지니고 있는데, 이 단어와 정확히 조응하는 한국어 단어가 존재하지 않는다. 본 장에서는 communal violence를 공동체 폭력으로 번역하되, 이 공동체가 구성원 사이에 공통의 경험을 기반으로 강하게 결속한 정체성 집단이라는 점을 강조해 두고자 한다.

을 주요 발생 원인에 따라 3가지 유형으로 구분하고 이들이 현실 세계에서 나타나는 양상을 관련 사례를 들어 소개할 것이다. 이러한 논의를 바탕으로 마지막 절에서는 공동체 폭력 관련 담론이 평화학 관련 이론 연구에 미친 영향 및 향후 연구에 기여할 수 있는 영역에 대해 논의할 것이다.

2. 개념의 등장 배경과 의미

폭력과 관련한 학술 논의에서 정체성 집단(communal group)의 개념이 처음 등장한 시기는 명확하지 않으나, 이 개념이 유럽의 학계에서 중요하게 등장한 시기는 대략 1890년대 무렵부터이고 그 배경에는 서구의 식민지 확대 정책이 자리하고 있다. 이 시기 관련 연구들이 식민 지역에서 일어나는 저항 혹은 분쟁을 묘사하면서, 이러한 무력 저항을 조직화하는 단위로 정체성 집단이라는 표현을 사용한 것이다. 판데이(Gyanendra Pandey)의 분석에 의하면, 유럽 지역의 문명화된 정체성 단위로 인식되던 민족(nation)을 대신해 식민지의 폭력적이고 반항적 정체성 단위를 서술하기 위한 용도로 이 용어가 활용되었다.[4] 학술 개념으로서의 공동체 폭력의 출발점에 서구의 식민지주의적 편견이 녹아 있었던 셈이다. 이 시기 연구에서 특히 주목을 받은 사안은 인도의 힌두교, 아랍 지역의 이슬람과 같은 종교를 중심으로 결집한 집단의 조직화와 관련 활동이었다.

---

4   Gyanendra Pandey, *The construction of communalism in colonial North India* (Oxford: Oxford University Press, 2006).

안보 및 분쟁 관련 연구에서 정체성 집단이 새롭게 주목받기 시작한 것은 다양한 국내 분쟁이 증가하기 시작한 1970년대부터였다. 국내 분쟁의 발발이 증가하면서 이 분쟁의 유형적 특징을 좀 더 세분화하여 이해하려는 논의가 있었는데, 이러한 논의 중에 분쟁의 당사자가 '비(非)국가'인 경우를 특정하는 용어로 공동체 분쟁이 사용되기 시작한 것이다. 이 연구들이 주목한 '정체성 공동체'는 기존의 다른 무력 집단과 달리 정치적 색채가 약하고, 주로 자기 인종·종교 정체성의 이익을 실현하기 위해 무력을 조직적으로 행사한다는 점이 주요한 특징으로 인식되었다. 이와 같은 논의를 거쳐, 관련 학계 연구에서는 공동체 폭력의 의미가 비국가 국내 단위에 한정해 사용하는 것으로 구체화되었다. 이런 관점에서 거(Ted Robert Gurr)는 이 정체성 집단을 "국가나 정치 기관으로 승인받지 못한 문화적-종교적 정체성 그룹으로, 그 핵심 구성원들은 뚜렷하고 지속적인 집단 정체성을 공유한다"[5]고 설명했다.

공동체 폭력 개념을 도입한 이후 각종 인종·종교 집단 간 무력 분쟁에 대한 연구가 활성화되었다. 특히 인도와 스리랑카 등 남아시아 지역의 인종 집단 간 폭력, 중동에서 유대인과 아랍인들 사이의 폭력, 그리고 중국이나 베트남과 같은 공산주의 국가에서 일어나는 종교 집단들의 무력 저항 등이 주요한 연구 대상으로 다루어졌다.[6] 1990년대 중반 탈냉전 이후 국내

5   Ted Robert Gurr, "Why minorities rebel: a global analysis of communal mobilization and conflict since 1945," *International Political Science Review* 14-2 (1993), pp. 161-201. DOI: 10.1177/019251219301400203

6   Sali Augustine, "5 Religion and Cultural Nationalism: Socio-Political Dynamism of Communal Violence in India", in Erich Kolig, Vivienne SM. Angeles, and Sam Wong (eds.), *Identity in Crossroad Civilisations: Ethnicity, Nationalism and Globalism in*

분쟁이 급증함에 따라 이에 대한 연구도 활기를 띠었다. 다만 이러한 연구의 대부분은 국가(state)가 분쟁의 당사자로 참여하는 분쟁에 집중되어, 국내 단위의 분쟁을 통칭하는 내전(civil war) 혹은 국내 분쟁(intra-state conflict) 등의 개념이 모두 '국가조직이 당사자로 가담하는 것'으로 간주되었다.[7]

이 때문에 비국가 집단 사이에 일어나는 폭력과 분쟁이 한동안 학계 연구에서 상대적으로 소외되는 문제가 발생하였다. 그러나 비국가 조직·집단 간 분쟁이 심각한 피해를 야기하고, 다른 유형의 무장 폭력과 직접적으로 연계된 경우가 많으며, 방치할 경우 다른 분쟁으로 확대될 위험성이 높았기 때문에, 이 유형의 분쟁을 본격적으로 연구할 필요성이 제기되었다. 이런 맥락에서 2000년대 중반부터, 공동체 폭력은 내전 연구의 한 세부 영역 중 특히 비정규 조직에 의한 분쟁을 연구하는 형태로 주목을 받기 시작했다. 이후 전후 복구 및 평화 구축 과정에서 지역 커뮤니티의 주도적 역할을 강조하는, 소위 평화 구축의 '로컬화(the local turn)' 담론에 힘입어 정체성 집단의 성격과 활동에 대한 연구가 더욱 활발해졌다.[8]

Asia, (Amsterdam: Amsterdam University Press, 2009), pp. 65-84.

7   Kristian Skerede Gleditsch, "Civil War" in Britannica Encyclopedia, https://www.britannica.com/topic/civil-war

8   Daniel Watson, "Rethinking Inter-Communal Violence in Africa," *Civil Wars* (2023), DOI: 10.1080/13698249.2023.2180924

3. 개념의 특징

이러한 과정을 거쳐 발전·변화해 온 공동체 폭력 개념이 지금은 어떻게 이해되고 있을까? 최근 학계에서 사용하는 개념은 앞서 소개한 역사적 개념 발전의 맥락을 이어 받으면서도 그중 몇 가지 특징들을 더욱 강조하고 있다. 본 절에서는 최근 연구에서 공유·강조하는 공동체 폭력의 개념을 크게 아래의 세 가지로 요약하여 살펴보고자 한다.

첫째, 공동체 폭력은 정체성 집단(communal group)을 기본 단위로 하여 일어난다. 공동체 폭력은 간여하는 집단들이 체계적이고 조직화된 행동을 한다는 측면에서 개인적이고 일회성인 폭력과 차이가 있다. 특히 이러한 정체성 공동체는 단지 특정 인종적 정체성을 공유하는 사람들의 '모임'이 아니라, 역사적 경험을 공유하며 상당한 수준의 소속감과 연대 의식을 형성한 '공동체'라는 점이 중요하다. 이러한 소속감과 상호 교류로 인해, 장기간의 공동체 간 폭력이 지속되는 경우, 각 공동체 내부에서는 높은 수준의 '행동 조정(coordination)'을 하는 역량을 갖출 수 있다. 또한 폭력 당사자 집단들이 '힘의 균형'을 이루고 있어 전쟁이 어느 한쪽의 일방적 승리로 끝나기가 쉽지 않다.[9] 그래서 상당수는 수십 년에 걸친 장기적 폭력으로 이어진다. 그리고 이런 개념하에서 분석되는 정체성 집단은 몇몇의 사람이 지속적이고 긴밀한 연계를 맺는 작은 단위의 공동체부터 큰 틀에서 공통의 이

---

9   이러한 힘의 균형 없이 특정 집단이 압도적인 힘의 우위를 가지고 억압하는 형태의 폭력은 일방적 폭력(one-sided violence)이라는 별도의 개념으로 구분하기도 한다. Kristine Eck and Lisa Hultman, 'One-sided violence against civilians in war: insights from new fatality data', *Journal of Peace Research* 44-2 (2007), pp. 233-246.

해관계를 지닌 거대 인종·종교 집단에 이르기까지 다양한 규모의 집단을 포괄하고 있다.[10]

둘째, 공동체 폭력은 정체성을 매개로 한 폭력 중에서, 국가(state) 조직이 분쟁의 당사자로 참여하는 경우를 제외한다. 이는 다양한 국내 분쟁 혹은 내전에 대한 유형적 분석에서 공동체 폭력을 구분하는 개념 기준이고, 특히 이 기준을 통해 정부군과 반군 무장 조직 간의 다툼을 의미하는 내전(civil war)과 구분된다는 점을 주목할 필요가 있다. 내전에서는 관계된 무장 세력이 대부분 고도로 조직화되어 있고, 특히 정부 측은 국가 운영의 책임을 지는 단위라는 점에서 그 분쟁의 여파는 국가 전체 및 국외로까지 이어진다. 이에 반해 분쟁 당사자를 공동체로 한정할 경우, 공식적으로 조직된 반군이나 민병대와는 달리 공통의 정체성을 중심으로 자연적으로 형성된 집단이기 때문에 해당 정체성 집단의 규모와 조직력에 따라 발생하는 폭력의 성격도 크게 달라진다.[11] 가령 구소련의 영향력 아래 대규모 조직화를 이룬 집단들은 기간 시설 파괴, 기업 점거와 같은 장기간의 산업 투쟁을 국가 전역에서 행하기도 하고, 인종적 억압이 심한 지역의 경우 조직화의 초기부터 소규모 게릴라 활동을 벌이는 형태도 자주 나타난다. 반면, 폭력에 얽힌 집단이 소규모 역내 부족인 경우, 지역 커뮤니티에서 활용 가능한 농기구와 가내수공업으로 제작한 무기를 동원한 우발적 폭력의 형태로 나타

---

10 Louis Kriesberg, "Conflict Transformation," in Lester Kurtz (Editor-in-Chief), *Encyclopedia of Violence, Peace, & Conflict Vol. 1,* (Oxford: Elsevier, 2008) pp. 401-412.

11 Johan Brosché and Emma Elfversson, "Communal conflict, civil war, and the state: Complexities, connections, and the case of Sudan," *African Journal on Conflict Resolution* 12-1 (2012), p. 33.

나는 경우가 잦다.

　셋째, 폭력 발생의 원인의 측면에서 볼 때, 공동체 폭력은 각 정체성 집단의 정치적·물질적 이해관계에 대한 우려와 기대로 인해 발생하는 경우가 대부분이다. 다시 말해, 첨예한 이해관계가 없으면 직접적 폭력을 저지를 수준의 정체성 공동체 간의 결집이 이루어지기 힘들다. 인종·종족 정체성은 다르지만 인근 지역에서 농사를 지으면서 유목민의 이동에 대항해 농작물을 보호하려는 공동의 이해관계가 있는 마을끼리 공동체를 구성하는 경우를 예로 들 수 있다. 이렇게 사회 구성원들이 정체성 단위로 결집해 있다가 각 집단의 이해관계에 첨예한 문제를 촉매제로 폭력 분쟁이 벌어지는 유형을 보인다. 이런 맥락에서 거는 '정체성 집단이 구성원들의 이익을 추구하기 위해 공유된 정체성을 중심으로 조직화하는' 행위로 규정하고, 과거 집단적 폭력을 야기한 주요 이익을 (1) 경제적-정치적-문화적 차별로 인한 집단적 피해, (2) 정치적 자치권 상실, (3) 인종적-종교적 다수에 의한 억압, 그리고 (4) 소수자들의 강화된 자결권에 대한 열망으로 유형화하였다.[12] 공동체 폭력의 원인을 정체성이 아니라 이해관계 대립에서 찾는 것은 폭력 및 분쟁 연구에서 중요한 함의를 지닌다. 공동체 폭력의 해결 방안을 공동체의 정체성이 아니라 대립하고 있는 이해관계 조정에서 찾을 수 있기 때문이다.

　마지막으로, 최근 학계 논의에서 공동체 폭력 혹은 공동체 분쟁 개념이 남용되는 경향에 대해 언급해 둘 필요가 있다. 국가조직의 직접적 개입이

12　Ted Robert Gurr, *Political Rebellion: Causes, outcomes and alternatives* (London: Routledge, 2015) (e-book, no pagination)

불명확한 상황이 발생하면 그 성격에 대해 진지하게 고민하지 않고 공동체 폭력으로 규정하는 경우가 자주 나타난다. 공동체 폭력 또한 '순수하게 개인 간에 발생하는 분쟁과 국가가 참가한 분쟁을 제외한' 모든 형태를 포괄하도록 광범위하게 인식되고 있다.[13] 거대한 정체성 집단들은 집단 간 경계선이 모호하고 구성원의 범위 역시 불명확한 경우가 많다. 또한 개념이 사용되는 맥락에 따라 정체성 집단에 대해 전혀 다른 성격이 규정되기도 하여, '정체성 집단이 누구냐'에 대한 논란이 자주 발생한다. 가령 작은 호수의 사용권을 두고 유목 부족과 정착 부족 사이에 수십 년에 걸쳐 목숨을 건 전쟁을 벌여 온 수단의 와디 엘쿠(the Wadi El-Ku) 지역의 부족 간 폭력과, 정부의 정책적 비호 아래 후투족이 국가 전역에서 투치족 수십만 명을 살해한 르완다 대학살은 그 규모와 실행 단위가 전혀 다르지만, 이 두 경우에 모두 포괄적인 공동체 폭력으로 개념화되는 문제가 발생한다.

4. 공동체 폭력 발생의 유형

그렇다면 위에서 설명한 공동체 폭력의 특징들이 현실 세계에서는 어떤 양상으로 나타나는 것일까? 그리고 그중 최근 평화학 연구에 특히 큰 영향을 미치는 특징은 어떤 것이 있는가? 이와 관련해서는 여러 방식으로 설명할 수 있으나, 이 절에서는 특히 발생 원인에 주목해, 각 유형의 공동체 폭

---

13 Kristine Eck, "The law of the land: Communal conflict and legal authority," *Journal of Peace Research* 51-4, pp. 441-454. https://doi.org/10.1177/0022343314522257

력이 지니는 함의를 살펴보고자 한다. 각 사례에서 나타나는 폭력의 직접적 촉매제는 다양하지만, 1990년대 중반 이후 발생한 공동체 폭력은 크게 아래에 제시된 세 유형의 갈등 구조에 의해 촉발되었다.

첫째, 과거에 입은 피해에 대한 반감으로 인해, 과거의 피해를 복구함으로써 정의를 실현해야 한다는 내러티브가 힘을 얻는 경우이다. 이때 거론되는 피해는 신체(예: 학살, 고문), 물질(예: 방화, 약탈), 문화(예: 언어 사용 금지, 문화적 정체성 억압), 정신적 영역(예: 협박, 감시)을 망라하고, 이에 대한 자각을 바탕으로 자신들이 상대에게 보상을 받을 권리가 있다거나 상대에게 보복하는 것이 역사적 정의를 실현하는 과정이라는 인식이 형성된다.[14] 특히 한때 힘의 열세에 놓여 있던 정체성 집단이 점차 세력을 확대하는 과정에서, 이들의 피해 의식은 상대 세력에 대한 공격 혹은 지배 의도를 드러내는 형태로 나타나는 경우가 많다. 이런 유형의 공동체 폭력의 양상을 잘 보여주는 사례로 1994년 르완다 대학살을 들 수 있다. 르완다는 식민 지배 과정에서 결정된 국경선으로 인해, 후투족 85%, 투치족 14%, 그리고 트와족 1%의 인구구성이 형성되었다. 마지막 식민 지배자였던 벨기에는 이 중 투치족을 이용한 식민 지배를 꾀하였는데, 상대적으로 많은 경제적 이권과 식민 정부 취업의 기회, 그리고 교육 기회 등을 부여하였다. 이 과정에서 인구에서 다수를 점하고 있던 후투족은 오랫동안 기회의 박탈과 억압을 견디며 식민 지배를 겪었다. 1962년 독립과 동시에 두 부족 간 갈등은 대규모

14 Masi Noor, Nurit Shnabel, Samer Halabi, & Arie Nadler, "When Suffering Begets Suffering: The Psychology of Competitive Victimhood Between Adversarial Groups in Violent Conflicts," *Personality and Social Psychology Review* 16-4 (2012), pp. 351-374. https://doi.org/10.1177/1088868312440048

르완다 학살 이후 한 남성이 아들의 생사를 확인하기 위해 적십자에서 제공한 가족확인 보드를 확인하고 있다. (출처: https://commons.wikimedia.org/wiki/File:1994_Rwandan_Genocide.jpg, CC BY 2.0)

해외 난민, 반군 조직, 내전 등의 과정으로 발전하며 폭력은 끊임없이 반복되었다. 이러한 갈등이 극단적으로 표출된 것이 1994년 4월부터 약 석 달 동안 최소 50만 명 이상의 투치족을 희생시킨 르완다 대학살이었다. 당시 폭력에 가담한 상당수의 후투족들은, 이러한 폭력이 투치족에 의해 왜곡된 억압적 경제·사회 구조를 바로잡기 위한 폭력이라는 폭력 주도자들의 정치적 선동에 동조했다.[15]

15 이러한 학살 과정에서 투치족들은 저항을 할 능력도 없이 일방적으로 희생당했다는 점에서, 폭력의 형태는 르완다 대학살이 공동체 폭력보다는 일방적 폭력에 가깝다. 그러나 르완다 내 민족간 폭력의 전개 과정을 역사적으로 살펴볼 때, 이는 후투 무장

둘째, 상대 집단의 존재 혹은 세력 확대로 인해 입을지 모를 피해에 대한 공포 때문에 폭력이 일어나는 경우가 있다. 이 경우 사람들이 느끼는 위협과 공포에는 크게 경제적·안보적 측면에서 실질적으로 나타나는 피해(예: 토지 소유권 박탈), 문화적·사회적 정체성에 영향을 주는 피해(예: 특정 종교의 율법 강요) 등이 포함된다. 최근 일어난 상당수의 공동체 폭력은 자원(특히 토지) 활용에 대한 갈등으로 야기된 폭력이다. 이와 관련해 앞서 소개한 수단 와디 엘쿠(the Wadi El-Ku) 지역에서 수자원 이용권을 둘러싸고 일어난 부족 간 갈등을 사례로 들 수 있다. 이 지역의 강물은 계절에 따라 지역을 이동하며 낙타, 염소, 양 등을 기르는 유목민과 이 지역에서 농작물을 재배하는 정착민들이 공유해 오던 수자원이었다. 그러나 1980년대 이후 이 지역의 건조화로 인해 물 부족 현상이 심해지자 그 사용권을 둘러싸고 양측의 갈등이 고조되었고, 급기야 정착민들은 유목민들이 자신들 소유의 땅을 지나 이동하는 것을 금지하기에 이르렀다. 이렇게 증폭된 양측의 반목은 2003년을 기점으로 양 공동체의 폭력 사태로 이어져, 이후 폭력 사태 발발이 급격히 증가하였다.[16]

셋째, 좀 더 현실적인 손익에 대한 기대감에 의해 촉발되는 공동체 폭력의 유형도 있다. 이런 경우 폭력 혹은 갈등의 이유가 표면적으로는 자신들의 정체성 문제로 설명하는 것과 달리, 폭력을 야기하는 직접적 요인은 특

집단과 투치 무장집단 사이에 이어진 폭력의 한 시기에 대량의 민간인이 희생된 것으로 이해할 수 있다.

16 UNEP (2014) online: *Relationships and Resources: Environmental governance for peacebuilding and resilient livelihoods in Sudan*. https://reliefweb.int/sites/reliefweb.int/files/resources/UNEP_Sudan_RnR.pdf.

정 상황에서 좀 더 많은 이익을 창출하는 데 있다. 특히 폭력이 상대와의 협상을 유리하게 이끄는 도구로 활용되는 경우를 자주 볼 수 있다. 일반적으로 폭력 당사자인 정체성 집단의 요구에 대한 조정이나 변화가 매우 어렵지만, 손익 기대감을 주요 기반으로 나타나는 폭력의 경우에는 이러한 조정이 상대적으로 자주 일어난다. 또한 이 유형의 공동체 폭력에서는, 폭력을 행사하는 상대가 정체성 집단이 아닌 사회단체, 혹은 사기업인 경우도 있다. 협상이나 이해관계 조정이 상대적으로 어려운 공동체 폭력에서, 이러한 유형의 폭력은 상대적으로 정치적 해결의 가능성이 높다는 점이 특징이다.

가령 2010년대 중후반 인도네시아 술라웨시의 니켈 광산 개발을 둘러싸고 일어난 공동체 폭력이 그러하다. 술라웨시의 바호도피 지역은 원래 600여 명의 주민들이 농경, 수렵 등을 중심으로 생활을 영위하는 곳이었다. 그러나 2000년대 후반 니켈 생산 기업이 들어서자, 술라웨시와 그 밖의 지역에서 1,500여 명을 고용하며 이 지역의 경제적 사회적 구조를 변화시켰다. 그러나 정작 바호도피 지역의 주민들은 낮은 교육 수준 탓에 취업에서 소외되었고, 오히려 피해만 보고 있다는 인식이 팽배하였다. 2014년부터 이 지역 주민들은 니켈 공장의 환경 파괴와 토지 사용 방식에 반대하며 대규모 시위를 벌였고, 그 과정에서 교량 파괴, 정부 공무원 억류, 사무실 및 트럭 방화, 도로 점거 등 폭력적 방식을 동원하였다. 당시 지역 주민들은 이 갈등을 지역의 생존에 매우 중요한 환경의 파괴에 대한 저항으로 규정하였다. 그러나 당시 발생한 개별 시위는 대부분 해당 니켈 공장이 주민들에게 금전적 보상을 하는 방식으로 마무리되었고, 시위와 관련한 주민 회의에서도 폭

력 행위를 통해 자신들의 협상력을 높이려는 협의가 진행되곤 하였다.[17]

5. 공동체 폭력 개념의 특징과 의의

공동체 폭력 개념이 등장으로 인해 평화학 연구에서는 기존에 정확히 드러나지 않았던 갈등과 폭력의 특성을 살펴볼 수 있게 되었다. 이 개념과 관련한 새로운 학술 담론도 다수 등장하였다. 이 절에서는 지금까지 촉발되어 온 관련 이론 담론을 선별해 소개하고, 향후 연구에서 공동체 폭력 개념이 기여할 수 있는 미래 연구 영역에 대해 간략히 고찰하고자 한다.

첫째, 1990년대 중반 이후 전개된 공동체 폭력의 급증은 과연 정체성과 공동체 폭력 사이에 상당한 수준의 인과관계가 있는가 하는 문제에 관한 논쟁을 촉발시켰다. 공동체 폭력에 대한 그동안의 여러 분석들은 대부분 정체성이 사람들을 집단으로 구분하고 조직화할 뿐만 아니라 그 집단들을 경쟁 관계에 놓는 경향이 있기 때문에, 많은 폭력과 갈등을 촉발시키는 중요한 기준점이 된다고 전제한다.[18] 그리고 학살과 전쟁 수준의 폭력이 발생한 경우 이와 관련한 분석의 저변에 사람들을 단일한 특정 정체성을 중심으로 규정하는 논리 구조가 자리하는 경우가 많다. 가령 이스라엘과 팔레스타인의 갈등 과정에서, 그곳에 살고 있는 사람들이 오직 유대인과 팔레

---

17 Bambang Hudayana and Widyantal AB. Suharki, "Communal violence as a strategy for negotiation: Community responses to nickel mining industry in Central Sulawesi, Indonesia," *The Extractive industries and Society* 7 (2020) pp. 1547-1556.

18 Brosché and Elfversson (2012).

스타인이라는 민족적 정체성만을 가졌다고 믿는 것이다. 이러한 단일 정체성과 관련한 주장은, 한발 더 나아가 이러한 정체성이 숙명적이고, 그 정체성 집단에 속한 사람들은 모두 비슷한 방식으로 행동해야 한다는 기대와 요구가 뒤따른다. 그리고 이러한 정치적 내러티브의 저변에서는, 공동체의 정체성을 마치 인간의 의지와 상관없이 주어지고 심지어 인간 생활에서 가장 중요한 가치라고 믿는 사회학적 문화인류학적 담론들이 이러한 인식을 뒷받침하였다.[19]

그러나 이러한 관점에 대한 반론 역시 다각적으로 제기되며 이 문제는 최근의 평화학 및 개발학 담론에서 중요한 화두로 자리 잡고 있다. 세부적 논점은 다양하지만 이러한 반론은 대부분 특정 정체성과 집단적 폭력 사이에 인과관계가 존재하지 않는다는 점을 밝히는 데 집중한다. 그리고 사람들로 하여금 특정 정체성에 대해 과도하게 몰입하도록 만드는 일반 담론 혹은 정치적 선동의 역할에 주목함으로써 사람들이 정체성에 과도하게 몰입하게 한 원인을 분석하려 한다. 센(Amartya Sen)은 이러한 논리가 사람들이 맺는 소속 관계의 다원성을 무시하고 개인의 행동에 대한 이성적 고찰과 개인적 선택을 어렵게 만든다는 점을 지적했다.[20] 그는 각 개인은 자신이 소속한 여러 정체성 중, 특정 상황에서 어떤 것에 더 많은 가치와 중요성을 두고 행동할 것인지, 그리고 그 정체성의 관점에서 볼 때 어떤 행동을

---

19 Amitai Etzioni, "Communitarianism: A Historical Overview," in Reese-Schäfer, W. (eds.), *Handbuch Kommunitarismus*, (Wiesbaden: Springer Reference Geisteswissenschaften. Springer VS, 2018).

20 아마르티아 센 지음. 이상환, 김지현 옮김, 『정체성과 폭력: 운명이라는 환영』, 서울: 바이북스, 19쪽.

팔레스타인 후아라 지역에서 팔레스타인 깃발을 빼앗는 이스라엘 군인 (출처: https://commons.
wikimedia.org/wiki/File:Soldier_grab_flag_from_protester_in_huwara_17_june_22.jpg, CC BY-SA 4.0)

취하는 것이 합리적인지는 각 개인의 '선택'의 문제라고 주장한다. 물론 현
실 사회에서 어떤 선택을 하는 데에는 항상 제약이 따르지만, 그 제약이 개
인의 선택과 의지를 결정짓는 것은 아니라는 것이다. 이런 관점에서 볼 때,
집단적 폭력은 다수의 개인이 특정 집단 정체성에 절대적 가치를 두고 외
부 정체성 집단과의 배타적 경쟁 관계 형성 및 유지에 주력한 결과라고 할
수 있다.

　한편 정체성의 영향력을 무시하고 마치 모든 사람들이 개인적 이해관계
만을 고려하며 행동할 수 있다는 견해에 대한 문제 제기도 있었다. 이와 관
련한 최근 논의는 특히 모든 개인을 경제적 합리주의자(rationalist)로 보는

일부 자유주의적 관점에 대한 우려에서 비롯되었다. 이런 관점은 사람들이 맺는 다양한 사회관계 및 소속감의 중요성과 사람의 행위를 결정하는 다양한 동기를 무시했다는 것이다. 이에 대한 기존의 여러 비판에도 불구하고, 학계의 여러 이론들은 여전히 인간을 합리적 개인으로 상정함으로써 인간의 행위를 예측하려는 시도가 끊임없이 일어났다. 그러나 이러한 합리적 개인이라는 전제를 통해서는, 수많은 개인들이 집단적 정체성을 중심으로 극단적 폭력에 가담하는 공동체 폭력을 이해하는 데 많은 한계가 있었다. 이러한 맥락 속에서, 이러한 합리적 개인의 전제를 가장 많이 활용해 온 경제학 연구에서도 한 공동체 집단의 내적 사상과 집단 내 타인과의 상호작용이 인간의 행동에 미치는 연구가 진행되고 있다.[21]

둘째, 공동체 폭력과 관련한 평화학 연구에서 등장한 주요 논쟁점 중 하나는 공동체 폭력에 대한 국가조직의 관련성에 관한 것이었다. 앞서 소개한 것처럼, 그동안 학계의 논의에서 공동체 폭력과 내전은 국가·정부 조직이 폭력의 당사자로 참여하는가 여부로 구분되어 왔다. 그리고 국가·정부가 간여하지 않은 폭력 사태에 대한 분석을 통해, 공동체 폭력은 특정 공동체 사이의 이해관계 문제로 벌어지는 '비정치적' 상황으로 이해되고, 따라서 기존의 국가기구 혹은 정치집단을 상대로 한 분쟁 조정 및 해결 접근법이 통하지 않는 영역으로 간주해 왔다.[22] 그러나 국가·정부 조직이 폭력의

21 George Akerlof and Rachel Kranton, "Economics and Identity," *Quarterly Journal of Economics* 63 (2000); John B. Davis, *The Theory of the Individual in Economics: Identity and Value* (London and New York: Routledge, 2003); George Akerlof and Rachel Kranton, "Identity and the Economics of Organizations," *Journal of Economic Perspectives* 19 (2005).

22 Anna Stavrianakis, "Small Arms Control and the Reproduction of Imperial Relations,"

직접 당사자로 참여하지 않는 경우라 하더라도, 이들이 폭력의 발생과 발전에 영향을 미칠 수 있는 방법은 얼마든지 있다. 실제로 공동체 폭력으로 분류된 수많은 폭력 과정에 정치 엘리트들의 직간접적 개입이 일어났고, 이를 몇 가지 유형으로 분류할 수 있다.

우선, 국가·정부 조직이 공식적으로 폭력에 가담하지 않았지만 정부와 직접적 연계가 있는 개인이나 집단이 참여하는 경우가 있다. 2007년 대통령 선거 이후 극심한 폭력 사태를 경험한 케냐의 경우가 대표적인 사례이다. 정치권력의 향배가 이들이 속한 공동체의 일상적 이해관계에 결정적인 영향을 미칠 때, 기존 정치조직이 공동체 집단과 종적 피호 관계(patron-client relations)를 맺을 때 흔히 나타난다. 이런 경우 특정 정당의 조직 구성에 깊이 참여하고 있는 개인이나 분파가 물밑에서 분쟁을 조장하거나 분쟁이 지속될 수 있는 재원을 공급하면서 선거 폭력을 행사하게 된다. 또한 특정 폭력이 일어나는 시점에는 국가·정부 조직이 직접 개입하지 않았지만, 해당 사건의 전후를 둘러싼 갈등과 폭력의 연쇄 작용의 과정에 이미 국가·정부가 깊이 개입해 있는 경우도 있다. 위에서 소개한 르완다 대학살이 그러한 사례이다. 1994년 대학살의 순간에는 당시 정부를 대표하던 후투 정권이 조직적 개입을 삼갔다 하더라도, 과거 후투-투치 간 민족적 갈등의 과정에서 르완다 정부는 항상 중요한 행위자로 기능했다. 여기에 더해, 국가가 특정 폭력 사태에 '개입하지 않음으로써' 정치적 목적을 추구하는 경우가 있다. 가령 정치 지도자들의 더 직접적·사적 이익이 걸려 있는 자연 자원 확보에 집중하는 과정에서, 국가 지원으로부터 소외된 여러 지역에서

Contemporary Security Policy 32-1 (2011), pp. 193-214.

부족 간 자원 관련 분쟁이 대량 양산되었던 콩고민주공화국의 사례나[23] 정부가 비공식적 민병대를 사실상 치안 유지 파트너로 인정하고 그들의 행동을 방조함으로써 특정 부족과 인종에게 도움을 주려 했던 수단의 사례에서 이를 확인할 수 있다.[24]

위의 유형들에서 볼 수 있듯, 한 국가 내부에서 일어나는 집단 간 폭력에 국가조직은 직간접적으로 영향을 미칠 수밖에 없는 조건에 놓여 있다. 따라서 국가조직의 간여 여부를 두고 구분해 온 내전(civil war)과 공동체 폭력(communal violence) 혹은 공동체 분쟁(communal conflicts)은, 그 개념을 분쟁 해결과 관련한 학술 담론에서 지닌 중요성에도 불구하고, 현실 세계에 그대로 적용시키기에 여러 한계가 있다. 오히려 이 둘은 서로를 경계 짓는 폭력의 범주라기보다는, 달라지는 국가 개입의 서로 다른 수준을 보여주는 일종의 연장선 개념으로 보는 것이 현실에 더 가깝다. 이 때문에 공동체 폭력의 독특한 특성을 보여주기 위해 시작된 관련 담론들이 시간이 지나면서 점점 내전 연구와의 차이를 보여주기 어려운 지점을 맞이하고 있다.

---

23 Hugo de Vries, *Going around in circles: The challenges of peacekeeping and stabilization in the Democratic Republic of the Congo* (The Hague: Clingendael Institute, 2015).

24 Alex de Waal, *The Real Politics of the Horn of Africa: Money, War and the Business of Power.* (Malden, MA: Poligy, 2015).

6. 향후 연구와 관련한 함의

이러한 개념 논쟁과 더불어 본 절에서는 집단적 폭력 개념의 활용으로 더욱 심화될 수 있는 미래 연구 분야와 관련해 살펴보려 한다. 공동체 폭력이 최근 급격히 증가하고 있는 기후변화 및 환경 재난에 의해 촉발된 폭력과 갈등을 분석하는 데 적절한 개념이라는 점은 특히 주목할 만하다. 최근 기후변화 여파로 나타나는 가뭄이나, 폭우·폭설, 해수면 상승 등의 문제는 필연적으로 해당 지역 주민들 사이의 자원 경쟁을 초래한다. 앞서 소개한 수단 와디 엘쿠(the Wadi El-Ku) 지역에서 수자원 경쟁 때문에 일어난 부족 간 갈등이나, 남태평양 도서국에서 해수면 상승으로 인해 줄어든 토지에 대한 소유권 분쟁이 대표적인 사례이다. 이러한 갈등이 심각해져 인명 살상을 동반한 공동체 폭력으로 발전되는 경우도 자주 있다. 또한 기후변화의 심각성이 특정 단계를 넘어서면 더 이상 견딜 수 없어진 사람들은 새로운 정착지를 찾아 떠나는 환경 난민이 된다. 그런데 이들 환경 난민이 새롭게 정착하는 지역에는 기존에 살고 있는(흔히 선주민이라 불리는) 사람들이 있고, 이 두 집단 사이에 양립하기 힘든 정체성의 차이 혹은 한정된 자원에 대한 경쟁으로 인한 공동체 갈등 사태를 맞이하는 경우가 흔하다. 이렇게 기후변화에 의해 초래되는 갈등과 폭력이 급격히 증가함에 따라 향후 공동체 갈등 개념을 통한 평화학 연구는 더욱 활발해질 것으로 보인다.

한편, 한반도의 평화 연구와 관련해, 공동체 폭력의 개념과 관련된 연구는 우리가 겪은 과거 및 현재의 다양한 폭력의 성격을 좀 더 분명히 규명할 수 있게 한다. 가령, 제주 4·3 사건과 같이 한국전쟁을 전후해 각지에서 일어난 학살·폭력 사건들을 공동체 폭력의 분석틀로 접근할 때 더 명확히 살

퍼볼 수 있는 특성이 있다. 당시의 사건들은 한편으로는 반공 이데올로기를 도구로 정권의 안정화를 꾀한 국가적·정치적 폭력이지만, 다른 한편으로는 '이념 중심의 공동체 조직화'를 바탕으로 한 공동체 폭력의 양상도 보인다. 일제강점기를 거치며 정착한 일부 이념 공동체가 해방 이후 공간에서 단순한 반일·반공의 양 진영으로 단순화되고, 상당한 수준의 '내집단-외집단 배제(in-group vs. out-group exclusion)'동력을 각 공동체 내부에서 형성하게 되었다. 이런 맥락에서 이 시기에 일어난 다수의 폭력은 국가가 형성한 이념적 갈등 속에서, 가해자 집단 내부의 공유된 인식과 동의를 바탕으로 일어난 것이다.[25]

또한, 현재 한국에서 일어나고 있는 인종적 민족적 소수자에 대한 여러 형태의 차별이 내포된 폭력성을 좀 더 정확히 이해할 수 있는 관점을 제공한다. 현재 한국의 국가조직이 직접적 폭력에 대해 비교적 신속하고 체계적으로 대응하고 있기 때문에, 인종·민족 소수자에 대한 대부분의 직접적 폭력은 대부분 개인 차원의 폭행에서 차단된다. 따라서 이러한 폭력은 일견 일부 개인들의 일탈인 것 같은 착시를 일으킨다. 그러나 인종적 소수자에 대한 한국인의 편견과 차별은 이미 사회구조의 일부로 인식될 만큼 광범위하게 편만해 있고, 그 정도도 무척 강하다.[26] 갈퉁(Johan Galtung)은 이처럼 광범위하고 강도 높은 갈등과 차별이 존재할 때, 이를 단지 아직 표출

25 박찬승,『마을로 간 한국전쟁: 한국전쟁기 마을에서 벌어진 작은 전쟁들』, 파주: 돌베개, 2010.
26 설동훈, 2002, 연속기획/한국 사회의 편견과 차별의 구조4-외국인 이주 노동자외국인 노동자, 현대판 노예인가 외국인 용병인가,『당대비평』, 53-68쪽; 신동준, 2012, 다문화사회 범죄문제의 사회적 맥락.『형사정책연구』, 183-217쪽.

되지 않았을 뿐 그 본질은 직접적 폭력과 다르지 않다는 의미에서 잠재 폭력(latent violence)이라 정의하였다.[27] 한국 사회에 존재하는 여러 소수집단에 대한 차별을 일종의 표출되지 않은 공동체 폭력으로 정의할 경우, 이와 관련한 한국 사회에 존재하는 자기 집단 중심적 행태와 그 위험성을 좀 더 다각적으로 이해할 수 있다. 특히 기존에 연구된 여러 공동체 폭력의 사례에서 드러나듯, 한국 사회에서 자주 보이는 소수 인종 집단을 향한 부정적 시선 중 상당 부분이 빈약한 근거로 가공된 공포이거나, 잘못된 일반화를 근거로 하고 있다는 점은 주목할 필요가 있다. 가령 2016년과 2018년 사이 약 500명의 예멘 출신 난민들이 한국에 난민 지위 인정 신청을 했을 때, 여러 온라인 커뮤니티를 통해 전파된 우려가 좋은 사례이다. 예멘 난민들의 신청이 급증한 2017년부터 이러한 난민들이 벌인 범죄, 불법 체류 관련 행적, 이슬람 문화권과의 문화 갈등 문제들이 집중적으로 제기되며, 해외 난민 거부 운동이 거세게 일어났다.[28]

7. 맺음말

지금까지 공동체 폭력을, 개념 등장의 역사 개괄, 개념적 특징, 현실 사회에서 드러나는 공동체 폭력의 유형적 특징, 그리고 이 개념과 관련한 최근

---

27 Johan Galtung, "Violence, Peace, and Peace Research," *Journal of Peace Research* 6-3 (1969), pp. 167-191.
28 백상진, 2018, 예멘 난민에 대한 분노, 한국인의 심각한 외국인 혐오증, 《국민일보》 (2018년 7월 3일) https://news.kmib.co.kr/article/view.asp?arcid=0012490984

학계 논의 및 향후 연구에 대한 함의를 중심으로 살펴보았다. 앞서 소개한 것처럼, 공동체 폭력 개념의 등장은 사람들로 하여금 '정체성을 중심으로 결속한 공동체'가 경우에 따라 초래할 수 있는 심각한 수준의 사회적·물리적 폭력에 대해 이해할 수 있게 해 주었다. 정체성 공동체는 구성원들의 소속감과 상호 교류로 인해 일단 폭력 사태에 이를 경우, 내부적으로 높은 수준의 조직화와 조정 기능이 작동할 수 있기 때문에 폭력 사태가 극단화·장기화할 위험이 있다. 특히 공동체 폭력이 촉발되는 대부분의 경우, 정체성 공동체 사이의 첨예한 이해관계 문제가 자리하고 있어 그 위험성은 더욱 크다. 한편, 국가조직이 직접 당사자로 간여하는 내전과 비교했을 때 상대적으로 폭력의 전개 양상이 공동체 내부의 역량과 구성원들의 활동에 따라 크게 좌우되는 특징이 있다.

이러한 연구를 통해 공동체 폭력에 대해 더 자세한 이해를 해 나가는 작업을 하는 이유는, 이 폭력에 대해 분석함으로써 좀 더 효과적인 해결책을 찾기 위해서이다. 이와 관련한 여러 의제들 중 특정 정체성을 절대시하는 사람들의 인식을 다룰 방법을 찾아내는 일은 특히 중요하다. 정체성은 사람들에게 소속감과 자긍심을 불어넣음으로써 사회의 발전과 평화에 더 기여할 수 있는 기반이지만, 사람들이 특정 정체성에 몰입되어 자신과 주변인들과의 관계를 재단할 경우 상대 공동체에 대해 배제와 폭력의 악순환을 초래할 위험이 있기 때문이다. 이와 관련해 앞서 소개한 아마르티아 센은 단일하고 절대적인 정체성을 강조하는 정치적 수사의 위험성을 경고하고, 어떤 경우에서든 스스로 자신이 옳다고 믿고 자신에게 이익이 되는 행동 방안을 숙고해야 한다고 주장하였다. 이러한 센의 생각을 잘 보여주고 있는 아래의 인용문을 소개하며 결론을 대신한다.

참으로 우리 주변에서 볼 수 있는 혼란과 만행은 비열한 의도에서 생겨난 것만이 아니라 개념적 혼선에서 비롯된 것들도 있다. 특히 어떤 단일의 정체성(과 그 의미라고 주장된 것들)이 숙명적인 것이라는 운명론적 환영(the illusion of destiny)이 작위(commission)뿐 아니라 부작위(omission)를 통해서도 전 세계에 걸쳐 폭력을 길러 낸다. 따라서 우리는 다른 개별적 소속 관계를 무수히 맺고 있으며 매우 다양한 방식으로 상호 작용할 수 있다는 사실을 분명히 인식해야 한다(선동하는 세력이나 그들의 반대 세력이 우리에게 하는 말에 흔들리지 않고서 말이다). 우리에게는 우리 자신의 우선 순위를 결정할 능력이 있는 것이다.[29]

---

29 센 (2009), pp. 18-19.

제2부

부상하는 폭력

제5장

생태 폭력

이나미

1. 들어가는 말

현재 생태폭력(ecoviolence)[1] 개념이 필요해진 가장 큰 이유 중 하나는 무엇보다 기후변화로 인한 지구생태계 전반의 큰 위기일 것이다. 한편, 더 직접적인 이유는 각종 생태문제들이 폭력과 관련되었다는 것이 밝혀졌기 때문이다. 즉 생태폭력의 증거들이 드러나기 시작하면서 학자들은 환경문제와 폭력을 연관시키기 시작했다. 역사학자들이 드는 생태폭력의 증거들에는, 전쟁과 환경파괴 간의 관계, 각종 대규모 프로젝트 개발을 통한 무력기술의 행사, 요구되지 않은 인프라의 마련이나 상품 수출을 확대하기 위한 경찰의 강압과 군사적 억압 등이 있다. 정치학자들은 사회적 갈등, 수탈에 의한 축적, 폭력과 테러에 의존하는 기업과 국가, 정치적 담론을 통한 폭력적 환경의 생산에 주목했다. 문학 연구자들은 토착민, 식민지 및 탈식민지, 페미니즘, 문화적 소수자의 시각으로 개발이 땅과 사람들에게 끼친 피해를 드러냈으며, 법학자들은 서식지를 파괴하거나 광범위하게 오염시

---

1 이 글은 주로 생태폭력(ecoviolence) 개념을 다루고 있지만, 유사한 맥락에서 사용되는 경우, '생태적 폭력(ecological violence)', '환경폭력(environmental violence)'도 생태폭력 범주에 포함시켜 논의했다.

키는 행위를 반인도적 범죄 즉 에코사이드로 이론화하기 시작했다.[2] 이렇듯 생태폭력은 학제 간 주제로서, 특히 정치학·인문지리학·국제법·환경과학·범죄학 분야의 연구에서 영감을 얻어 연구되고 있다.[3]

또한 생태폭력은 환경 및 인권운동가들의 주요 관심사로 부상했다. 환경운동가들은 오늘날 신자유주의 시대에 소위 개발도상국의 새로운 천연자원 약탈에 반대하고 있으며 인권 단체들은 이들 환경운동가들이 치르는 희생의 대가를 기록하고 있다.[4] 생태폭력 개념의 실천적이면서 현실적인 함의 중 하나는 기후 및 생태 위기 문제를 단지 환경파괴라고 인식하는 것을 넘어 폭력이라는 범죄로 접근함으로써 강제적 교정을 요구할 수 있게 한다는 것이다. 폭력은 인간의 기본적 권리를 파괴하는 것인데, 이제 자연에도 권리가 주어지는 시대를 맞이했다. 2017년 3월 뉴질랜드는 세계 최초로 '강'에다 인간과 동등한 법적 권리를 부여했다. 황거누이강의 오염을 우려한 뉴질랜드 의회와 선주민 마오리족이 합작해서 지구법을 통과시킨 것이다.[5]

생태폭력 개념은 이렇듯 실천적이면서 현실적인 의미가 있을 뿐 아니라 폭력에 대한 우리의 인식도 심화시킨다. 폭력은 갈퉁(Johan Galtung)의 기여로, 행위자적일 뿐 아니라 구조적인 것으로도 인식되고 있는데, 생태폭

2 Stefania Barca, "Telling the Right Story: Environmental Violence and Liberation Narratives," *Environment and History* 20 (2014), pp. 3-4.

3 Stoett and Delon Alain Omrow, *Spheres of Transnational Ecoviolence* (Cham: Palgrave Macmillan, 2021), pp. 3-4.

4 Stefania Barca (2014), p. 4.

5 Katie O`bryan, "Giving a Voice to the River and the Role of Indigenous People," *Australian Indigenous Law Review* 20 (2017), pp. 185-209.

력 개념은 폭력에 대해 구조적인 것을 넘어 생태적으로 인식할 것을 요구한다. 구조는 시간적으로나 공간적으로 비교적 고정적인 것으로 여겨지며 또한 기본적으로 구조와 행위자를 구별하는 인식을 바탕으로 한다. 그러나 생태계는 움직이고 매 순간 변화하며 전체와 부분이 구별되지 않는다. 이러한 생태계를 설명하기 위해서는 '구조'보다는, 변화하는 관계들이며 사건들이라고 할 수 있는 '배치' 개념이 더 적합할 듯하다. 또한 개체성을 강조하는 '행위자'보다는, 연결·흐름·강렬함을 표현하는 주체성, 특이성, 다양체 개념이 선호된다. 무엇보다 인간과 비인간존재가 본질적인 차이를 가진 것으로 구분되지 않고 이들을 대상화하지 않으며 이들이 상호 연관적이고 각각 내재적 가치가 있다고 보는 관점을 지닌다.

앱서(Brandon Absher)는, 광물 추출 때문에 산이 훼손되는 것을 보면서 개별적이거나 구조적인 폭력이 아닌 다른 폭력 개념이 필요하다는 것을 깨달았다고 한다. 환경은 각기 독립된 실체들의 단순 집합체가 아니며 또한 계산 가능한 질서도 아니라는 것이다. 앱서에 의하면, 직접적이거나 구조적인 폭력이 폭행·강압 등을 가시화한다면 생태폭력은 마르크스적 의미의 '소외'에 가깝다. 소외는 존재 그 자체보다 그 존재들 간의 관계에 초점을 맞춘 것이며, 직접적·구조적 폭력이 가시적인 것에 반해 비가시적인 특성이 있다는 것이다.[6]

이렇듯 생태폭력 개념은 근대적 존재론에 대한 근본적 비판을 수반하며, '존재'보다는 '관계'와 '변화'에 집중한 생태학적 인식이 폭력에도 적용되도

---

6 Brandon Absher, "Toward a Concept of Ecological Violence: Martin Heidegger and Mountain Justice," *Radical Philosophy Review* 15-1 (2012), pp. 93-94.

록 이끈다. 폭력에 대한 이러한 생태적 인식을 강조하는 생태폭력 개념은, 근대적 사고인 중심-주변의 이분법적 사고, 또한 이를 바탕으로 한 인간중심주의를 극복하여, 모든 존재를 그 자체의 고유한 가치와 존재 이유를 가진 것으로 보게 함으로써, 폭력에 대해 가장 근본적이고 급진적인 인식과 실천 전략을 제공한다고 할 수 있다.

2. 생태폭력 개념의 등장 배경과 전개

1) 생태폭력 이전의 개념들

생태폭력과 유사한 의미로서 가장 오래된 것 중에 '공해'가 있다. 켄드릭(Leslie Kendrick)에 의하면, 공해(public nuisance)는 사해(private nuisance)와 함께, 12세기 영국에서 부동산에 대한 침해를 막는 것과 관련되어 사용되기 시작했다. 그러다가 13세기 초 브랙튼(Bracton)이 "공동의 그리고 공공의 복지"를 기준으로 하여 공해를 사해와 분리시켰다. 예를 들면 특정 지주에게는 해가 되지 않지만 일반 공중에게 해를 끼치는 방식으로 수로를 막는 행위 등이 공해로 규정되었다. 이후 공해는 공중보건, 공중의 안전, 공중도덕, 공중의 평화, 공중의 안락, 공중의 편의에 해를 끼치는 것으로 그 의미가 확장되고 다양해졌다. 이렇게 공해는 "일반 공중의 공통된 권리에 대한 부당한 침해"라는 의미에서 출발하여, 최근에는 온실가스 배출자에

게 기후 변화에 대한 책임을 묻는 기준의 역할까지 하고 있다.[7]

한편, 공해 현상 역시 매우 오래전부터 발생했다. 런던의 경우, 산업혁명이 있기 훨씬 이전인 13세기에도 하늘은 석탄 연기로 뒤덮여 대기오염이 극심했다. 이후 등장한 산업혁명은 400만 년 동안 유지된 인간과 환경의 조화를 불과 200년 만에 위험에 빠뜨렸다. 1952년 '런던 스모그'로 만 명이 넘는 사망자가 발생했으며, 미국 피츠버그, 로스앤젤레스, 벨기에 뮤즈, 멕시코 포자리카 등 공업화된 다른 지역에서도 수많은 사망자가 발생했다.[8] 이후 서구 국가들은 이러한 공해산업을 제3세계에 이전함으로써 공해문제를 해결한다. 즉 초기부터 환경문제는 부정의와 폭력의 문제였다. 한국의 경우 1960년대 경제개발을 추진하면서 일본을 비롯한 외국의 공해산업을 받아들였고 그 결과 1960년대 서울의 공기 질은 스모그 참사 당시의 런던보다 더 나빴다. 공해산업의 수입과 동시에 공해란 용어도 함께 들어왔다.[9]

이후 공해보다는 '환경파괴(environmental disruption)'란 개념이 자주 쓰이게 되었다. '공해'가 인간이 입는 피해에 주로 초점을 두었다면 '환경'은 인간뿐 아니라 인간을 둘러싼 사회와 자연에도 주목한 개념이다. 이렇듯 단순히 공해를 방지한다는 인식에서 환경 자체에 대한 관심으로 넘어가게 된 것은 1970년 도쿄에서 열린 국제사회과학평의회 '환경파괴' 심포지엄에서 환경권(environmental rights)이 논의되면서부터이다.[10]

---

7   Leslie Kendrick, "The Perils and Promise of Public Nuisance," *The Yale Law Journal* 132, (2022), pp. 705, 713, 718.

8   환경과공해연구회, 『공해 문제와 공해대책』, 파주: 한길사, 1991, 29쪽, 31쪽, 130-135쪽.

9   고태우, "20세기 한국 환경오염사 서설," 『생태환경과 역사』 10호, 2023, 178쪽.

10   신재준, "1970년대 전후 공해의 일상화와 환경권 인식의 씨앗," 『역사문제연구』 45호, 2021, 548-549쪽.

환경파괴의 대표적 사례 중 하나로 개발, 더 정확하게는 난개발 (maldevelopment)을 들 수 있다. 반다나 시바(Vandana Shiva)에 의하면 난개발은 '유기적이고 상호 연결되고 상호 의존적인 시스템을 침해하여 착취, 불평등, 불의, 폭력의 과정을 촉발하는 것'이다. 개발이라는 명목으로 에너지 사용의 기하급수적인 증가, 토지 경작의 남용, 과도한 삼림 벌채, 담수 부족 현상이 벌어지고 있다.[11] 특히 제3세계의 난개발은 개발독재와 관련되는 경우가 종종 있으며 이는 자국민의 평화 상실(peacelessness)로 이어진다는 점[12]에서 명백히 폭력적이다. 많은 개발도상국의 경우 국가 엘리트와 국제 투자자들은 경제, 환경, 에너지 정책을 자신들의 이익에 맞게 조정하며 전력을 비롯한 자원에 접근할 수 있는 기회를 통해 이를 마음대로 활용한다. 이는 중심부와 주변부의 갈등을 고조시키는데 그것의 촉매제는 주로 대규모 현금 작물 재배 프로젝트, 댐, 광업이다. 이러한 자본 집약적 첨단 기술 및 에너지 프로젝트를 추구하는 글로벌 기업들은 자연에 의존해 살아가는 집단과 대립하게 된다.[13]

천연자원이 부족한 상태에서 벌어지는 환경파괴는 종종 집단 간 폭력과 반체제 투쟁의 원인이 된다. 자연재해, 환경파괴는 내부 긴장을 유발하며 사회적 경쟁, 권력투쟁, 내전으로 이어진다. 따라서 환경파괴는 종종 전쟁과 관련되어 논의되며 이 점에서도 환경파괴는 폭력과 연결된다. 전쟁과 관련된 환경파괴(war-related environmental destruction)에 대한 논의는 1980

---

11 Günther Baechler, *Violence Through Environmental Discrimination* (Berne: Springer Science+Business Media Dordrecht, 1999), p. 1, p. 10.
12 김승국, "한반도의 중립을 위한 조건(15)", 『프레시안』 2011. 3. 7.
13 Günther Baechler (1999), p. 91.

년대 말, 1990년대 초부터 고전적인 군사 안보 주제에 국한되지 않고 그 영역을 넘어서기 시작했다. 이전에 '환경파괴'는 주로 군사훈련의 부작용, 전쟁의 수단, 전쟁의 부산물 또는 대량 살상 무기로 수행되는 전쟁의 파국적 결과로 간주되었다. 그러나 이후, '전략적 정책과 행동의 환경적 요인'은 지구환경 변화와 같은 새로운 위협을 부각시키는 '안보의 재정의'에 초점을 맞추었고, 그 결과 폭력적 분쟁과 전쟁의 주요 원인으로서 환경악화(environmental degradation)라는 개념이 등장했다.[14] 즉 전쟁과 관련된 환경파괴 논의에서 그중. 심이 군사적인 것에서 환경적인 것으로 옮겨진 것이다.

이러한 논의가 집중된 주제가 환경갈등(environmental conflict)이다. 환경갈등을 강조하는 배클러(Günther Baechler)는 환경파괴를 사회경제적 변화 및 갈등 행위자와 연관시킬 필요가 있다고 주장했다. 그에 의하면, 환경파괴가 폭력의 문턱을 넘게 되는 것은 환경파괴 정도의 심각성 때문이 아니라 사회정치적 요인 때문이다. 그 예를 들자면 평화적으로 분쟁을 해결하기 위한 제도적 역량의 부족, 당국과 지도자의 준비 및 역량 부족 등이 있다. 이러한 환경갈등의 유형에는, 민족적·정치적 갈등, 중심-주변 갈등, 이주 갈등, 수자원 갈등, 신식민주의적 자원 착취로 인한 갈등 등이 있다.[15]

현대로 올수록 '환경'보다는 '생태'란 말이 더 선호되는 추세다. '환경'은 자연을 인간의 배경, 인간을 위한 수단 또는 대상, 인간을 둘러싼 주변으로 보는 관점인 반면, '생태'는 인간을 포함하여 모든 존재의 유기적 관계와 시스템에 주목하는 개념이다.[16] 또한 생태폭력에서의 '폭력'은 '환경파괴'에

---

14 Günther Baechler (1999), p. 1, p. 24.
15 Günther Baechler (1999), pp. 88, 100-101.
16 이찬수, "녹색이 평화다: 생명의 관계성과 종교", 『원불교사상과 종교문화』 55호.

쓰인 '파괴' 개념에서 더 진전된 것이다. 파괴의 대상은 주로 비인간존재를 가리키는 반면, 폭력은 주로 인간에게 행해지는 것으로 보고 있는데, 생태 문제에 폭력 개념을 쓴다는 것은 인간과 비인간존재를 나누지 않음을 의미한다고 할 수 있기 때문이다.

2) 생태폭력(ecoviolence) 개념의 등장 과정과 의미

앞서 살펴보았듯이 '환경파괴'에 대한 관심은 자원 부족과 이를 둘러싼 인간 집단들 간의 갈등에 초점이 맞춰졌고 그 결과 '환경갈등(환경분쟁)'이 중요한 문제로 떠올랐다. 이러한 논의는 주로 토마스 호머-딕슨(Thomas Homer-Dixon)을 비롯한 토론토 학파에 의해 주도되었다. 이들은 '인구 증가에 따른 천연자원 그리고/또는 자원의 부족(또는 풍부)을 둘러싼 갈등으로 인해 발생하는 폭력'에 관심을 가졌다. 대부분의 관련 문헌 역시 호머-딕슨의 노선을 따라 '환경적 희소성, 풍요로움, 의존성이 군사적 분쟁을 유발할 수 있는지 여부와 그 이유'에 초점을 맞추었다.[17] 즉 생태와 관련된 폭력은 '황폐화된 자원 기반에서 비롯된 환경적 압력으로 인해 사람들이 생존을 위해 싸우는 상황'을 묘사하는 갈등으로 여겨진 것이다.[18] 이러한 폭력에는 고의적인 살인, 생태학살(ecocide), 생태파괴(ecological sabotage) 행위가 포

2023. 3, 156쪽.

17 Omrow Stoett (2021), p. 2, p. 14.

18 Ezenwa E. Olumba et al., "Conceptualising Eco-Violence: moving beyond the multiple labelling of water and agricultural resource conflicts in the Sahel" *Third World Quarterly* 43-9, (2022), p. 2080.

함되었다.[19]

이러한 이론은 주로 자원 추출 행위로 인한 환경악화가 분쟁을 유발하는 데 기여한다는 믿음에 기초해 있다. 또한 일부 이론들은 사회생태학적 및 인구학적 특성의 변화가 불리한 기후 조건과 결합될 때 폭력을 촉진한다고 강조한다. 이러한 이론들은 생태문제와 폭력을 연관시켰지만 아직 '생태폭력'이란 용어를 사용하지는 않았다. 그러다가 사헬 지역의 물과 농경지 등 자연 자원의 부족으로 인한 폭력적 갈등, 특히 나이지리아의 목축업자와 경작자 간의 난해하고 폭력적인 분쟁을 설명하는 데 '생태폭력'이 사용되었다.[20]

즉 생태폭력 개념이 등장하게 된 구체적 배경 중 하나는 서아프리카 농촌에서 물, 경작지, 방목지를 둘러싼 유목민과 농부들 간의 대립이다. 이러한 갈등은 1970년대와 1980년대 가뭄의 여파로 사헬 지역에서 수십 년 동안 격화되어 이 지역의 안보·농업·이동성에 영향을 미쳤으며, 이 지역의 환경파괴는 주민 수백 명의 이동과 생계 수단의 파괴를 동반했다. 또한 군용 무기의 사용, 새로운 소 소유권의 등장 등이 갈등을 더 악화시켰다. 더 나아가 갈등 당사자들이 문제를 해결하기 위해 초국가적 네트워크에 접근하여 갈등의 상황이 국지적 성격을 넘게 되었다. 사헬 지역의 농촌 공동체를 황폐화시킨 이러한 복잡한 갈등을 지칭하기 위해 다양한 명칭이 사용되었다. 많은 연구들은, 이러한 물과 농지를 둘러싼 농부와 목축업자 간의 분쟁을 '농부-목축업자 갈등'이라고 지칭했다. 이 갈등은 일종의 무장투쟁으

---

19 Omrow Stoett, (2021). p. 12.
20 Olumba et al., (2022), p. 2081. 이러한 집단 간 분쟁 및 폭력에 대해서는 이 책 4장 "공동체 폭력"(이성용)을 참조할 것.

사헬에서 온 난민 (출처: https://commons.wikimedia.org/wiki/File:COLLECTIE_TROPENMUSEUM
_Een_Bella_vrouw_bezig_met_het_koken_van_voedsel_TMnr_20010251.jpg, CC BY-SA 3.0)

로 묘사되어 왔으며 주로 목동들이 비판의 대상이 되어 '목동 무장'으로 간
주되기도 했다. 또한 일부 연구에서 이를 '토지이용 갈등', 또는 '자원 분쟁'
으로 묘사했다.[21]

그런데 올룸바(Ezenwa E. Olumba) 등의 학자들은 '농부-목축업자 갈등'이
나 '목동 무장', '토지이용 갈등'이라는 명명법에 회의를 표시했다. 왜냐하면
이 같은 용어들은 마치 단 한 가지 문제가 폭력적 갈등의 원인인 것처럼 보
이게 한다는 것이다. 이러한 용어들은 갈등의 특정 측면을 조명하지만, 다

---

21 Olumba et al., (2022), pp. 2075-2076.

메마른 사헬의 땅 (출처: https://commons.wikimedia.org/wiki/File:ASC_Leiden_-_NSAG_-_van_
Es_7_-_003_-_Une_savane_du_Sahel_avec_un_troupeau_d%27environ_30_vaches_parmi_les_
buissons_secs_-_Tchad_-_7_janvier_1962.tif, CC BY-SA 4.0)

른 측면을 모호하게 만든다. '농부-목축업자 갈등'이라고 지칭함으로써 갈
등을 빚는 집단의 사회적 정체성을 강조하는 동시에 그들의 직업을 갈등과
직접적으로 연결하게 된다. 따라서 갈등이 두 집단 간의 실리적·경제적 분
쟁으로만 보이게 되고, 갈등의 원인이 될 수 있는 정치적 요인이나 사회적·
환경적 불공정과 같은 추가적인 문제가 가려지게 된다. 올룸바 등은 이러
한 분쟁을 둘러싼 명명 문제를 해결하기 위해서 분쟁 당사자와 관련된 문
제뿐만 아니라 모든 중요한 인과적 과정을 검토하여 분쟁에 관한 지식과
설명을 개선해야 한다고 강조했다. 그 결과 이들은 생태폭력(ecoviolence)
개념을 제시했고 더불어 이들에게는 이 새로운 명칭에 대한 논거를 마련하

는 것이 중요해졌다.[22]

이들에게 생태폭력이란 용어는, 목축업자와 정착 농부 간의 분쟁에 있어, 단순히 하나의 문제를 드러내기보다, 분쟁과 관련된 많은 차원을 포괄하는 중립적인 이름을 제공한다는 측면에서 더 적절하다. 또한, 경작지와 물을 둘러싼 분쟁에서 분쟁 당사자의 정체성과 그들의 거래에 지나치게 집중된 관심을 감소시킨다. 더욱 중요한 것은 이러한 갈등을 형성하는 광범위한 사회-생태적, 정치적 요인을 드러낸다는 것이다. 따라서 분쟁 당사자의 신원이나 직업이 아니라 대량 살인, 폭력적 언쟁, 자연과 기반 시설 파괴, 대규모 인구 이동, 사회적 불공정, 자원 탈취, 불리한 기후 조건 등 분쟁 당사자가 처한 상황과 환경의 현실에 초점을 맞출 수 있다.[23]

이렇게 봤을 때, 생태폭력 논의는 초기에 호머-딕슨 등에 의해 자원과 관련된 갈등·폭력을 강조하는 입장에서 시작되었으나, 스토트(Peter Stoett)와 옴로우(Delon Alain Omrow)에 의해 갈등 또는 분쟁 부분이 약화되고 자연의 피해가 부각되는 생태폭력 개념으로 나아갔다고 할 수 있다. 이들은 생태폭력을, '자연과 사람 모두에게 영향을 미치고, 분쟁 중에 발생할 수도 있고 발생하지 않을 수도 있는, 행위자적이고 구조적인 폭력'[24]으로 정의한다. 이들에 의하면 '생태폭력은 환경정의와 인간안보를 위협하는 것'이며 또한 더 나아가 '자연의 고유한 권리를 침해하는 것'[25]이다. 따라서 이제까지의

---

22 Olumba et al., (2022), pp. 2075-2076.

23 Olumba et al., (2022), pp. 2082-2083.

24 "agential and structural violence, ···which coterminously affects both nature and people, and which may or may not take place during conflict." Omrow Stoett (2021), p. 3.

25 "ecoviolence (whether it crosses borders in its transmission or not) is a threat to both

논의를 종합해 봤을 때 생태폭력은, '인간과 자연 모두에 영향을 미치는 행위자적(의도적)이고 구조적인 폭력'이라고 규정할 수 있다.[26]

3) 생태폭력 개념의 확대

앞서 살펴봤듯이 초기에 생태폭력은 주로 자원 부족을 둘러싼 갈등을 의미했으며 인과관계를 환경적 요인으로 돌렸다. 올룸바 등에 의하면, 이러한 규정은 갈등의 원인을 환경에만 초점을 맞추고 천연자원과 인간 행동 사이의 복잡한 연관성에 대한 미묘한 이해를 저해한다.[27] 따라서 이러한 한계가 인식된 후, 특별히 분쟁과 관련 없이 생태폭력을 규정하려는 시도가 등장했다. 생태폭력이 단순히 천연자원을 둘러싼 경쟁이나 이해관계의 충돌만을 의미한다면 이것은 생태갈등(eco-conflict)으로 불려야 한다는 것이다. 그러나 폭력이라는 용어의 사용은 단순한 사회적 갈등의 존재를 넘어 물리적 환경에 존재하는 요인으로 인해 어떤 형태의 부상이나 사람 또는 규범에 대한 침해가 발생했거나 발생할 수 있음을 분명히 암시한다는 것이다. 따라서 스토트와 옴로우는 앞서 언급했듯이, 생태폭력을 '자연과 사람 모두에게 영향을 미치고, 분쟁 중에 발생할 수도 있고 발생하지 않을 수도 있는, 행위자적이고 구조적인 폭력'이라고 정의했다.[28]

environmental justice and human security. And it can also be seen as a violation of the inherent rights of nature" Omrow Stoett (2021), p. 3.

26 Olumba et al., (2022), p. 2081; Omrow Stoett (2021), p. 3.

27 Olumba et al., (2022), p. 2080.

28 Omrow Stoett (2021), pp. 3, 6.

스토트와 옴로우는 더 나아가, 생태폭력을 자연의 고유한 권리를 침해하는 것으로 보고자 했다. 자연에 권리가 있고 우리가 공개적으로 그렇게 생각한다면, 인권침해가 일반적으로 폭력 행위로 간주되는 것과 마찬가지로, 자연의 권리의 침해는 폭력의 한 형태라는 것이다. 이들은 생태폭력을 두 가지의 환경범죄로 구분한다. 하나는 공식적인 환경범죄로서, 법을 위반한 경우이다. 다른 하나는 비공식적인 환경범죄로서, 공식적인 법을 위반하지는 않았지만 자연의 고유한 권리와 환경정의 및 인권을 침해하는 경우이다.[29] 이들은 생태폭력이 '인구적 압력과 자원 부족으로 인한 무력 충돌을 주로 지칭'하는 기존의 대중적 의미를 넘어 '공식 및 비공식 환경범죄를 포함하는 개념'으로 나아가고 있다고 강조한다. 이들은, 이러한 경우들을 모두 포함하고 '자연에 고유한 권리를 부여하는 지구 법학의 점진적인 발전에 경의를 표하기 위해 초국가적 생태폭력(transnational ecoviolence)이라는 용어를 사용'할 것을 주장한다.[30]

3. 생태폭력의 특징과 유형

올룸바에 의하면, 갈등적 사건들을 다루는 데 생태폭력이라는 용어는, 단일 문제의 사건 분석을 넘어서, 이론 정립 및 추가 분석을 위해 포괄적이고 가치 있는 이해를 제공한다. 또한 생태폭력은 갈등 행위자, 그들의 생

---

29 Omrow Stoett (2021), p. 3. 이들은 초국가적 환경범죄를 이렇게 구분했지만, 초국가적이 아니더라도 같은 구분이 가능할 것으로 여겨진다.
30 Omrow Stoett (2021), pp. 3, 6.

계, 지역사회를 부정적으로 분류하거나 정치화하지 않고도 갈등을 설명, 논의, 개념화할 수 있는 중립적인 개념으로, 이질적인 관심사를 함께 묶을 수 있는 개념적 잠재력이 있다.[31] 이렇게 볼 때 생태폭력은 갈등 문제를 다룰 때 여러 차원과 영역을 넘나들거나 포괄할 수 있고 또한 특정의 행위자, 집단, 공동체, 영역에 폭력의 원인을 일방적으로 전가하지 않는 개념이다. 이는 자연, 생태계의 모든 존재가 서로 연결되어 있으며 순환한다는 의미가 담긴 '생태'라는 용어를 채택한 순간 지워진 운명일 것이다.

이를 증명하듯 생태폭력 및 이와 유사하거나 연관된 개념들이 사용된 맥락을 보면 우선, 폭력을 행위자적이고 또한 구조적인 것으로 파악한다. 둘째, 생태폭력은 자연·사회·심리의 영역을 포괄하며, 셋째, 가해자와 피해자가 서로 뒤바뀌기도 하는 순환적 특성이 있다. 이러한 특징들이 생태폭력을 다른 폭력에 대한 관점과 구분 짓게 하는 요소일 것이다.

1) 행위자적이며 구조적인 폭력

갈퉁은 개별적(행위자적) 폭력과 구조적 폭력을 구분한다. 개별적 폭력은 주체의 직접적 행동을 통해 발생하는 폭력으로, 한 개인이나 집단이 의도적 또는 비의도적으로 다른 개인이나 집단에 폭력을 행사하기 위해 행동하는 것을 말한다. 구조적 폭력 개념은 특정 개인이나 집단의 행동이 아닌 사회 시스템과 제도에서 폭력의 원인을 찾는 것으로, 억압적이고 착취적인 사회 시스템과 제도의 정상적인 운영을 통해 사회집단에 가해지는 폭력에

---

31 Olumba et al. (2022), p. 2080.

초점을 맞춘다. 갈퉁은 "폭력은 구조에 내재되어 있으며 불평등한 권력으로 나타나고 결과적으로 불평등한 삶의 기회로 나타난다."고 설명했다.[32] 생태폭력은 갈퉁이 구분한 행위자적, 구조적 폭력의 특징을 각각 또한 동시에 드러낸다. 스토트에 의하면, 생태폭력은 눈에 보이는 폭력뿐 아니라 그것이 초래한 결과, 사회적 부정의, 사람과 환경 간의 연결 등을 포함한다. 즉 생태폭력은 사람과 환경에 자행되는 물리적이고 구조적인 폭력을 모두 의미한다.[33]

(1) 행위자적 폭력

행위자적 폭력의 특징은 세계보건기구의 정의에 잘 드러나 있다. 그 정의에 따르면 행위자적 폭력은 '자신, 타인 또는 집단이나 공동체에 위협적이거나 실제적인 물리적 힘이나 권력을 의도적으로 사용하여 부상, 사망, 정신적 피해, 발달장애 또는 박탈을 초래하거나 초래할 가능성이 높은 행위'[34]이다. 쿨(Richard Kool)은 이러한 종류의 폭력에 살충제, 이산화탄소 등을 통해 직접적 위해를 가하는 경우도 포함시키며, 토지 훼손, 생물 다양성 감소, 인간의 건강 상실 등도 직접적 폭력의 결과라고 지적했다.[35] 스토트와 옴로우는 생태계에 대한 행위자적 폭력의 세 가지 하위 유형으로, 생태학살(ecocide), 생태 사보타주(ecological sabotage), 동물에 대한 고의적 또는

---

32 Johan Galtung, "Violence, Peace, and Peace Research," *Journal of Peace Research* 6-3 (1969), p. 171; Brandon Absher (2012), p. 93.

33 Olumba et al., (2022), p. 2081.

34 Omrow Stoett (2021), p. 12.

35 Richard Kool, "Violence, Environmental Violence, and Pro-environmental Action," *Clearing* (Sep. 2019).

방치적 가해를 제시했다.[36]

첫째, 생태학살 즉 에코사이드란 용어는 베트남전 당시 미국이 사용한 고엽제 관련 논쟁에서 비롯되었다. 현지 조사 결과 고엽제가 단순히 잡초 제거만 한 것이 아니라 생태계에 무차별적 공격을 가했다는 사실이 확인되었고, 이때 아서 갤스턴(Arther Galston)이 이 행위를 에코사이드라고 규정하면서 이를 반인도적 범죄로 간주해야 한다고 선언했다.[37] 이후 에코사이드 범죄화 운동이 세계적으로 일어나기 시작했고 국제형사재판소, 국제 환경인권단체 등을 포함하여 활동가와 전문가들이 노력한 끝에 생태학살의 법적 정의에 관한 초안이 작성되었다. 그 초안에 따르면 에코사이드는 '어떤 행위가 환경에 극심하고 광범위하거나 장기적인 손해를 끼칠 것이라는 실질적 가능성을 인식한 상태에서 이루어진 불법적 행위 또는 무분별한 행위'를 뜻한다. 이렇듯, 베트남전의 고엽제 문제에서 비롯된 생태학살 개념은 그 의미가 점차 확대되어 '자연환경의 인위적 파괴'라는 넓은 의미로 사용되기 시작했다.[38] 로뱅(Marie-Monique Robin)은 『에코사이드』라는 저서를 통해 생태학살의 여러 사례를 제시했다.[39] 조효제는 제주 비자림 훼손에 대해 '삼나무 학살'이란 표현이 등장한 것에 주목했다.[40]

생태학살에 대해 스토트와 옴로우는 넓은 의미와 좁은 의미 두 가지로 설명한다. 전자에는 SUV 운전, 학술회의에 참석하기 위한 비행, 양식 연어

36 Omrow Stoett, (2021), p. 12.
37 David Zierler, *The Invention of Ecocide* (Georgia: The University of Georgia Press, 2011), p. 15
38 조효제, 『침묵의 범죄 에코사이드』, 파주: 창비, 2022, 101쪽, 151쪽, 154쪽.
39 Marie-Monique Robin, 목수정 역, 『에코사이드』, 서울: 시대의 창, 2020.
40 조효제 (2022), 154쪽.

섭취 등 모든 것이 포함되는 반면, 후자는 주로 적을 정복하기 위한 군사전략의 일환으로 의도적으로 자연을 파괴하는 것을 의미한다고 보았다.[41] 후자의 사례로 댐과 발전 시설을 겨냥한 융단폭격을 들 수 있는데 서보혁에 의하면 '이는 군대의 보급과 이동을 차단하는 목적도 있지만 생산 기반을 대규모로 파괴해 민간인의 생명을 위협하는 의도'도 있다. 한편, 댐을 파괴하는 것 뿐 아니라 댐을 건설하는 것도 큰 피해를 입힌다. 인도 환경운동가들은 인도 나르마다 계곡에 댐이 건설되면서 거대한 수몰 지역이 발생하여 인간, 동물, 자연이 큰 피해를 입었다고 폭로했다. 또한 과거 후세인 정권이 이라크 남부 습지대를 불모지로 만들어 현지인의 삶을 황폐하게 한 것, 러시아가 청정 지역인 북극 인근 바렌츠해를 군사화하여 생태계를 훼손한 것도 포함시킬 수 있다.[42]

롭 닉슨(Rob Nixon)의 '느린 폭력' 개념도 전쟁 후유증으로 인한 군인 및 민간인의 장기간의 피해에 주목한 것이다.[43] 그의 폭력 개념은 1962년 레이첼 카슨(Rachel L. Carson)의 『침묵의 봄』으로부터 영향을 받았다. 카슨은 농약, 독극물 등이 환경과 모든 생명체를 얼마나 오염시켰으며 인류에게 얼마나 위협이 되었는지 전 세계에 폭로하여 충격을 주었다. 카슨은 식물, 동물, 물, 토양, 인간 사이에 정확한 경계가 존재하지 않는 생명 사슬에 산업적으로 생산된 독성 물질이 어떤 영향을 끼치는지 분석하는 데 중점을 두었다. 이를 통해 다른 생명에게 해를 끼치는 것은 인간에게도 해를 끼치는

41 Omrow Stoett (2021), p. 14.
42 Rob Nixon, 김홍옥 역, 『느린 폭력과 빈자의 환경주의』, 서울: 에코리브르, 2020; 서보혁, 『군사주의: 폭력의 이데올로기와 작동방식』, 서울: 박영사, 2024, 400-404쪽.
43 서보혁 (2024), 406쪽.

것이라는 것을 보여주고자 했다.[44]

둘째, 생태 사보타주는 주로 개인, 국가 또는 기타 행위자가 인류를 해치거나 겁을 주는 테러 활동을 의미하지만, 자연환경을 보호하기 위해 재산을 파괴하는 급진적 생태주의자들의 행동을 지칭하는 용어로도 종종 사용된다. 그러나 실상은 평화적인 환경운동가나 인권운동가가 의도적으로 살해되는 경우가 훨씬 더 많다. 생태 사보타주에는 기후 사보타주도 포함될 수 있다. 이것은 특정 국가가 교토 의정서나 파리 협정과 같은 국제 협약을 비준하지 않거나 기후변화의 원인과 영향에 대한 잘못된 정보를 퍼뜨리는 등 온실가스 배출을 억제하겠다는 약속을 지키지 않는 국가를 설명하는 데 사용된다. 스토트와 옴로우에 의하면 이러한 행위는 모든 인류를 가장 위험한 상황에 처하게 하는 사보타주 행위이다.[45]

셋째, 동물 학대는, 스토트와 옴로우에 의하면, 사이코패스적 행동의 범주에 속한 것으로, 일부 사람들은 이를 매우 폭력적인 것으로 인식하지만, 다른 사람들에게는 이미 일상화되고 심지어 유익한 것으로 간주되기도 하는 폭력이다.[46] 그들은 대량 식품 산업을 예로 들었는데 이러한 산업으로부터 대량의 식품을 공급받는 많은 이들은 그 산업이 동물을 얼마나 학대하는지 무관심할 수 있다는 것이다. 동물에 대한 폭력을 이해하는 데 생명권력(biopower)이라는 개념이 사용되고 있다. 생명권력은 일반적으로 인간의 생명에 대한 권력 행사를 분석하는 데 사용되어 왔으나, 이제는 모든 생

---

44 Rachel L. Carson, 김은령 역, 『침묵의 봄』, 서울: 에코리브르, 2011; Barca (2014), p. 2.
45 Omrow Stoett (2021), p. 14.
46 Omrow Stoett (2021), p. 12.

명에 대한 권력 행사에도 적용되고 있다.[47] 스토트와 옴로우는 동물 학대를 행위자적 폭력에 포함시켰으나, 생명권력이란 측면에서 볼 때 행위자적이며 동시에 구조적인 폭력이라고 할 수 있다. 전쟁 역시 그러한 폭력 범주에 속하며, 전쟁으로 많은 동물이 희생되지만 이러한 동물의 피해는 크게 주목받지 못한다. 전쟁으로 인해 살해되고, 무기로 사용되며, 실험 대상이 되는 동물들도 생태폭력의 희생자라고 할 수 있다.[48]

(2) 구조적 폭력

갈퉁에 의하면, 구조적 폭력 개념에서 '구조적'이란 용어는 "구체적인 행위자가 나타나지 않는다."는 것과, "구조에서 역할을 수행하는 구체적인 행위자에게 특별한 동기가 필요하지 않다."는 의미가 있다. 즉 특정 행위자가 구체적으로 관여하지도 않았고 환경 피해를 일으키려는 특별한 욕구도 없을 뿐만 아니라, 행위의 결과가 미치는 영향이 크지 않은 경우를 들 수 있다. 예를 들면 "오늘 출근한 우리 모두의 영향은 대기의 탄소 예산에서 개별적으로 감지되거나 지구 생물 다양성 감소와 직접적으로 연관될 수 없다."고 할 수 있다.[49]

이렇게 생태문제와 관련하여 특정 행위자의 원인 제공 정도를 구체적으로 감지할 수 없는 상황에서도 위기가 증가한다면 구조적 원인에 의한 것

---

47 Jonathan L. Clark, "Ecological Biopower, Environmental Violence Against Animals, and the "Greening" of the Factory Farm," *Journal for Critical Animal Studies* 10- 4, (2012), p. 111.

48 Anthony J. Nocella II 외, 곽성혜 역,『동물은 전쟁에 어떻게 사용되나?』, 서울: 책공장 더불어, 2017.

49 Richard Kool (2019).

이라고 할 수 있고, 이를 구조적 생태폭력으로 볼 수 있을 것이다. 호머-딕슨에 의하면, 구조적 폭력은 사회적 부정의와 관련된 것으로 자원 포획과 같은 사례를 설명하는 데 사용될 수 있다. 예컨대, 국가의 법률과 제도를 통해 한정된 자원을 다른 집단에 불리하게 할당하는 것을 들 수 있다.[50] 리스(W. E. Rees)는 확대되는 시장경제와 현대사회 구조가 추동한 경제 확장으로 인한 생태계 파괴에 주목했는데[51] 이 역시 구조적 폭력의 범주에 포함시킬 수 있다. 이미 오래전 로자 룩셈부르크(Rosa Luxemburg)는 자본이 자연을 '병탄'한다고 지적했다.[52] 마르크스는 『자본론』 3권에서 자본주의가 노동자뿐 아니라 토양도 약탈한다고 강조했다. "자본주의적 농업에서 진보라는 것은 모두 노동자를 착취할 뿐만 아니라, 토양까지도 약탈하는 방식으로 진행된다."는 것이다. 토양의 비옥도를 증가시키는 단기간의 과정은 '그 비옥도를 장기적으로 유지시키는 기반 자체를 파괴하는 과정'이 된다. 대규모 산업이 발전한 미국과 같은 나라에서 '이 파괴의 과정은 좀 더 급속히 진전'된다. 따라서 "자본주의적 생산이 기술과 생산의 사회적 과정을 발전시키는 것은 동시에 토양과 노동자라는 모든 부의 본래적 원천을 손상시키는 것으로써만 가능하다."는 것이다.[53]

마르크스의 이러한 지적은, 자본주의가 자신의 기반과 원천을 손상시키면서 발전한다고 본 것으로 이는 낸시 프레이저(Nancy Fraser)의 '식인 자본

---

50 Thomas F. Homer-Dixon, *Environment, Scarcity, and Violence* (Princeton: Princeton University Press, 1999); Olumba et al., (2022), p. 2081.

51 Olumba et al., (2022), pp. 2080-2081.

52 서보혁 (2024), 407쪽.

53 김종철, 『근대문명에서 생태문명으로』, 서울: 녹색평론사, 2019, 29쪽.

주의'의 문제의식과 동일하다고 할 수 있다. 프레이저의 식인 자본주의 개념은 생태폭력의 구조적 측면을 잘 드러낸다. 프레이저에 의하면 "자본주의는 자연을 수탈하여 제 살을 깎아 왔다."는 점에서 식인적이다. 자본주의로 인해 자연은 생산 투입물의 원천이자 생산과정에서 배출된 폐기물을 버리는 하수구 역할로 이용된다. 자본주의는 '경제화되지 않은 모든 부를 먹어 치우는 사회'이며, 지구에서 먹을 것을 뽑아내지만 그것을 "보충하거나 훼손한 것을 원래대로 고쳐 놓을 책임은 애당초 면제돼 있다." 자본주의는 또한 이렇듯 우리 삶의 기반을 먹어 치움으로써 주기적인 위기를 불러들인다고 프레이저는 지적한다.[54]

(3) 행위자적이며 동시에 구조적인 폭력

앞서 생태폭력에 대해 행위자적 또는 구조적 특성을 각각 제시하였지만, 사실상 많은 경우 그 두 가지 특성을 모두 포함한다고 할 수 있다. 한 가지 폭력으로 설명하는 경우는 두 가지 중 어느 한 가지 특성이 더 두드러지기 때문이라고 할 수 있다. 스토트와 옴로우는, 사건이나 상황을 멀리서 바라보는 사회과학적 입장에서, 행위자적 폭력과 구조적 폭력 간에 명확한 경계를 짓는 것은 매우 어렵다고 지적했다.[55] 또한 올룸바에 의하면, 현대로 올수록 생태폭력은 환경과 인류 모두에게 영향을 미치는 '행위자적 그리고 구조적 폭력(agential and structural violence)'을 지칭하는 용어가 되고 있다.[56]

행위자적이며 동시에 구조적인 생태폭력의 사례로, 바르카(Barca)는 석

---

54 Nancy Fraser, 장석준 역, 『좌파의 길』, 파주: 서해문집, 2023, 19-20쪽.

55 Omrow Stoett (2021), p. 3, p. 16-17

56 Omrow Stoett (2021), p. 3; Olumba et al (2022), p. 2081.

유화학산업을 제시했다. 바르카는 "석유화학제품의 대규모 생산과 마케팅이 특정 정치적 의제에 따라 작동하면서 석유화학제품이 없는 세상에서는 상상할 수 없는 특정한 사회적 관계 구성을 만들어 냈다."고 주장한다. '석유화학은 농업과 식품 소비, 가사 및 정원 가꾸기, 교통과 오락, 개인 및 공중 보건과 같이 사회생활의 다양하고 근본적인 측면에 대한 중앙 집권적 통제를 가능하게' 했다는 것이다. 이로써, '과거에는 개인의 통제와 노하우의 영역에 속했던 많은 활동에 대해 그 실체를 완전히 파악하기 어렵게 되었고 지식과 규제를 기업 및 국가기관에 맡겨야 하는 첨단산업 제품에 의존하게' 되었다. 이러한 석유화학산업이 초래한 생태적 피해는 행위자적이면서 동시에 구조적인 생태폭력으로 간주될 수 있을 것이다. 바르카 역시 이 같은 폭력을 '환경폭력의 한 형태로 간주'하였으며, '억압적인 사회관계와 정치적 통제를 (재)생산할 목적'으로 행하는, '자연에 반하는 폭력적인 행위'라고 보았다.[57]

스토트와 옴로우가 제시하는 초국가적 생태폭력도 같은 사례라고 볼 수 있다. '지구상에서 가장 심각한 폭력 중 하나'로 여겨지는 초국가적 생태폭력은 '둘 이상의 국가에 있는 행위자가 관여'하며, '산발적이거나 우발적인 것이 아니라 의도적'이고, '글로벌 시장의 구조적 정치 경제에 의해 주도'되며 '계획적'이다. 그럼에도 불구하고 "일반적으로 다른 범죄나 위반에 비해 처벌 위험이 낮다." 또한 "불평등, 인종차별, 지속적인 분쟁 및 기타 형태의 인간안보 위험(human insecurity)의 구조적 폭력에 의해 조장된다."[58]

---

57 Stefania Barca (2014), p. 3.
58 Omrow Stoett (2021), p. 24.

전쟁으로 인한 생태적 피해 역시 두 가지 폭력의 특성을 다 보여준다. 2000년대 초 UNEP(United Nations Environment Program, 유엔환경계획)는 소말리아의 유해 폐기물과 아프가니스탄의 불법 삼림 벌채 등 조사 대상 17개 국가에서 분쟁 이후 발생한 재난 사례를 보고했다. 다른 연구들도 난민, 자원 부족 등을 분쟁의 결과로 들었다.[59] 아프리카 사헬 지역의 생태폭력과 관련된 갈등에 대한 광범위한 연구에 따르면, 이러한 갈등은 더 큰 사회경제적 긴장과 경쟁 집단의 미래 자원에 대한 열망으로 인해 발생한다.[60]

2) 자연적·사회적·심리적인 폭력

펠릭스 가타리(Felix Guattari)는 생태문제를 보는 관점으로 '마음생태·사회생태·자연생태'라는 삼원적 도식을 제시했다.[61] 이때, 마음·사회·자연은 각기 개별적 영역으로 명확히 구분된 것이 아니라 서로 중첩되며 상호 보완적이다. 자연은 인간 문화와 분리될 수 없으며 생태권, 기계권, 사회, 개인 간의 상호작용을 종합적으로 보아야 한다. 따라서 생태폭력도 환경파괴 등 자연생태만의 문제가 아니며 이러한 문제를 접하는 사람들 및 권력의 태도의 문제이기도 하다. 생태폭력의 한 원인인 성장주의·개발주의는 사회관계와 인간 마음에 깊이 침투해 있다. 이러한 접근은 생태폭력 문제를 해결하는 데에도 유용하다. 대안적 삶을 지향하는 사회생태와 마음생태의 관점은, 사회변화를 위한 실천 및 새로운 주체성 생산을 통한 생태 회

59 Omrow Stoett (2021), p. 14.
60 Olumba et al (2022), p. 2081.
61 신승철, 『펠릭스 가타리의 생태철학』, 홍성: 그물코, 2011, 64쪽.

복을 모색할 수 있게 한다. 가타리에 의하면, 지배적인 대중매체의 호도 및 민주주의의 무력화에서 벗어나고, 인종 및 성 차별, 종교적 광신, 사회적 약자 억압 문제에 접근하려면, 이 세 가지 관점의 상호 교환을 통한 렌즈를 통해 세계를 보아야 한다.[62] 스토트와 옴로우 역시 '생물-심리-사회적' 접근법을 제시했다.[63]

이 중, 사회적 생태폭력은 구조적 폭력과 관련되어 있다. 자연재해, 천연자원 부족, 환경파괴는 내부 긴장을 유발하며 사회적 경쟁, 권력투쟁, 내전으로 이어진다. 반다나 시바가 지적한 난개발 역시 유기적이고 상호 연결되고 상호 의존적인 시스템을 침해하여 착취, 불평등, 불의, 폭력의 과정을 촉발한다.[64] 올룸바가 제시하는 생태폭력의 원인에는, 지속적인 기후 조건의 영향과 그 결과가 사회에 미치는 영향, 농업 투자 증가와 관련된 기회와 자원에 대한 경쟁, 보상되지 않은 농작물 피해, 강간, 살인, 소 절도, 방목 기회에 대한 권리 및 접근 거부, 정부의 무능과 군용 총기의 가용성, 배타적 관행으로 인한 불만, 특정한 차별적 프레임으로 사람들과 그들의 생계를 구성하고 대표하는 것 등이 있다.[65] 이렇게 볼 때, 사회적 생태폭력은 자연적 생태폭력뿐 아니라 심리적 생태폭력과 연관되어 있음을 알 수 있다.

심리적 생태폭력은 겉으로 잘 드러나지 않으므로 자칫 간과되기 쉽지만 당사자들의 삶에 직접적이고도 깊게 영향을 끼친다는 점에서 치명적이다. 스토트와 옴로우는 '생태적 자아(ecological self)'의 손상을 언급함으로써 생태

---

62 Félix Guattari, 윤수종 역, 『세 가지 생태학』, 서울: 동문선, 2003, 16쪽, 23-26쪽.

63 Omrow Stoett (2021), p. 8.

64 Gunther Baechler (1999), p. 1.

65 Olumba et al (2022), p. 2082.

폭력의 심리적 차원을 드러냈다. 예컨대, "전통적인 땅에서의 이주로 인하여 '생태적 자아'에 해를 끼쳐 내적 소외감을 유발"하는 장기적인 심리적 피해를 들 수 있다. 스토트와 옴로우는 이것이 행위자적 폭력과 구조적 폭력 모두에 해당한다고 주장한다.[66] 난민의 아이들이 트라우마로 말을 잃은 것을 포함하여 최근 주목받고 있는 생태슬픔, 생태우울증도 심리적 생태폭력의 증거로 제시될 수 있다. 울리히 벡(Ulrich Beck)에 의하면 통제할 수 없는 위험은 사람들의 무력감을 증대시킨다.[67] 또한 이는 적대감으로 표출되기도 한다. 적대적인 정체성 집단이 거주하는 국가나 국경을 넘는 지역에서는 좌절과 절망이 폭력으로 폭발할 수 있으며, 같은 정체성 집단에서 온 초기 이민자들이 새 이민자들에게 적대적인 행동을 보이기도 한다.[68] 벡에 의하면 재난은 사회적 증오를 일으킬 수 있다. 사람들은 두려움을 극복하기 위한 상징적 장소, 인물, 대상을 찾아내려고 한다. 과거 유럽 소빙기의 마녀사냥, 관동대지진 당시 학살된 조선인들도 그러한 사례라고 할 수 있다.

생태폭력의 심리적 측면은 갈통이 제시한 문화적 폭력의 결과로 비롯되었다고 할 수 있다. 문화적 폭력은 직접적인 폭력과 구조적 폭력이 정당화되어 사회에서 용인되는 방식을 강조한다. 예를 들어 국가의 이름으로 살인을 옳은 것으로 바꾸는 것을 들 수 있다. 또 다른 방법은 현실을 불투명하게 만들어 그 행위나 사실을 보지 못하게 하거나 적어도 폭력적이지 않게 하는 것이다.[69] 구조적 폭력이 폭력을 특정 사회의 구조상 피할 수 없는

66 Omrow Stoett (2021), p. 14.
67 Ulrich Beck, 홍성태 역, 『위험사회』, 서울: 새물결, 1997, 78쪽.
68 Gunther Baechler (1999), p. 94.
69 Richard Kool (2019).

것으로 정상화하는 반면, 문화적 폭력은 폭력에 대한 책임을 면제해 주는 정당화의 명분을 제공한다. 문화적 규범을 통해 폭력을 정당화함으로써 우리는 폭력에 가담하거나 연루된 행위로 인해 발생할 수 있는 죄책감을 피할 수 있다. 다음과 같은 일상은 그러한 사례를 보여준다.

> 우리는 교외의 집에서 직장까지 갈 다른 방법이 없기 때문에(구조적 폭력) 화석연료를 태우는 자동차를 운전하고(직접적 폭력), 모두가 그렇게 하기 때문에(문화적 폭력) 그다지 나쁘지 않다고 생각한다. 이러한 현실을 감안할 때 우리는 타르/오일샌드를 채굴하고, 광미를 만들고, 파이프라인을 건설하고, 제품을 운송해야 한다. 그리고 일부 시민들은 환경폭력을 초래하는 경제활동에 참여할 수 없을 때 분노하고, 우리의 행동이 미치는 영향으로부터 우리의 의식을 보호하겠다고 약속하는 정부를 선출한다.[70]

3) 가해·피해의 순환적 폭력

생태폭력 개념은 자연을 주로 피해자로 간주하는 개념이지만 때로 가해자로 볼 수 있는 여지가 있다. 실제로 많은 경우 환경문제를 제기하는 이들은 자연환경이 인간에 주는 피해를 강조한다. 물론 그러한 피해의 원인은 궁극적으로 인간에게 있다고 보는 것이 일반적이다. '인류세'라고 하는 용어의 등장이 그것을 증명한다. 이찬수에 의하면, 인류세는 '지구의 지질학

---

70 Richard Kool (2019).

적 조건에 맞추어 생존하던 인간이 지구의 지질학적 행위자가 되어 버린'
상황을 표현한 것이다. '인간에 의해 바뀐 지구의 지질학적 환경이 기존 인
간의 존재 조건 자체를 뒤흔드는 것'을 우리는 목격한다. '지구온난화, 가
뭄, 홍수, 때론 지진과 쓰나미도 인간이 자연을 객체화시키면서 벌어지는
현상이자, 인간에 대한 본래적 자연의 역공'이라고 할 수 있다.[71]

또는 자연을 위한 활동이 폭력의 영역에 놓이기도 한다. 예를 들면 '환경
보호를 위해 천연자원에 의존하는 사람들을 쫓아내는 일, 밀렵에 대응하기
위한 공원 관리인의 총격 정책, 배터리로 작동하는 자동차 생산에 필요한
희토류 광물을 추출하기 위한 강제 노동' 등 '생태폭력과의 싸움이 그 자체
로 상당히 폭력적일 수 있다는 당혹스러운 사실도 제기'되곤 한다.[72]

이러한 부가적인 의문은 '폭력이란 개념의 정의 자체가 매우 어렵다'는
것을 상기시킨다. 예를 들면 아우디(R. Audi)는 폭력을 '사람이나 동물에 대
한 신체적 공격, 격렬한 신체적 학대, 격렬한 신체적 투쟁, 매우 격렬한 심
리적 학대, 날카롭고 신랄한 심리적 공격, 재산 또는 잠재적 재산에 대한
매우 격렬하거나 방화적이거나 악의적이고 격렬한 파괴 또는 손상'이라고
매우 구체적으로 정의하면서도, 이 정의가 '심각하게 모호'하다는 점을 인
정한다. 또한 질병도 폭력을 포함할 수 있을 정도로 넓게 정의될 수 있다.
질병은 유기체나 종의 죽음을 초래하는, 치명적일 경우 종을 멸종시킬 수
있는 힘이나 과정으로 이해될 수 있다. 그리고 멸종은 분명 자연에 대한 최

71 이찬수, "인간과 자연의 점선적 경계에 대하여," 『경계연구』 2집 1호, 2023. 6, 103-104
    쪽.
72 Omrow Stoett (2021), p. 6.

고의 폭력 행위이다.[73]

자연 자체가 폭력이라고 보는 관점도 있다. '자연과 폭력을 유사하거나 상호 공생하는 개념으로' 보는 것이다. 이는 '자연 자체의 폭력성, 즉 포식자와 피식자의 공생 관계를 반영'한 것으로, '본능주의자 또는 사회생물학자들의 핵심 주제이며, 전쟁의 기원, 영토 간·인간 간의 공격과 포식, 제국주의' 등에 대한 광범위한 논의의 일부이다. 이러한 관점에 의하면, 인간이 저지르는 생태폭력은 자연의 순리일 수 있으며, 따라서 인도주의적이든 아니든, 개입은 피할 수 없는 일을 지연시킬 뿐, 장기적으로는 비생산적이라는 결론이 도출된다. 폴 로빈스(Paul Robbins)에 의하면 이는 '조잡한 맬서스주의'로서 그 논리에 따르면 "기근은 폭주하는 인구를 통제하는 데 필수적이었기 때문에 그러한 사건은 '자연스럽고' 불가피한 것"이다. 또한 '우리가 한 종으로서 살아남기 위해 고군분투하면서 자연을 공격하는 것도 마찬가지'라는 것이다. 그리고 '이러한 공격이 우리의 집단적 멸망을 초래한다면 그것이야말로 우리가 자연에 줄 수 있는 최고의 선물이 될 것'이라는 것이다.[74] 이것이 바로 에코파시즘이라는 이름으로 비판받는 지점이다.

자연이 인간을 공격하는 것을 자연스럽게 여기듯이 인간도 자연을 공격할 수 있으며 그 결과 자연의 보복으로 인류가 멸망한다면 이 역시 인간이 자연에게 주는 최대의 선물이라고 하는 것을 논리적으로 어떻게 반박할 수 있을까. 이 같은 논리는 폭력을 자연의 본성으로 봄으로써 인간의 본성 역시 폭력적인 것으로 여기게 한다. 그렇게 되면, 인간 간의 폭력, 착취, 불평

---

73 Omrow Stoett (2021), pp. 7-8.
74 Omrow Stoett (2021), pp. 9-10.

등도 정당화되므로 인간다운 사회는 보존할 수 없게 된다.

이러한 논리를 반박할 수 있는 이론으로, 쓰비어스(Wim Zweers)의 '자연에 참여하는 인간' 모델을 들 수 있겠다. 이 모델에서 인간은 자연의 일부가 되는 것인데, 이는 생물학적 의미에서라기보다, 인간이라는 존재로서 자연에 소속된다는 것이다. 이때 인간을 포함하여 자연에 참여하는 각 생물들이 가진 고유한 가치가 핵심적 역할을 한다. 인간은 자연에 속하기 위해 자신의 고유한 인간성을 잃을 필요가 없다. 인간은 자신이 가진 특별한 능력과 가치를 갖고 자연에 참여하게 된다.[75] 인간이 자연에 '참여'한다는 것은 자연의 '일부가 되는 것'이며 '적극적'이고 '책임지는 것'이다. 연극의 비유를 들자면, 참여란 인간이 하나의 역할을 함으로써 연극에 적극적으로 동참하는 것이다. 인간은 외부자 또는 관람자가 아니며 또한 연극을 지배하지도 않는다. 인간은 '합리성과 자의식을 부여받은 존재'라는 자신의 인간으로서의 특성을 갖고 연극에서 의미 있고 창조적이고 중요한 역할을 수행할 수 있다. 즉 인간은 비인간생물과 구별되는 존재로서 자연에 대한 자신의 태도를 선택할 수 있다.[76]

이때 당연히 다른 비인간생물도 자신의 고유한 개성을 갖고 참여한다. 이 연극에서는 주연·조연이 따로 없고 각본도 미리 주어지지 않는다. 네그리와 하트(Negri & Hardt)가 말하는 다중(multitude)처럼 모든 생물은 각자의 특이성들을 드러내면서 줄거리를 이어 간다. 인간 사회에 다중이 있

---

75 Riyan J. G. Van Den Born, *Thinking Nature* (Radboud Repository of the Radboud University Nijimegen, 2017).

76 Bart Van Steenbergen, *The Condition of Citizenship* (London: Sage, 1994); 이나미, 『생태시민으로 살아가기』, 고양: 알렙, 2023.

다면 자연에는 '다중(multispecies)'이 있다. 우리의 언어로 표현하자면 다중은 만민이요, 다종은 만물일 것이다. 동학에 의하면 만물은 공경의 대상이다. 해러웨이(Donna J. Haraway)에 의하면, 자연현상을 "관찰하면 할수록, 땅 위에서 살고 죽기의 게임은 공생이라는 이름으로 통칭되는 '뒤얽힌 다종(multispecies) 관계'"이다. 물론, 다종의 공생에는 협력과 공존뿐 아니라 충돌과 죽음도 있다.[77] 또한 먹고 먹힘도 있다. 그러나 마굴리스(Lynn Margulis)의 이론에 따르면 이는 서로 합해져서 더 나은 종으로 나아가기 위한 과정이다.[78]

4. 맺음말

현재의 기후 위기와 이러한 위기로 인한 여러 가지 폭력적 양상들은 '생태폭력'이라는 개념을 필요로 하게 되었다. 공해, 환경파괴라는 기존의 개념만으로는 생태 위기로 인해 발생한 폭력의 복잡하고 난해한 현상을 설명하기 어렵게 된 것이다. 이는 또한 행위자를 특정하기도 구조적 원인으로만 돌리기도 어려운 상황을 반영한다. 기존의 용어들은 폭력적 상황의 특정 측면을 조명하지만 다른 측면을 모호하게 만든다.

생태폭력 논의는 초기에 자원과 관련된 갈등, 폭력을 강조하던 입장에서

---

77 Donna J. Haraway, *Staying with the Trouble: Making Kin in the Chthulucene*, (Durham and London: Duke University Press, 2016); 이승준, "브뤼노 라투르와 해러웨이의 공생적 협치", 생태적지혜연구소 생태민주주의 강의, 2022.
78 이나미 (2023).

시작되었으나 이후 갈등 또는 분쟁 부분이 약화되고 자연의 피해가 부각되는 방향으로 나아갔다. 이들은 생태폭력을 '자연과 사람 모두에게 영향을 미치는, 행위자적이고 구조적인 폭력'이라고 정의했다. 생태폭력은 환경정의와 인간안보를 위협하는 것이며 더 나아가 자연의 고유한 권리를 침해하는 것으로까지 의미가 확장·심화되었다.

이러한 생태폭력은 행위자적 또는 구조적 특성이 있지만 무엇보다 이두 가지 특성을 동시에 지닌 폭력이다. 또한 자연적·사회적·심리적 차원을 포괄하며, 피해와 가해의 순환적 특징이 있다고도 주장된다. 이는 생태폭력이 여러 차원과 영역을 넘나들거나 포괄하며 특정의 행위자, 집단, 공동체, 영역에 폭력의 원인을 일방적으로 전가하지 않는 개념이라는 특징을 드러낸다.

생태폭력은 무엇보다 폭력에 대한 인식을 심화시킨다. 생태폭력은 폭력이 존재들 간의 복잡한 상호관계 속에서 작동하며 또한 비가시적일 수 있음을 보여준다. 앱서에 의하면, 개인적·구조적 폭력만으로는 폭력을 제대로 보기 어렵다. 예를 들어 인종차별적 폭력 중 개인적 폭력에는 테러·감금·학대 등이, 구조적 폭력에는 재산·건강·교육 등에서의 인종적 격차가 거론되는데, 이것에 포함되지 않은 인종차별적 폭력이 분명 존재한다는 것이다. 예를 들면 클라우디아 카드(Claudia Card)가 말한 '사회적 죽음'이 이에 해당된다고 한다. 사회적 죽음이란 충만한 사회적 삶을 살기 위해 필요한 사회적 관계가 박탈되는 것 등을 말한다.[79] 이렇듯 생태폭력은, 갈퉁이 폭력의 다차원적 개념으로 제시한 행위자적·구조적·문화적 폭력이 포괄하지

---

79 Brandon Absher (2012), p. 94.

못한, 비가시적이며 잠재적이고 심층적인 폭력까지 포함하는 개념이다.

그렇다면 이 같은 생태폭력 개념은 한반도 상황에 어떻게 적용될 수 있을까? 우선, 기후 위기를 초래한 경제 지상주의와 근대 문명이 비판받는 현 상황에서, 한반도의 자연을 재조명해야 한다. 남북한은 서로 다른 체제임에도 불구하고 생산 지상주의를 공통적으로 지향했으며, 분단이라는 현실은 이를 더욱 촉진했다. 남북 모두 자연을 경제적 자원으로만 취급했고 그 과정에서 환경은 무참히 파괴되었다. 국가 주도형 약탈적 개발주의가 한반도 전체에 경쟁적으로 확산되었고 그 결과 생태계의 급속하고 광범위한 오염이 단기간에 집중적으로 이루어졌다는 것이 다른 지역의 생태 위기와 다른 점이다.[80] 그럼에도 불구하고 분단체제론 등 분단을 비판적으로 바라본 기존의 이론들은 정치·경제·사회·문화 등 여러 영역에서의 분단 문제를 인식했지만, 인간·사회·자연을 포함한 한반도 생태계 전체에 닥친 폭력적 상황 즉 생태폭력의 관점으로까지 나아가지는 못했다.

한반도 문제와 관련하여 생태폭력 개념은 첫째, 그 개념의 역사가 보여주듯이 남북의 어느 특정 행위자를 비난하거나 특정 구조의 문제를 지적하는 것을 넘어, 남북 갈등을 통합적 시선으로 바라보게 해 줄 것이다. 둘째, 생태폭력 개념이 지닌 비가시적이고 미세하고 잠재적인 폭력에 대한 관심은, 한반도 갈등 상황을 한층 정교하고 심층적으로 바라보게 할 것이다. 마지막으로 자연이 지닌 권리를 인정하고 이것을 침해하는 것을 폭력으로 보는 생태폭력 개념은 한반도 분단 자체를 한반도 생태계에 대한 폭력으로 간주하여 분단의 심각성에 대한 인식을 한층 제고할 것이다.

---

80 박민철, "한반도 분단극복과 생태주의의 결합", 『서강인문논총』 48집, 2017.

제6장

인도주의 폭력

황수환

1. 들어가는 말

인도주의(Humanitarianism)는 '보편적인 권리인 인권을 옹호하고, 도와주며, 도모하기 위해 취하는 모든 행동'으로 정의할 수 있다. 인도주의는 비교적 최근에 도입된 개념으로 아직 그 개념적 정립이 확고하지 않고 학계에서도 개념에 대한 여러 논의가 진행 중이다. 인도주의의 개념 논의에서 인간이 영위하는 사회가 좀 더 좋은 사회가 되기 위하여 서로 지원하고 돕는 다양한 방식의 활동이라는 데는 모두가 합의하고 있다. 즉 인도주의는 어느 일방이 상대방에게 지원을 하거나 도움을 주는 것을 목적으로 하는 활동이라는 점에서 공통적인 의견을 보인다.

하지만 인도주의적 목적을 둔 활동이라고 해도 지원을 받는 대상의 입장에서는 폭력적인 상황으로 느끼거나 폭력 그 자체로 여길 수 있다는 점도 함께 파악해야 한다. 폭력은 어느 일방이 상대방을 강제하려는 물리적 힘의 총칭인데, 그 결과나 목적에 상관없이 공여자와 수여자 입장에서는 그 행동 자체가 폭력적일 수 있다. 폭력은 직접적인 물리적 폭력뿐만 아니라 간접적인 정신적, 심리적, 물질적인 행태로도 존재할 수 있기 때문이다. 힘의 개념이 경성력(hard power)과 연성력(soft power)으로 구분되는 것과 같이 힘의 사용으로 나타나는 폭력의 유형도 경성폭력과 연성폭력으로 구분될 수 있다. 또한 선의의 목적인지 악의의 목적인지가 공여자의 입장에서 달라질 수 있다. 선의의 목적이라 하더라도 시간이 지남에 따라 악의적인 행태로 변질될 수도 있다. 선의의 목적이라고 하더라도 수여자의 입장에서 결과에 따라 그 판단이 달라질 수도 있다는 것이다. 인도주의적 목적이 대부분 순수한 선의 목적을 지니고 있지만 결과적으로 종속이라는 폭력적 행태로 귀결될 수 있다.

인도주의 폭력은 연성폭력의 대표적인 사례로 볼 수 있다. 인도주의 폭력에서는 경성권력을 통한 직접적인 폭력이 사용되기보다는 지원, 원조, 협력, 방해 등의 형태를 가장한 소위 교묘한 형태로 폭력이 발생하기도 한다. 해당 폭력이 발생할 때는 이것이 폭력인지 아닌지 구분하기 힘들지만, 중장기적인 관점에서 보거나 결과적으로 보면 폭력적인 형태로 판별될 수 있다. 최근 이스라엘-팔레스타인 분쟁에서 보듯 가자 지구의 비극적인 인도주의적 상황은 인간이 만들어 낸 것이며, 가자 지구는 더 이상 기근의 위험에 직면해 있는 것이 아니라 본격적인 기근이 시작되었다고 경고한다. 이러한 인도주의적으로 심각한 상황임에도 불구하고 이스라엘은 230만 명에 달하는 가자 지구 인구에 대한 식량 지원을 계속 방해함으로써 잠재적으로 '전쟁범죄'를 저지르고 있으며 인도주의 폭력이 발생하고 있다는 비판이 가능하다.[1]

또한 인도주의 폭력은 정치적, 억압적, 경제적, 착취적 폭력의 영역에서 구조적인 형태로 나타날 수 있다. 이러한 폭력들은 각 영역으로 침투되어

---

1 The Guardian, 〈https://www.theguardian.com/world/2024/mar/29/famine-gaza-us-state-department-israel-food-aid?CMP=Share_iOSApp_Other〉(2024.3.29).

팔레스타인 자치지역인 가자지구에 폭격으로 도시가 파괴된 상황 (출처: https://commons.
wikimedia.org/wiki/File:Orphanschoolmosque.jpg, CC BY-SA 3.0)

정치적 분열, 경제적 붕괴, 사회적 소외 등의 결과로 나타날 수 있다. 이로
인해 감각적으로는 무감각해지면서 직접적인 폭력의 형태보다 더 광범위
하게 고통을 느끼게 될 수 있다. 결국 인도주의 폭력은 구조적 폭력과 문화
적 폭력의 형태로 나타나면서 그 자체로 반복되거나 완성된 폭력을 형성하
게 되는 위험이 있다.

　인도주의 폭력에는 가스라이팅과 유사한 점이 있다. 가스라이팅은 보통
수평적이기보다 비대칭적 권력으로 누군가를 통제하고 억압하여 타인에
대한 지배력을 강화하는 행위를 할 때 발생한다. 인도주의 폭력 역시 평화
구축 이전 혹은 이후에 인도적 목적으로 지원, 원조, 협력 등이 이뤄질 때

지원을 받는 집단의 심리나 상황을 교묘하게 조작해 지배력을 강화하는 도구로 활용할 수 있다는 점에서 가스라이팅과 유사점이 있다. 인도주의 자체가 도움을 주는 쪽과 받는 쪽으로 구분되어 수평적이기보다는 수직적인 관계를 내포하고 있기 때문이다.

본 장에서는 인도주의 폭력에 대해 두 가지 관점으로 구분하여 살펴본다. 첫째, 타국이나 집단 등 외부에서 행해지는 인도적 지원과 개입의 폭력적 행태를 살펴본다. 둘째, 분쟁 후 평화 구축 과정에서 국내에서 인도적 목적으로 행해지는 다양한 권력적이고 폭력적인 행태를 살펴본다. 인도주의적 목적을 지닌 행위가 의도성의 여부를 떠나 결과적으로 폭력적인 상황으로 나타날 수 있다는 점에 주목한다.

2. 개념의 등장 배경과 전개

인도주의의 개념은 좁은 의미에서 긴급 구호라는 의미로 사용되며 이는 생명 구조와 고통 경감에 초점을 둔다. 역사적으로 인도주의적 지원이 전쟁 상황에서 다친 병사들을 치료해 주는 데에서 시작하여 지금까지도 인도주의 활동에 대한 좁은 개념적 범위에서는 긴급 구호라는 의미를 다분히 지니고 있다. 그러나 긴급 구호는 인도주의적 지원이나 활동 중에서 하나의 방식으로 생각할 수는 있어도, 인도주의적 지원과 긴급 구호를 같은 의미로 여길 수 없고 개념적 범위에서 차이가 난다.

인도주의가 목적으로 삼는 것이 과연 전쟁 자체의 극복인지 전쟁 상황속의 사람들을 구원하는 것인지에 대해 정확히 구분지어 개념을 파악할 필요가 있다. 전쟁이라는 용어만 제거해 본다면 폭력 속에서 고통받고, 목숨을 잃고, 인간답게 살 수 있는 상황이 아닌 곳에서, 인권을 제대로 실현할 수 없는 공간 속의 사람들을 도와준다는 측면에서 당연히 인도주의를 고려할 수 있다. 또한 전쟁으로 발생한 폭력적 상황을 극복하는 것뿐만 아니라, 전쟁 자체가 일어나지 않도록 하는 노력 역시 인도주의적 활동의 영역에 포함시킬 수 있다. 단순히 도와준다는 개념에서 벗어나 폭력 자체가 발생하지 않도록 구조적인 모순을 극복하려는 노력을 포함하여 인도주의 개념을 넓게 해석하고 파악해야 한다는 것이다. 이미 전쟁이 일어난 상황에서 아무런 조치 없이 온전히 폭력에 노출되어 있는 사람들을 방치해 두는 것은 인도주의가 지향하는 바가 아니기 때문이다.

인도주의 논의에서는 18세기 말 유럽의 계몽주의를 이데올로기적 출발점으로 삼아 노예제를 폐지하자는 움직임을 인도주의 활동의 시초로 본다. 1863년 국제적십자사 설립과 제네바협약 체결 이후 전쟁 상황에서 국적에 상관없이 부상자를 치료해야 한다는 인도주의적 의료 지원으로 발전했다. 제1, 2차 세계대전 의료 지원 및 포로와 수감자에 대한 대우 등의 문제와 함께 인도주의 중립성에 대한 한계가 나타나기도 했다.[2] 제2차 세계대전 이후 전쟁 포로를 대상으로 한 활동, 사회 재건축 사업에 군대와 정부도 함께하였고, 의료 사업도 지원되었다. 옥스팜과 같은 새로운 비정부 단체들도 생겨나며 식민지 점령을 당한 국가에서 인도주의 활동이 진행되었다. 정부 정책적 차원에서 대외 원조가 이루어지고 있지만, 정치 개입은 수

---

2   김소정, "인도주의 개념과 인도주의적 활동에 관한 고찰", 『연세유럽연구』 제2권 2호, 2014, 56-60쪽.

혜 국가와 원조 기관 간의 갈등을 발생시켜 NGO나 봉사 단체를 비판하는 문제가 발생하기도 한다. 인도주의 지원, 원조가 완벽하게 중립적이거나 정치와 무관할 수가 없기 때문이다.

탈냉전 이후 종족, 이념, 종교 등의 다양한 분쟁 요인들로 인해 전쟁과 내전의 발생이 증가했다. 1990년대 초에 들어 인도주의적 사태와 관련한 분쟁이 증가한 이유 중 하나로 미소 강대국 간의 세력균형으로 인해 억제된 많은 분쟁 요소들이 일순간에 표출되었다는 점을 들 수 있다. 걸프전을 비롯하여 보스니아-헤르체고비나, 르완다, 코소보, 콜롬비아, 스리랑카, 동티모르 내전 등이 대표적인 사례이다. 보스니아-헤르체고비나, 르완다, 코소보 등에서 발생한 전쟁범죄 등으로 인해 국제사회의 인도주의적 개입의 필요성에 대해 논의가 이뤄지기도 했다. 1990~1991년 벌어진 제1차 걸프전은 내전이나 인도주의적 개입의 성격을 띤 분쟁은 아니지만, 걸프전 이후 이라크에 가한 제재와 이라크의 쿠르드족 억압은 인도주의적 이슈로 부상한 사례로 볼 수 있다.[3]

탈냉전 이후 인도주의적 문제가 심각해지자 국제사회에서는 군사력 사용을 포함한 적극적 개입을 주장하는 의견이 제기되었다. 국제사회에서 주권국가의 인권 문제에 개입하는 것이 정당한지에 대하여 중립성과 독립성에 대한 논쟁이 발생했다. 국제적 인도주의 기구 내에서 적극적 개입을 옹호하는 입장에서는 각종 인권유린 등의 참상을 더 이상 방치하기 어렵다는 판단하에 인도주의 사태의 종식 및 책임 규명을 위해서는 강제적 수단을 동원한 소위 평화 강제(peace enforcement)도 필요하다고 판단했다. 이러

---

3   서보혁, 『군사주의: 폭력의 이데올로기와 작동방식』, 서울: 박영사, 2024, 302쪽.

한 상황에서 심각하게 인권을 유린당하는 사람들을 구원하기 위해 인도주의 기구들이 군대와 협력하는 '정치적 인도주의'라는 개념이 등장했다. 군사력을 사용한 개입은 강대국의 이해관계가 작용한 부분도 있었지만 결과적으로 치밀하게 준비하지 않고 성급하게 결정함으로써 오히려 인도주의적 개입이 상황을 더욱 악화시키기도 했다.[4] 코소보 사태에 미국 주도로 나토군이 공습한 것을 대표적인 예로 들 수 있다. 세르비아와 코소보에 서방의 연합군이 투입된 것은 이라크, 소말리아, 아이티, 보스니아, 르완다에서의 미군 작전에 비공식적 선례가 되어 탈냉전 이후 인도주의적 개입이라는 교리를 정당화하는 데 결정적인 역할을 했다. 특히 1995년 미국이 보스니아 세르비아를 폭격함으로써 데이턴 평화협정이 체결된 것은 미국의 군사력 없이는 유엔이 인도주의적 재난을 막을 수 없다는 것을 증명하는 것처럼 보였다.[5] 인도주의 기구는 서방의 개입 논리에 더 협력적으로 변해 갔고 현지 시민사회의 절망은 개선되지 않았다는 비판이 제기되었다.[6] 결국 인도주의적 목적으로 개입하여 무력을 사용한 것이 정당화될 수 있느냐의 문제와 함께 폭력을 사용하여 폭력을 예방한다는 것이 가능한지에 대한 논란이 발생한 것이다. 선한 목적과 달리 결과가 폭력적이면 그 자체로 폭력일 수밖에 없다는 비판을 제기할 수 있다.

결국 탈냉전 시대의 새로운 권력 위계와 함께 등장한 서구의 새로운 인

---

4 서보혁, 『군사주의: 폭력의 이데올로기와 작동방식』, 서울: 박영사, 2024, 303쪽.

5 Neda Atanasoski, *Humanitarian Violence,* "Dracula as Ethnic Conflict-The Technologies of Humanitarian Militarism in Serbia and Kosovo" (University of Minnesota Press, 2013), pp. 128-165.

6 카너 폴리 지음, 노시내 옮김, 『왜 인도주의는 전쟁으로 치닫는가?: 그들이 세계를 돕는 이유』, 서울: 마티, 2010, 16-17쪽, 62-90쪽.

도주의적 개입은 필연적으로 폭력적인 상황을 초래하게 되었다. 탈냉전 이후 목도되는 새로운 전쟁이 인도적 목적에 의한 개입주의에 도덕적 정당성을 부여하기도 했고, 인도적 목적으로 행한 지원 활동이 간섭과 과도한 개입 등을 통해 종속을 강요하는 폭력으로 작용하기도 했다. 탈냉전 시기 인간안보와 국가 취약성을 회복하려 한 목적은 주로 세계화 시기의 주변부에 사는 사람들을 통제하기 위한 권력술에 불과했다는 비판으로 이어지기도 했다.

3. 개념의 특징과 의의

1) 인도주의 폭력의 유형

요한 갈퉁(Johan Galtung)은 문화는 평화를 정당화할 뿐만 아니라 폭력도 정당화한다고 주장했다. 개인이나 집단이 특정 종교와 이념에 대해 자신들의 신념을 전달하고 보호할 의무를 지니고 있지만, 특정된 민족, 계층이라는 측면을 강조할 때 폭력적으로 나타날 수 있다고 경고했다. 초월적 신이나 위대한 민족이 승리할 것이라고 주장하는 것은 강성적인 관념에서 비롯된 것으로, 이는 인간의 기본적인 욕구의 충족이나 생명 존중과 같은 연성적인 관념보다 폭력적인 행태로 나타날 수 있다고 보았다.[7] 인도주의 폭력 역시 우월성을 강조하거나 특정 목적만을 고집할 때 폭력적 행태로 나

7   요한갈퉁 지음, 강종일 외 옮김, 『평화적 수단에 의한 평화』, 서울: 들녘, 2000, 28-30쪽.

타나는 것으로 해석할 수 있다.

인도주의 폭력은, 적을 죽이거나 해치려는 감정을 극대화하여 나타나는 물리적 폭력이 필요치 않거나 적을 증오할 필요가 없는 상황에서 발생할 수 있다는 점에서 기존의 폭력적 행위와 차이점이 있다. 보통 전쟁이 진행되는 과정에서는 적개심을 고취시키는 형태로 적을 무찌르고 타도하자는 입장에서 폭력을 조장한다면, 인도주의 폭력은 적에 대한 증오와 적대감을 고취시키지 않는 형태로도 폭력을 발생시킬 수 있다는 것이다. 인도주의적 폭력 행위자는 자신의 행위가 도덕적으로 어떤 결과를 초래할지 모를 수 있으며, 단지 폭력적 행동이 '덜 악한 행위'로 포장될 수 있다면 도덕적으로 용인될 수 있다고 생각한다. 따라서 직접적인 형태보다는 간접적인 형태로 주로 나타나며, 의도성보다는 비의도성이 나타나며, 혹은 사상이나 이데올로기적 우월성을 강조하며 폭력을 정당화하기도 한다. 이에 대해서는 프랑스 공군 조종사들이 아프가니스탄(2001-2011), 리비아(2011), 말리(2013) 전쟁에 참전하여 행한 인도주의적 폭력의 대리인 연구를 참고할 수 있다.[8] 프랑스 공군 조종사들이 전쟁을 수행하는 과정에서 폭탄을 투하한 행위가 적, 테러리스트, 범죄자라는 악마화된 상대방을 대상으로 진행되었다 하더라도 얼굴을 보지 못한 이를 살상한 뒤 외상후스트레스에 시달리는 것이 어떤 의미가 있는지, 혹은 그들의 행동이 정당한 것인지 의문을 제기하며 정당하지 않다고 비판했다. 에얄 와이즈먼(Eyal Weizman)은 프랑스 공군 조종사들을 '인도주의적 폭력'의 대리인이라 주장하며, 그들의 행동은

---

8   Mathias Delori, 2019, "Humanitarian violence: how Western airmen kill and let die in order to make live," *Critical Military Studies* 5-4, p.323.

폭력이 '덜 악한 것(lesser evil)'으로 포장되더라도 도덕적으로 용인될 수 없다고 보았다.[9] 즉 공군 조종사의 폭력적이고 치명적인 행동이 덜 악한 행동에 해당한다고 믿을 만한 '선한 주관적 이유'로 포장된다는 것에 문제가 있다는 비판을 제기할 수 있다.

인도주의적 목적을 위해 타자에게 어떠한 형태로 무력을 사용할 수 있는가라는 기본적인 질문에 대한 답을 구하는 과정에서 인도주의 폭력의 유형을 구분할 수 있다. 인도주의적 목적을 지녔지만 무력 사용 여부의 직간접적인 형태에 따라 인도주의 폭력을 직접적, 중간적, 간접적 세 가지 측면으로 구분할 수 있다. 첫째, 직접적 인도주의 폭력은 전쟁이나 분쟁이 발생할 때 혹은 심각한 국가적 위기에 봉착했을 때 인도주의적 목적을 위해 직접적으로 무력을 사용하여 폭력적 방식으로 개입하는 것이다. 둘째, 분쟁 해결 과정이나 평화 구축 과정에서 인도주의 목적으로 지원할 때 인도주의 폭력이 나타날 수 있다. 직접적 인도주의 폭력이 분쟁이 발생하는 과정 속에 발생된 폭력적 개입과 활동에 집중한 것이라면, 중간적 인도주의 폭력은 분쟁 해결이나 평화 구축 과정에서도 직접적 혹은 간접적 형태로 복합적으로 폭력적인 상황이 나타날 수 있다는 것을 의미한다. 셋째, 간접적 인도주의 폭력은 평화 구축 과정에서 순수한 목적의 인도주의 지원이 정치적 목적으로 변질되는 폭력을 의미한다. 직접적 인도주의 폭력이 의도성을 내포하고 있다면, 간접적 인도주의 폭력은 비의도성을 강하게 내포하고 있다는 데 차이가 있다. 인도주의라는 본래의 의미를 왜곡하여 순수성이 훼

---

9   Eyal Weizman, *The least of all possible evils: Humanitarian violence from Arendt to Gaza* (London: Verso, 2012).

손되는 경우가 이에 속한다.

인도주의 폭력을 이해하기 위해서는 인도주의 개입(Humanitarian intervention)과 인도적 지원(Humanitarian aid)의 차이점을 구분해야 한다. 먼저 인도주의 개입은 상대국 주민들의 인권을 보호하기 위해 상대국의 동의 없이 군사적 행동을 포함한 강제적인 수단을 동원하여 상대국에 개입하는 것이다. 직접적 인도주의 폭력과 중간적 인도주의 폭력을 포함한다. 인도주의 개입은 국제법에 근거가 있는 것이 아니라 UN의 결의에 의한 강제적 조치에 해당하는 것이기에 엄밀히 말하면 인도적인 개입이 아니라는 의견도 있다.[10] 대다수 국제법 학자들은 일반적인 인도주의적 개입과 간섭에 대해 부정적인 입장을 나타내고 있다. 유엔헌장과 현대 국제법에서 인도주의적 개입을 실체화하지 않았고, 1945년 이후 진정한 인도주의적 개입은 몇 차례에 불과하며 엄밀히 보면 실제로 인도주의적 개입에 해당하는 것은 없다고 주장한다. 어느 국가가 개별적이든 집단적이든 인도적 목적을 위한 무력행사를 할 수 있는 법적 권리는 충분하지 않다는 것이다. 체스터맨(Simon Chesterman)은 인도주의적 개입이 법적인 규범에 의해 확립되었다기보다는 정치적 목적에 의해 진행되었다고 평가한다.[11] 국가들이 진정한 인도주의적인 의도를 가지고 타국에 개입과 간섭을 했다고 보기 어렵다고 파악한 것이다.[12] 인도주의적 개입이 순수한 인도적 동기에 의해 행해지기

---

10 양순창, "인도주의적 개입의 정당성 문제" 『국제정치연구』 제13집 1호, 2010, 134-135쪽.

11 Simon Chesterman, *Just War or Just Peace? Humanitarian Intervention and International Law* (Oxford: Oxford University Press, 2001); 오병선, "인도적 간섭의 적법성과 정당성", 『국제법학회논총』 제54권 3호(통권 115호), 251쪽.

12 오병선, "인조적 간섭의 적법성과 정당성", 『국제법학회논총』 제54권 3호(통권 115

보다는 개입국의 국내외 정치적·현실적인 목적이 작용했다는 판단이 우세하다.

　유엔에서는 인도적 지원을 '생명을 구조하고 고통을 경감하는 데 그 목표를 두며 자연재해와 인위적인 재해로부터 인간의 존엄성을 보호하는 지원'이라고 정의한다.[13] 유엔총회에서 인도적 지원 4대 원칙으로 인류애(Humanity), 중립(Neutrality), 공평(Impartiality), 독립(Independence)을 합의했다.[14] 국가에 자연재해나 분쟁 등 국민에게 막대한 피해를 입히는 사건이 발생하면 국제사회에서는 인도주의 원칙에 따라 공공·민간 부문에서 피해 주민들을 지원한다. 인도적 지원의 목적은 인위적 재해와 자연재해 당시 및 직후에 생명을 구하고, 고통을 경감하며 인간의 존엄성을 보장하는 것이며, 이러한 재해 상황을 예방하고 대비 태세를 강화하는 데 있기 때문이다. 또한 인도적 지원의 활동에는 민간인과 더 이상 전쟁에 가담하지 않는 비전투원들을 보호하는 것과 함께 재난을 겪은 이재민들에게 식량, 식수, 위생, 주거, 보건 등의 서비스를 제공하고 이들이 재난 전의 생계 환경으로 복귀할 수 있도록 돕는 것이 모두 포함된다. 즉 재난 및 위기 상황에 대해서 적극적으로 구호 및 복구, 추가 재난 예방을 위한 인도적 지원 활동을 수행하는 사업을 의미하는데, 이러한 과정에서 정치적 의도와 목적이 관여된다면 간접적 인도주의 폭력의 형태가 나타날 수 있다.

호), 251쪽.

13　해외원조는 비교적 중장기적으로 지원이 되는 원조를 말하는 반면, 인도적 지원은 자연재해나 인재와 같은 비상상황이 발생할 경우 단기적으로 지원한다는 점에 차이가 있지만 본 글에서는 단기, 중장기적 관점과 상관없이 포괄적 의미로 사용한다.

14　UNHCR, 〈https://emergency.unhcr.org/protection/protection-principles/humanitarian-principles〉

2) 인도주의 폭력의 비판

(1) 인도적 개입과 폭력

인도적 개입은 직접적 인도주의 폭력 중 하나이다. 분쟁 해결 과정에 인도주의적 개입이 허용될 수 있다는 입장은 세 가지로 구분된다. 첫째, 대규모 인명 살상을 초래하는 중대한 위기 상황에서 이를 종료시키기 위한 유일한 수단이 군사적 간섭일 때만 예외적이고 최종적인 수단으로서 허용될 수 있다는 신중론, 둘째, 유엔 등 국제기구를 통한 제한적 허용론, 셋째, 지역적 국제기구나 개별 국가의 단독적 행동까지 허용하는 확장적 허용론 등으로 구분된다. 하지만 전쟁을 종식하기 위해 또 다른 폭력을 행사하는 것은 '평화를 위한 군사적 조치'와 같이 그 자체로 모순적이다. 진정한 평화를 위해서는 전쟁에 전쟁으로 답하는 방식이 정당화될 수 없고, 반드시 평화적 수단에 의해 평화를 구축해야 한다. 인도주의적 목적으로 무력 수단을 활용한 개입은 정당화되기 어렵다. 유엔평화유지군과 같이 평화를 자처하는 집단이 전쟁과 폭력을 행하는 이유는 평화의 본질 그 자체로 사유되지 않기 때문이라는 비판으로 이어진다. 전쟁과 평화를 대립시키면서 평화를 지키기 위한 목적으로 하는 전쟁 준비는 평화의 본질이 무엇인지에 대한 핵심을 건드리지 못하고 있기 때문에 불안한 상황에서 반복되고 있다는 것이다. 결국 제1~2차 세계대전은 평화 보존이라는 목적에서 수행된 것이 아니라 식민지를 확보하기 위한 강대국 중심의 전쟁이라는 비판에 대해, 여전히 평화의 본질을 해명하기 위한 내용이 불명확하고 그 본질에 실천적으로 다가가고자 하는 시대적 노력과 사유가 부족하다는 비판이 있다. 이러한 비판 속에서 냉전과 탈냉전을 거치면서 평화 유지라는 명목하에 전쟁이

유엔 평화유지군의 훈련 및 활동 (출처: https://commons.wikimedia.org/wiki/File:IPCATU_UN_peacekeeping_scenario.jpg, CC BY 4.0)

정당화되고 있는 것이 현실이다. 진정한 인도주의를 실현하기 위해서는 인도주의의 본질을 꿰뚫고 휴머니즘의 본질에 바탕을 두어야 하며, 인도주의적 행위는 그 본질의 실천과 실재를 위해 행해져야 한다. 인도주의적 지원의 일환으로 군사적 행위나 군사적 개입은 정당화될 수 없다는 것이다. 전쟁을 종식하기 위한 또 다른 폭력은 또 다른 전쟁 피해자를 낳게 되고, 오로지 전쟁 종식에 목표를 둔 싸움은 그러한 전쟁 피해자에 대한 무관심으로 이어질 경향이 크기 때문이다.

인도주의 개입의 정당성에 대해, "인도주의라는 명분하에 타국에 개입하는 것이 정당한가?", 이러한 개입에서 "어쩔 수 없이 무력적인 수단을 사용하는 것은 정당한가?", 무력을 사용하는 개입과 상관없이 개입 그 자체에 대해 "신간섭주의, 신제국주의라는 비판으로 연결될 수 있지 않는가?"라는 질문에 대한 답으로 이어져야 한다. 순전히 내부적 요인에 의해 해당 국가의 기능이 원활하지 않을 경우 그 국가가 '실패한 국가'인지의 여부를 누가 판별할 수 있는가 하는 문제가 있다. 이에 대한 명확하고 객관적인 근거가 마련되지 않으면 인도주의적 개입이 새로운 인도주의적 개입을 초래하는 악순환을 방지할 수 없고 그 자체로 폭력적인 것으로 치부될 수 있기 때문이다. 또한 군사적 개입 자체가 어떻게 인도주의적일 수 있는가라는 원초적인 의문을 제기할 수도 있다. 군사적 수단을 사용한 인도주의적 개입 그 자체가 모순이라는 것이다. 즉 인도적 목적하에 개입과 간섭을 정당화하기 위한 강대국의 구실이라는 것이다. 인도주의적 개입의 정당성 문제는 정의로운 전쟁(just war) 혹은 정의의 전쟁(justice of a war) 문제와 연관되어 논의될 수 있다. 정의의 전쟁의 인도주의적 개입에 대해서는 아직 국제적으로 합의된 정의가 없다.[15] 보호책임(R2P, Responsibility to Protect)의 문제에도 강대국의 간섭을 위한 도구로 사용될 수 있다는 비판의 목소리가 있다.[16] 보호책임의 논리는 어느 국가가 자국의 시민을 보호하지 못할 때 국제사회가 최종적 수단으로서 군사력을 동원할 책임이 있다는 것이지만, 인도주의적 개입을 시행할 권리를 부여받았는지 보호의 성질은 어느 정도

---

15 양순창, "인도주의적 개입의 정당성 문제", 『국제정치연구』 제13집 1호, 2010, 133쪽.
16 Eve Massingham, "Military intervention for humanitarian purposes: does the Responsibility to Protect doctrine advance the legality of the use of force for humanitarian ends?" *International Review of the Red Cross* 91-876 (2009), pp. 815-817.

까지인지에 대한 성격과 범위의 논란이 있다. 인도주의적 개입을 더 잘 이해하려면 폭력의 시작, 강도, 지속 기간과 관련하여 그 영향을 평가해야 한다.[17] 어느 국가의 현지 사정보다 간섭 국가의 정치 군사적 가치관과 목적을 우선시한다면 서구 제국주의의 재등장이라는 비판이 있을 수 있다. 1990년대 초 미국이 아이티, 르완다, 소말리아 등에 개입한 것이 대표적인 사례이다.[18] 미국이 아프가니스탄과 이라크에 개입한 사례에서 보듯 무력 개입의 목적인 민주주의가 달성되었는지에 대해서도 의문이 있다.

(2) 인도적 지원과 폭력

인도적 지원, 원조로 발생한 폭력은 중간적, 간접적 인도주의 폭력의 유형이다. 인도주의 즉 인도적 지원의 주체는 대부분 선진국이고 객체는 후진국들이라는 불평등성과 비대칭성이라는 구조적 한계가 있다. 직접적인 폭력의 형태라기보다는 선진국이 개도국이나 후진국을 '도와준다'는 미명하에 개입하거나 간섭하는 도구로 사용할 수 있다. 추후 지원의 대가를 직접적으로 바라지 않더라도 정치적 목적의 개입과 간섭으로 이어질 수 있는 문제가 있다.

우선, 상대방의 동의 없는 일방적인 인도적 지원은 폭력적일 수 있다. 인도적 지원(Humanitarian aid)은 인도주의적 개입의 목적과 같이 상대국 국

---

17 Robert W. Ruachhaus, "Principal-Agent Problems in Humanitarian Intervention: Moral Hazards, Adverse Selection, and the Commitment Dilemma," *International Studies Quarterly* 53-4 (2009), p.880.

18 Christine Gray, "The use of force for humanitarian purposes," Henderson and White (eds) *Research Handbook on International Conflict and Security Law* (2013), pp. 11-15.

민들의 인권 보호 및 증진을 목적으로 시행되지만, 상대국의 요청이 있을 때 동의를 얻어 행하는 것이다. 하지만, 상대국의 요청이 없는 일방적 지원은 폭력적일 수 있다. 인도주의적 활동의 중요한 세 가지 원칙으로 공정성(Impartiality), 중립성(Neutrality), 독립성(Independence)을 꼽을 수 있다. 특히 공정성 원칙은 오로지 수혜자가 필요로 하는 요구(need)에 근거를 두고 지원을 제공해야 한다는 것이다. 과도한 언론 보도나 사람들의 관심에 집중되어 수혜자를 선택하거나, 지원하는 측의 이익을 목적으로 수혜자에게 지원하는 행위는 공정성을 훼손하게 된다.

둘째, 정치적인 목적에서 진행되면 인도주의 목적이 훼손될 수 있다. 순수한 목적성을 지녔더라도 결과적으로 정치적인 효과를 거둘 의도를 내포할 수 있기 때문이다. 대표적으로 정치적 인도주의라는 개념을 통해 알 수 있다. 정치적 인도주의는 원조라는 인도주의적 수단을 통해 정치적 목적을 획득하는 것을 의미한다. 정치적 인도주의라는 명칭 자체에 모순이 있다. 특정 국가나 집단에 도움을 주는 것에 순수한 인도주의적 목적이 아닌 정치적 목적이 있다면 인도주의라는 명칭을 사용하지 않아야 한다는 것이다. 정치적 인도주의는 수원국에 대한 지배력 강화의 수단 등으로 사용할 수 있기 때문이다. 1990년대 나토의 코소보 개입 등은 정치적 인도주의의 전형적인 예로 볼 수 있다.

셋째, 지원국의 우월성을 지닌 제국주의 성격을 띨 수 있다. 의료 지원의 수혜자 범위가 점차 식민지 시민들에게까지 넓어지면서 식민지 점령 국가의 의료 개입은 그 식민지 국가의 문명화를 위한다는 목적을 띠고 있었다. 겉으로 보기에는 단순한 자선적 의도에서의 의료 지원으로 보일 수 있지만 식민지 국가에 대한 다양한 의료 원조의 기저에는 서구 문명의 우월감을 증명하기 위한 목적이 강하게 자리 잡고 있었다. 다분히 제국주의적 성격을 띠고 있었다는 것이다.[19] 아울러 선교 사업의 성격으로 식민지 국가를 상대로 한 의료 지원과 개종 권유는 식민지 국가의 문명화 수준을 높이기 위한 의도라는 측면에서 폭력적일 수 있다. 특정 종교와 이념의 우월성을 강조하며 인도주의 목적이 아닌 다른 특정 목적만을 고집하는 것이 폭력적으로 나타날 수 있다.

넷째, 분쟁 중 인도적 지원이나 원조의 배분 방식과 구호단체의 책임에 대한 논란이 있다. 서구 공여국의 인도적 지원 우선순위가 최근 전쟁이 발생한 우크라이나와 이스라엘-팔레스타인 전쟁이 벌어진 가자 지구 등 서구 세계의 관심 지역에 집중될 때 상대적으로 미얀마 로힝야족, 시리아, 아프가니스탄 등 기타 위기 상황에 대한 지원이 축소될 수도 있다. 또한 지난 수십 년간 진행된 국제 원조가 빈곤국 즉 수원국들의 빈곤 퇴치 및 극복에 얼마나 기여했는지에 대한 논란과도 연계된다.[20] 세계 최빈국에 대한 경제적, 사회적 개발 지원에 수십억 달러를 사용하면서도 별다른 성과가 없다는 점에서 인도적 지원을 소위 '구급차 뒤나 쫓는 일'로 폄훼하며 비판하는 경우도 있다. 책임성 있는 인도적 지원이 되기 위해서는 수혜자 개인뿐만 아니라 그 개인이 속한 집단도 함께 존중해야 한다. 다시 말해 지역 주민과 토속 문화를 배제해서는 안 되고, 그들이 필요한 것이 무엇인지 제대로 알고, 개입이 아닌 그들의 요구를 존중하는 수혜자와 지원자의 평등한 관계

---

19 김소정, "인도주의 개념과 인도주의적 활동에 관한 고찰", 『연세유럽연구』 제2권 2호, 2014, 68쪽.
20 박혜윤, 국제개발원조의 문제점과 대안: 신제도주의적 접근 『국제·지역연구』 제22권 1호, 2013, 44-45쪽.

를 바탕으로 '협력적' 인도주의에 입각한 지원이 이뤄졌는지에 대한 반성이 필요하다.

(3) 평화 구축 과정과 폭력

평화 구축 과정에서 승자의 평화(Victor's Peace)와 패자의 평화(Loser's Peace)로 구분될 때 승자의 평화가 패자의 평화보다 우위에 서게 되면 폭력적인 상황이 발생할 수 있다.[21] 분쟁 이후 평화 구축 과정은 대체로 폭력적인 상황이 해결되어 평화로운 세상이 형성되는 것으로 인식된다. 하지만 실제로는 평화협정 체결 이후에도 다양한 형태의 폭력이 계속되기도 한다. 전쟁과 분쟁을 통해 체득된 폭력적 상황이 지속될 수 있다. 관습과 규범에 의해 일상생활을 유지하던 사회에 전쟁이라는 극단적인 충격이 가해져 폭력이 정당화되는 풍토가 조성될 수 있기 때문이다. 특히 내전 이후의 신생 사회에서는 제도와 국민적 합의가 취약한 경우가 많아 자유화와 경쟁의 부정적인 결과가 나타날 가능성이 높다. 평화 구축 과정에서 구호단체들은 인도적 지원을 하면서 전쟁이나 분쟁의 승자와 패자에 대해 대체로 중립적인 입장을 취한다. 인도적 목적에 따라 이루어지는 지원이기에 전쟁의 승자와 패자를 구분하여 지원하는 것은 단체들의 활동 목적에 부합하지 않기 때문이다. 하지만 이들의 지원이 평화 구축 과정에서 분쟁의 심화나 완화에 기여하는 점에서는 구호 활동이 중립적이지 못하다는 주장이 있다.[22]

---

21 Astri Suhrke and Mats Berdal, *The Peace in Between_ Post-War Violence and Peacebuilding* (New York: Routledge, 2012), pp. 7-12.
22 카너 폴리 지음, 노시내 옮김, 『왜 인도주의는 전쟁으로 치닫는가?-그들이 세계를 돕는 이유』, 서울: 마티, 2010, 57-58쪽.

평화 구축 과정에서 내부의 체제 정비 과정에 기득권 및 저항 세력의 반발로 폭력이 발생할 수 있다. 평화 구축 과정에서 사회적, 경제적 권리가 잘 보장되는지를 감시하고 모니터링하는 작업은 고문, 검열, 자의적 처형 등 기존 인권 탄압의 사례를 파악하는 것보다 어렵다. 평화 구축 과정에서 특정 종교, 인종, 국적에 속한다는 이유로 교육, 사회보장, 취업 등 보편적인 권리를 박탈하는지를 감시하고 분석하는 작업은 광범위한 정보 분석을 통해 가능하기 때문이다. 선한 목적이라고 하더라도 의도하지 않게 인도주의 폭력이 형성될 수 있다는 의미다. 따라서 선한 목적이 긍정적 결과로 이어지기 위해서는 인도적 지원을 통해 해당 지원 물품들이 효과적으로 잘 배분되어 사용되는지를 파악하는 작업을 통해 불평등, 배제, 차별 등 또 다른 폭력의 씨앗을 사라지게 만드는 작업이 중요하다.

아울러 평화 구축 과정에서 내부의 반대 세력에 대해 폭력적 행위가 가해질 수 있다. 예를 들면 1996년 과테말라 전쟁에서 준군사부대 및 군사정보기관 해체, 병력 감축과 군사비 삭감 등을 내용으로 하는 평화협정이 체결되었다. 그러나 평화협정을 이행하는 과정에서 사회정의·인권·민주적 참여 보장 등의 원칙을 내세웠지만, 군부 세력은 위협·정치적 조작·폭력 등을 사용하며 협정의 이행을 방해했다. 전쟁 직후 매년 약 5천 건의 살인 사건 중 약 2%만이 경찰의 수사를 받았고 체포 건수도 줄어들어 스스로 공권력을 약화시켰다.[23] 따라서 내부 치안의 위기를 자초하며 간접적으로 폭력을 조장했다는 비판에서 자유로울 수 없다.

23 John-Andrew McNeish and Oscar López Rivera, "The multiple forms of violence in post-war Guatemala1," in Astri Suhrke and Mats Berdal, *The Peace in Between_ Post-War Violence and Peacebuilding* (New York: Routledge, 2012), pp. 289-306.

4. 맺음말: 한반도 평화에 주는 함의

우리가 살고 있는 세상에는 직간접적으로 항상 폭력과 갈등이 존재한다. 한반도에서는 여전히 전쟁의 위협이 상존하고, 국제적으로는 러시아-우크라이나 전쟁과 이스라엘-팔레스타인 전쟁을 비롯하여 내전·기근 등으로 인해 다양한 형태의 갈등 상황이 발생하고 있다. 중동, 남미, 아프리카 등 세계 각지에서 여전히 테러와 폭력이 발생하고 있다. 내부적으로도 세대 갈등, 성차별, 이념 분열, 빈부 격차 등 다양한 대립과 갈등이 존재하는 사회에 살고 있다. 이와 같이 다양한 위협이 상존하기에 평화를 논하기 전에 폭력과 갈등에 대해 고민해야 한다. 폭력이 왜 발생하느냐의 원인뿐만 아니라 폭력이 어떻게 발생하느냐의 구조적인 문제까지 논의해야 평화를 온전히 파악하여 달성할 수 있기 때문이다.

또한 직접적인 폭력 행위가 아님에도 폭력으로 다가올 수 있는 현상이 존재한다는 점을 인식해야 한다. 평화적이고 선한 목적이라는 명분이라도 이것이 폭력적인 상황으로 귀결될 수 있다. 원조, 지원이라는 형태가 선한 목적이라 하더라도 정치적 의도가 숨겨져 포장되거나 위장된 경우가 있다. 인도주의 폭력이 대표적이다. 분쟁이 발생하거나 내부적으로 심각한 위기를 겪고 있는 국가나 집단에게 인도주의적 목적으로 외부에서 개입하거나 지원해야 한다는 것에 대해 찬반의 의견이 있다. 인도주의적 차원의 개발 협력, 개발 지원이라는 새로운 방식도 지원국의 우월성을 토대로 개도국을 상대로 한 지원이라는 점에서 제국주의적 성격을 온전히 지우지 못하고 있는 상황이라는 비판이 있다. 최근 공여국의 경제 침체, 지원에 대한 국내 여론 지지도 하락, 원조의 피로도 증가 등 여러 이유로 인도적 지원은 점차 감소하고 있다. 지속적으로 인도적 지원이 필요한 곳에 지원이 이뤄지지 않는 그 자체도 폭력으로 여겨질 수 있다. 수원국 입장에서는 주체적이지 못한 수동적인 객체에 불과하기 때문이다. 공여국이 인도적 지원 예산을 유지하거나 확대할지를 선택한다는 자체가 수원국 입장에서는 불안하게 여길 수 있는 일이기 때문이다. 남북한을 대입해 보면, 잘사는 남한이 상대적으로 빈곤한 북한에 인도주의적 관점에서 지원, 개입하는 행위가 북한 입장에서는 폭력적으로 여겨질 수 있다는 것이다. 북한이 요구하지 않는데 남한이 일방적으로 지원하는 것도 폭력적일 수 있다. 남한의 지원 의사를 북한이 거부한다고 북한의 정치적 목적과 관계없이 일방적으로 비판하는 것 역시 폭력적일 수 있다. 향후 한반도 평화 구축 과정에서도 남한이 승자의 평화를 누린다면, 북한은 패자의 평화를 겪을 수 있다는 것이다.

인도주의 폭력을 논하는 것은 인도주의 자체를 비판하려는 것이 아니다. 인도주의적 행위의 목적이 의도하든 의도하지 않든 훼손되어 폭력으로 귀결될 수 있다는 점에 유의해야 한다는 것이다. 앞서 언급한 인간 사회의 다양한 폭력적 상황에 대해 유념할 때 선한 목적과 의도라 하더라도 상대방에게는 폭력적인 상황으로 여겨질길 수 있다는 점을 고려해야 한다는 것이다. 기존 갈등의 핵심이 상대방에 대한 적개심에서 비롯되었다면, 인도주의 폭력은 적에 대한 증오와 적대감 없이 나타날 수 있다는 데 유의해야 한다. 남북 간 상호 적대감이 존재하지 않은 상황에서 교류 협력이 활발히 이루어진다고 하더라도 갈등적 상황이 발생한다면 인도주의 폭력이 존재할 수 있기 때문이다. 국가 간의 경계가 점차 희미해져 가고, 세계가 점점 좁아짐에 따라 차별과 편견 없는 인간 존중의 보편성 원칙에 근원을 두는 인도주의와 인도주의적 실천에 대해 재조명이 필요하겠다.

일상적 폭력

제7장

허지영

1. 들어가는 말

이 책에서 소개하는 바와 같이 폭력의 개념에는 그 주체와 형태에 따라 다양한 범주가 있다. 현대 평화학의 권위자이자 평화운동가였던 갈퉁(Johan Galtung)은 단순히 전쟁의 반대말로 인식되던 평화의 저변을 넓히기 위해 폭력 개념을 다양화했다.[1] 평화 연구가 전쟁 회피 연구 또는 무기의 제한·폐지·통제에 관한 연구로 제한되는 문제를 지적하며 1969년 구조적 폭력을 제시한다. 이어 1990년 문화적 폭력 개념의 소개는 폭력 개념이 다양해지는 본격적 계기가 되었다.[2] 이처럼 갈퉁의 폭력 개념화는 평화학계에뿐만 아니라 일상에서 존재하는 여러 유형의 폭력을 규명하고 이를 극복하기 위한 노력으로 이어지는 평화운동에도 큰 영향을 미쳤다.

일상적 폭력은 일상에서 되풀이되어 발생해 피해자조차 '정상'으로 수용하게 된 폭력이다. 이러한 일상적 폭력 개념이 젠더 연구자들을 중심으로 발전되었다는 것은 놀랍지 않다. 동서를 막론하고 남녀 차별은 가장 흔하게 발생하고 일상화된 폭력 중 하나였기 때문이다. 여성 스스로조차 사회

---

1   Johan Galtung, "Violence, Peace, and the Peace Research," *Journal of Peace Research* 6-3 (1969).
2   Johan Galtung, "Cultural Violence," *Journal of Peace Research* 27-3 (1990).

적 공간에서 차별적 대우를 받고 특정 권리를 박탈당하거나 배제되는 것을 당연하게 받아들이던 시대가 있었다. 안타까운 점은 일상적 폭력의 대상이 달라지고 있을 뿐 일상적 폭력의 행태는 더 교묘하고 더 만연한 형태로 계속되고 있다는 사실이다. 여성의 인권이 상당히 신장되었음에도 이 책의 3장에서 다루고 있듯이 젠더 폭력은 오래되었지만 여전하다. 반면 최근 일상적 폭력 연구는 변화되는 시대적 맥락에 따라 사회에 새롭게 등장한 타자 집단인 이민자나 난민, 또는 성 소수자 집단을 향한 폭력 사례들에 집중하고 있다.

이 장에서는 다양한 소수집단을 대상으로 가해지는 일상적 폭력의 개념을 살펴보고 그 특징과 유형을 논의한다. 일상적 폭력은 직접적으로 가해지는 물리적 폭력의 형태로 표출되기도 하지만, 대부분은 미묘한 차별이나 혐오, 배제와 같은 간접적 형태로 이루어진다. 일상적 폭력 개념은 분단이라는 맥락으로 인해 평화의 반대는 전쟁으로 흔히 인식되는 한국 사회에서, 폭력의 개념을 확장하고 사회의 소수집단에 가해지는 일상적 혐오와 차별의 행태들이 상당한 심적·신체적 손상을 가하는 명백한 폭력으로 인식하게 되는 이론적 토대로서 의미가 있다.

2. 미묘한 폭력: 일상적 폭력 개념의 등장 및 전개

1) 등장 배경

갈퉁은 폭력을 인간의 기본적인 필요가 부정되는 상태 즉, 인간의 기본적인 욕구에 대한 모독으로 인식하고[3] 인간의 기본 필요를 생존, 웰빙, 정체성 즉, 의미 욕구, 그리고 자유의 네 가지로 구분했는데 이러한 갈등의 연구는 폭력의 개념을 다원화하는 데 크게 기여했다. 갈퉁은 인간의 기본 욕구들이 부정된 상태를 폭력으로 정의하고 아래 〈표 1〉과 같이 폭력을 유형화했다.

〈표 1〉 폭력의 유형

	생존욕구	웰빙욕구	정체성욕구	자유욕구
직접적 폭력	살해	상해 계엄 제재 고통	비사회화 재사회화 이등시민	억압 구속 추방
문화적 폭력	착휘	착취	침투 분열	주변화 파편화

출처: Johan Galtung (1990), p.292.

문화적 폭력은 문화 속에 스며든 상징적인 폭력으로 비가시적이지만 주로 직접적 폭력이나 구조적 폭력을 정당화하는 역할을 한다는 점에서 중요한 의미가 있다. 문화적 폭력은 문화 전체가 폭력적이라는 것을 의미하는 것이 아니라, 문화의 한 측면, 예를 들어 종교, 이념, 언어, 예술, 경험과학, 형식과학(formal science)과 같은 상징적 영역들이 직접적 폭력이나 구조적 폭력을 정당화시키기 위해 활용되는 것을 의미한다.[4] 즉, 깃발, 애국가, 군대 퍼레이드, 십자가, 정치 지도자의 초상과 같이 문화의 한 측면이 폭력적

3　Johan Galtung (1990), p.292.
4　Johan Galtung (1990), p.291.

인 상태이다. 문화적 폭력을 인식하는 것이 중요한 이유는 문화적 폭력은 사회에서 빈번히 발생하는 다양한 종류의 폭력을 정당화하거나 적어도 잘못된 일은 아니라고 인식하도록 만드는 심리적 메커니즘으로 작동하기 때문이다. 도덕적 판단의 기준을 변화시키고 폭력적인 현실 인지를 불분명하게 만들어 폭력적 행위나 사실을 비가시화하거나 심지어 폭력으로 간주되지 않도록 만드는 데 기여한다.

갈퉁에 따르면 직접적 폭력, 문화적 폭력, 구조적 폭력은 상호 유지 및 지속시키는 역할을 하며 '폭력의 삼각관계'를 형성한다. 직접적 폭력은 일회성 '사건', 구조적 폭력은 '과정'인 반면, 문화적 폭력은 본질적으로 느린 문화의 변화 속도를 고려할 때 오랜 기간 동일하게 유지되는 것이 특징이다. 특히 문화는 착취나 억압이 정상적이고 자연스러운 것이라고 정당화하거나 아예 인식되지 못하도록 만드는 기제로 기능한다.

갈퉁의 폭력 개념 외에도 다양한 폭력 개념이 등장했는데 그중 일상적 폭력은 비교적 최근에 등장한 폭력 개념 중 하나로 일상의 반복적인 행동과 상호작용 속에서 '정상적'인 것으로 수용되는 폭력을 말한다.[5] 이런 관점에서 일상적 폭력은 문화적 폭력과 밀접하게 연결된다. 문화적 폭력은 일상적 폭력이 해당 사회에서 정상으로 인식되거나 적어도 잘못된 일은 아니라고 인식되도록 만드는 메커니즘으로 작동하기 때문이다. 주로 젠더 연구자들을 중심으로 발전된 일상적 폭력 연구는 특정 집단의 구성원들에게

---

5   Heather R. Hlavka, "Normalizing Sexual Violence: Young Women Account for Harrassment and Abuse," *Gender and Society* 28-3 (2014), pp. 344-46; Anna-Britt Coe, "Everyday Violence and Crosscutting Conditions Shaping Social and Political Dimensions of Unsafety in Youth Activism," *Young* 30-5 (2022), p.456.

가해지는 직간접적 폭력이 사회에서 정상적인 것으로 수용되는 과정과 그로 인한 영향이나 결과에 관심이 있다. 일상의 미시적 차원 즉, 개인 간의 상호작용에서 주로 발생하지만, 인종이나 민족 또는 성별에 따라 특정 집단이나 개인을 향한 악의적이고 강압적인 구조적 인종차별주의를 생산하기 때문에 구조적 폭력과도 연결된다. 즉, 인종이나 민족에 따른 의료 불평등과 같이 피해자들에게 잘 드러나지 않는 방식으로 불평등 사회 체계나 구조의 원인이 된다는 점에서 일상적 폭력이 이루어지는 미시적 차원을 넘어서는 의미가 있다.[6]

2) 일상적 폭력 개념의 전개

일반적인 사법 체계에서 폭력은 가해자가 명확히 밝혀진 피해자에게 개인적 차원에서 가하는 손상을 의미한다.[7] 그러나 폭력에 대한 이러한 협소한 이해는 폭력을 일회성 사건으로 인식되게 하는 문제가 있다. 또한, 종교나 인종, 민족, 또는 젠더와 같이 피해자의 정체성에 집중해 폭력의 본질이나 가해자에게 향해야 하는 초점을 흐리게 하기도 한다.[8] 하지만, 실상 폭

---

6   Samanth Sabo, Suan Shaw, Maia Ingram, Nicolette Teufel-Shone, Scott Carvajal, Jill Guernsey de Zapien, Cecilia Rosales, Flor Redondo, Gina Garcia and Raquel Rubio-Goldsmith, "Everyday Violence, Structural Racism and Mistreatment at the US-Mexico Border," *Social Science & Medicine* 109 (2014), pp. 66-74.
7   Diane Richardson and Hazel May, "Deserving Victims? Sexual Status and the Social Construction of Violence," *Sociological Review* 47-2 (1999), p.14.
8   Alan Collins, *Black Feminist Thought: Knowledge, Consciousness, and the Politics of Empowerment* (New York: Routledge, 2000); Christina B. Hanhardt, *Safe Space: Gay Neighborhood History and the Politics of Violence* (Durham, NC: Duke University

력은 지극히 평범한 차원으로부터 치명적인 수준까지 연속된 일련의 경험이다.[9] 일상적 폭력의 범주에 포함되는 상당수의 행위들이 폭력으로 간주되지 않거나 적어도 문제는 아니라는 인식이 우세한 경우가 많기 때문에 일상적 폭력 연구자들은 미묘하고 사소한 폭력 행위들도 엄연히 '폭력'임을 인식할 필요가 있다는 점을 강조한다. 사소하고 미묘한 폭력 행위일지라도 상당한 폭력적인 속성을 포함할 뿐만 아니라 미묘한 폭력 행위에 오랜 기간 노출된 피해자들이 지속적인 자기 감시의 상태에 처하거나 공적인 영역에 완전히 참여하기가 어려워지는 등 상당한 고통을 경험하기 때문이다.

일상적 폭력 연구는 여성, 성 소수자(LGBTQ, lesbian·gay·bisexual·transgender·queer/questioning), 청소년, 또는 특정 인종과 같이 전통적으로 사회적 약자에 속하는 집단을 대상으로 한 연구로부터, 이주자나 난민과 같이 세계화된 사회에서 적대적인 또는 열등하다고 '타자화'된 집단에 가해지는 폭력에 관한 연구로 점차 확장되어 왔다. 예를 들어 과거 페미니즘 연구자들이 일상에서 정당화된 미묘한 폭력을 일으키는 주요 요인으로 인종과 성별과 같은 요인에 주목했다면,[10] 최근에는 민주주의 사회에서 경찰이 시민 보

Press, 2013); Doug Meyer, *Violence Aginast Queer People: Race, Class, Gender, and the Persistence of Anti-LGBT Discrimination* (New Brunswick, NJ: Rutgers University Press, 2015).

9 Liz Kelly, "The Continuum of Sexual Violence" In *Women, Violence and Social Control*, Jalna Hanmer and Mary Maynard (eds.), (London, MacMillan Press LTD, 1987), pp. 46-60; Carle J. Sheffield, "Sexual Terrorism: The Social Control of Women" In Beth B. Hess and Myra Marx Ferree (eds.), *Analyzing Gender: A Handbook of Social Science Research* (Thousand Oaks, CA: Sage, 1987), pp. 171-189.

10 Kimberle Crenshaw, "Mapping the Margins: Intersectionality, Identity Politics, and Violence against Women of Color," *Stanford Law Review* 43-6 (1991), pp. 1241-1299.

페루의 반젠더 폭력 시위 (출처: https://commons.wikimedia.org/wiki/File:Violence_against_women_in_Peru_-_No.jpg, CC BY 2.0)

호라는 명분으로 유색인종 남성을 향해 가하는 일상적 폭력이나[11] 유럽연합의 국경 지대에서 남성 이민자나 난민을 대상으로 젠더화되고 급진주의화된 '불법 이민' 논리에 의한 일상화된 폭력 등으로 연구 범위가 확장되고 있다.[12]

특히, 유럽연합의 국경 지대 난민 캠프에서 발생하는 일상화되고 반복적인 폭력이 일상의 일부, 곧 당연한 것으로 수용되는 과정을 추적한 연구는

11 Angela P. Harris, "Gender, Violence, Race, and Criminal Justice," *Stanford Law Review* 52-4 (2000), pp. 777-807.

12 Karolina Augustova, *Everyday Violence at the EU's External Borders: Games and Push-backs* (London & New York: Routledge, 2023), pp. 12-13.

흥미로운데, 가해자를 특정하기 어려운 국경 지대에서 발생한 난민 사망 사건을 사례로 폭력이 일상의 일부로 '평범화'되거나 '당연스러운 것으로 귀결'되는 방식을 추적해 난민이 당하는 폭력이나 죽음이 어떻게 정치적 의제에서 제외되고 폭력이 아닌 것으로 간주되거나 당연한 것으로 받아들여지는지를 분석한다.[13] 폭력이 평범한 사람들의 일상에 자연스러운 것으로 엮어질 때 폭력은 곧 일상이 된다. 난민 구타나 난민의 극한 빈곤이 난민을 수용하는 사회와 구성원뿐만 아니라 난민들 스스로에게조차 정상적이고 일상적인 것으로 인식되는 것은 일상적 폭력으로 인한 결과이다. 이주자나 난민의 사례에서 폭력이 정상화되는 과정은 국경을 넘나드는 과정에서 발생하는 폭력뿐만 아니라 난민이나 이주자가 된 원인 즉, 본국에서 발생한 폭력 사태로부터도 상당한 영향을 받는다.

이와 같이 일상화된 미묘한 형태의 폭력을 폭력으로 인식하는 것이 중요한 이유는 피해자의 감정적·신체적·사회적 현실에 상당한 영향을 미칠 뿐만 아니라 그들의 자기 정체성과 세상에서의 자신의 위치에 대한 이해에 미치는 영향이 상당하기 때문이다. 폭력이 물리적이지 않거나 눈에 보이는 결과로 이어지지 않더라도 피해자들이 세상과 자신을 인지하고 해석하는 방식에 부정적 영향을 미친다.[14] 또한, 앞서 언급한 것처럼 일상적 폭력은 악의적이고 강압적인 구조 및 불평등한 사회 체계를 형성해 구조적 폭력으로 이어지거나 직접적 폭력과 구조적 폭력을 정당화하는 문화적 폭력과 연결되어 사회에 폭력의 악순환을 형성하는 데 기여할 수도 있다.

---

13   Karolina Augustova (2023), pp. 70-73.
14   Karolina Augustova (2023), p.82.

상당한 인식 전환이 이루어져 왔지만 여전히 일상적으로 발생하는 성
희롱이나 성 소수자를 향한 공격적 언행이 폭력으로 인식되지 않는 경우
가 많다. 하지만, 엄밀히 말해 그런 행위들은 '미묘한 차별(microaggression)'
로 분류되는 일상적 폭력의 한 형태이다.[15] 미묘한 차별은 특정 집단이나
개인에게 의도적 또는 비의도적으로 가해지는 일상에서의 언어적, 비언어
적, 환경적 모욕을 포함한다. 일상에서 반복적으로 미묘한 차별을 경험하
게 되면 그 영향은 평생 지속되며 물리적 폭력만큼 상당히 부정적 결과를
낳는다.[16] 뉴욕에서 발생한 여성을 향한 성희롱이나 성 소수자를 대상으로
한 일상적 폭력에 관한 연구는 인종이 젠더화된 폭력에 상당한 영향을 미
치는 주요 변수라고 밝혔다.[17] 예를 들어, 백인 여성보다 유색 여성이 인종
적이고 성적인 공격이나 희롱의 대상이 될 확률이 높다. 또한, 계층도 일상
적 폭력에 중요한 변수 중 하나로 '가난한' '유색' '여성'일수록 일상적 폭력
에 노출될 가능성이 높다.

15 Derald Wing Sue, *Microaggressions in Everday Life: Race, Gender, and Sexual
    Orientation* (Hoboken, NJ: John Wiley, 2010); Lisa Delpit, *Multiplication is for white
    people: raising expectations for other people's children* (New York: The New York
    Press, 2012).

16 Kevin L. Nadal, Chassity N. Whitman, Lindsey S. Davis, Tanya Erazo, and Kristin C.
    Davidoff, "Microaggressions toward Lesbian, Gay, Bisexual, Transgender, Queer,
    and Genderqueer People: A Review of the Literature," *Journal of Sex Research* 53-
    4(5)(2016), p.488-508; Matthew W. Hughey, Jordan Rees, Devon R. Goss, Michael
    L. Rosino, and Emma Lesser, "Making Everyday Microaggressions: An Exploratory
    Experimental Vignette Study on the Presence and Power of Racial Microaggressions,"
    Sociological Inquiry 87-2 (2017), pp. 303-336.

17 Simone Kolysh, *Everyday Violence: The Public Harassment of Women and LGBTQ
    People* (New Brunswick: Rutgers University Press, 2021), p.14.

이처럼 일상적 폭력에는 인종·민족·성별·계층과 같은 다양한 요인이 복합적으로 작용하며 이미 사회에 만연해 있지만, 여전히 법이나 정책적 차원에서 폭력으로 다루어지지 않는 경우가 많아 사회적 처벌의 사각지대에 놓여 있다. 이런 관점에서 일상적 폭력 연구는 일상적 폭력과 권력 분배의 연관성을 지적한다. 주로 사회적 약자나 소외 집단을 대상으로 일어나는 일상적 폭력을 해소하는 문제는 권력 계층의 관심에서 벗어나 있다는 것이다.[18] 일상적 폭력이 놀라울 정도로 만연해 있음에도 불구하고 피해 집단조차 '정상'으로 인지하여 받아들이고 폭력으로 인정받지 못하는 사례가 다수이지만 시급히 해결해야 할 사회적 문제로 간주되지 않는 것이 현실이다.

3. 일상적 폭력의 특징과 유형

1) 특징

일상적 폭력은 집, 직장, 문화시설이나 공공장소와 같은 평범한 일상의 사회적 공간에서 오랜 기간에 걸쳐 반복적으로 발생하며 일상화된다. 이에 사회에서 정상적 행태로 인정되어 심각한 폭력으로 간주되지 않거나 또는 확연히 드러나지 않을 정도의 미묘한 형태로 가해지는 폭력이다.[19] 사소

---

18 Simone Kolysh (2021), p.2.
19 Heather R. Halva (2014), pp. 337-358; Liz Kelly (1987), pp. 46-60; Elizabeth Stanko, *Everyday Violence: How Women and Men Experience Sexual and Physical Danger* (London: Pandora, 1990); "Women, Crime, and Fear," *The Annals of the American*

한 형태로 일상에서 흔히 발생하고 되풀이되는 폭력적 행동이나 언어적 표현으로 나타나기 때문에 정의 자체가 모호하다. 이런 관점에서 일상적 폭력에 관한 여러 실증 연구들은 일상적 폭력의 공통된 특징으로 해당 사회에서 지극히 '정상적이고 자연스러운 것'으로 받아들여진다는 점을 꼽는다. 하지만, 특정 사회의 역사, 문화, 정치적 맥락에 따라 일상적 폭력의 행태는 다르게 나타난다.

최근 일상적 폭력 연구는 온라인 소셜 미디어에서 발생하는 미묘한 폭력과 차별에도 주목하는데, 온라인에서 벌어지는 폭력이 좀 더 미묘한 형태로 반복적으로 나타나는 경향이 강하기 때문이다. 정부가 청년 집단의 온라인 정치 활동을 억압하는 방식을 분석한 연구에서는 안보화나 범죄 예방이라는 명분으로 가해지는 미묘한 차별이나 배제,[20] 또는 청년 활동가를 '급진주의자'라고 지칭함으로써 그들의 활동을 '폭력을 확증하는 극단주의'로 낙인찍는 형태로 일상적 폭력이 나타난다고 분석했다.[21] 한편, 일반 대중에 의한 일상적 폭력은 자신의 가치관과 관점에서 옳지 않다고 여겨지는 타자 집단, 예를 들어 이주 노동자나 난민을 향해 혐오 발언이나 직접적인

Academy of Political and Social Science 539 (1995), pp. 46-58.

20 Kerman Calvo and Martin Portos, "Securitization, Repression and the Criminalization of Young People's Dissent: An Introduction," *Revista Internacional de Sociologia* 77-4 (2019).

21 Hava R. Gordon and Jessica K. Taft, "Rethinking Youth Political Socialization: Teenage Activists," *Youth & Society* 43-4 (2011), pp. 1499-1527; Jan Jamte and Rune Ellefsen, "The Consequences of Soft Repression," *Mobilization An International Quarterly* 25-3 (2020), pp. 383-404; Wangui Kimari, Luke Melchiorre and Jacob Rasmussen, "Youth, the Kenyan State and a Politics of Contestation," *Journal of Eastern African Studies* 14-4 (2020), pp. 690-706.

위협을 가하는 형태로 표출되기도 한다.[22] 한편, 전술한 것처럼 젠더 연구
자들은 일상적 폭력의 피해 여성들이 자신들이 경험하는 폭력을 당연한 것
으로 인지하고 수용하게 만드는 권력 구조에도 주목한다. 일반적으로 성
폭력이나 성희롱 사건은 발생 건수에 비해 신고 비율은 높지 않다. 폭력 사
건이 신고되지 않는 이유에 집중하기보다는 여성과 이주자와 같은 사회 약
자나 성적 소수자를 향한 폭력이 생산되고 반복되고 정상화되는 과정에 영
향을 미치는 권력 구조를 파악하는 데 집중해야 할 필요가 있다.[23]

2) 유형

앞서 살펴본 것처럼 일반적으로 일상적 폭력은 물리적이고 직접적인 폭
력보다는 배제와 차별과 같이 미묘한 형태로 나타난다. 배제는 굉장히 다
차원적인 개념으로 합의된 정의는 부재하지만, 일반적으로 사회적 배제는
물리적으로(사회적 고립) 또는 감정적으로(무시 또는 소속을 거부당하는 형태
로) 다른 이들로부터 분리되는 경험이며 사회적 소속감에 대한 다양한 위
협을 포괄한다. '사회적으로 구성된' 개념으로 사회에서 '정상'으로 수용되
는 의미에 따라 배제의 개념은 달라질 수 있다. 즉, 배제는 '정상'이라고 여
겨지는 상태나 조건으로부터 분리된 상태이며 그 정상의 기준은 사회마다

22 Maja Sager and Diana Mulinari, "Safety for Whom? Exploring Femonationalism and
    Care-racism in Sweden," *Women's Studies International Forum* 68 (2018), pp. 149-156.
23 William Corsaro, *The Sociology of Childhood* (Thousand Oaks, CA: Pine Forge,
    1997); Heather Hlavka, "Child Sexual Abuse and Embodiment," *Sociological Studies
    of Children and Youth* 13 (2010), pp. 163-187; Nick Lee, *Childern and Society:
    Growing up in an Age of Uncertainty* (New York: Open University Press, 2001).

다르다.[24] 센(Amartya Kumar Sen)은 능력이론[25]을 통해 개인이나 집단이 특정한 '기능' 상태에 도달하는 것을 불가능하게 만드는 프로세스를 사회적 배제라고 인식했다.[26] 원하는 특정 기능에 도달할 수 없게 만드는 사회적 구조는 결국 박탈의 문제로 이어질 수 있다. 따라서 사회적 배제는 여러 종류의 박탈이 결합된 구조적 폭력이기도 하다. 반면, 심리학에서 사회적 배제는 사회적 관계에 대한 위협이라고 이해된다. 대부분 미묘하고 모호한 형태로 나타나며 의도적·비의도적으로 발생할 수 있다.[27]

이처럼 다차원적 개념인 배제는 여러 학문 영역에서 개별적으로 연구되었지만, 최근에는 좀 더 전체론적인 관점에서 접근하는 연구가 이루어지고 있다. 예를 들어, 배제와 폭력 갈등 그리고 사회 불안정성의 관계에 집중한 연구들은 특정 형태의 사회적 배제로 인해 사회적 불안정과 폭력 무장 충

---

24 Hilary Silver, "Social Exclusion and Social Solidarity: Three Paradigms," *International Labour Review* 133-5(6) (1994), pp. 531-578.

25 센은 기능(functionings)과 능력(capabilities)을 구분하는데, 기능은 인간이 가치있다고 평가하는 것 즉, 물질적, 비물질적 욕구를 모두 포함하는 개념이며, 이러한 기능 집합으로 구성된 것이 삶의 질을 가리키는 복지이다. 반면, 능력은 개인이 확보할 수 있는 다양한 기능 집합 중에서 특정한 기능을 선택할 수 있는 가능성을 뜻한다. 센에게 있어 능력은 개인이 가치있다고 평가하는 기능, 또는 기능집합을 추구하고 선택할 수 있는 자유를 포함한다.

26 Ruhi Saith, "Social Exclusion: The Concept and Application to Development Countries," *Queen Elizabeth House Working Paper* 72 (2001).
    https://ideas.repec.org/p/qeh/qehwps/qehwps72.html

27 Sara Banki, How much or How many? Partial Ostracism and Its Consequences. Doctoral Dissertation. University of Toronto (2012); Nobert L. Kerr and John M. Levine, "The Detction of Social Exclusion: Evolution and Beyond," *Group Dynamics: Theory, Research, and Practice* 12-1 (2008), pp. 39-52; Laura Smart Richman and Mark R. Leary, "Reactions to Discrimination, Stigmatization, Ostracism, and Other Forms of Interpersonal Rejection," *Pcychol Rev* 116-2 (2009), pp. 365-383.

돌, 또는 테러리스트의 활동과 같이 여러 유형의 폭력 사태가 발생할 수 있는 조건을 형성한다고 분석한다.[28] 민족이나 종교와 같은 이유로 사회의 다양한 영역에서 배제된 집단이 자기 권리를 주장하고 불평등의 문제를 해결하기 위한 수단으로 폭력을 활용하는 사례가 다수 발생한다. 집단 간 단순한 차이는 폭력 분쟁을 야기하기에 충분하지 않을 수도 있지만 그러한 차이를 토대로 일상에서 되풀이되는 배제와 불평등은 폭력 수단을 동원하는 데 정당성을 제공하며 사회 불안과 폭력으로 이어질 수 있다. 특히, 사회경제적 불평등이 정치적인 소외와 결합될 때 폭력 발생 가능성이 높아진다. 이런 관점에서 분쟁 예방이나 해소의 첫 단계는 일상적인 배제와 불평등 문제를 인지하는 것에서부터 출발한다.

〈표 2〉는 사회적 배제의 대표적인 형태인 거부(rejection)와 배척(ostracism)의 유형과 그로 인한 심리적 결과를 나타낸다.[29] 거부는 소속을 명시적으로 거부당하거나 또는 사회적 관계에서 암묵적으로 거부당하는

---

28 보다 자세한 내용은 B Rohwerder and H Haider. *Conflict: Topic Guide* Birmingham: Governance and Social Development Resource Centre, University of Birmingham (2014); Frances Stewart, Graham K. Brown and Arnim Langer, "Major Findings and Conclusions on the Relationship between Horizontal Inequalities and Conflict," in Frances Stewart (ed.), *Horizontal Inequalities and Conflict: Understanding Group Violence in Multiethnic Societies* Frances Stewart (ed.) (Palgrave Macmillan, 2008); Ravi Kanbur, *Poverty and Conflict: The Inequality Link* (New York: International Peace Academy, 2007); Hyun Jin Choi "How Ethnic Exclusion Influences Rebellion and Leader Survival A Simulation Approach," *Social Science Computer Review* 32-4 (2014), pp. 453-473; Pyt Douma "Poverty, Relative Deprivation and Political Exclusion as Drivers of Violent Conflict in Sub Saharan Africa," *Journal on Science and World Affairs* 2-2 (2006), pp. 59-69 참조
29 Paolo Riva and Jennifer Eck (eds.), *Social Exclusion: Psychological Approaches to Understanding and Reducing Its Impact* (Switzerland: Springer, 2016), p.4.

것을 뜻하며,[30] 대표적으로 차별이나 낙인찍기가 있다. 반면, 배척은 개인이나 집단에게 무시당하는 것으로,[31] 일반적으로 배척은 타인이나 타 집단에 의해 관계적으로 저평가되었다는 신호를 인지할 때 경험한다. 인간은 본능적으로 인간관계에서 타자의 가치 평가와 친밀감 정도에 대해 미묘하고 사소한 실마리를 예민하게 발견하는 능력을 지니고 있어,[32] 타자가 자신을 저평가하거나 거부하는 단순한 언어적·비언어적인 표현을 감지하게 되면 예민하게 반응하고 심리적 고통이나 부정적 심리 현상으로 이어질 수 있다. 타인의 평가를 인지하는 방식은 사회적 맥락에 따라 다르다. 하지만, 배제는 그 유형에 관계없이 결과적으로 인간의 심리에 상당히 부정적인 영향을 미친다.[33]

30 Ginette C. Blackhart, Brian C. Nelson, Megan L. Knowles and Roy F, Baumeister, "Rejection Elicits Emotional Reactions but Neither Causes Immediate Distress nor Lowers Self-esteem: A Meta-Analytic Review of 192 Studies on Social Exclusion," *Personality and Social Psychology Review* 14-2 (2009); Kipling D. Williams, "Ostracism: A Temporal Need-Threat Model," *Advances in Experimental Social Psychology* 41 (2007), pp. 275-314.

31 Kipling D. Williams (2007).

32 Mark R. Leary, "Making Sense of Self-esteem," *Current Directions in Psychological Science* 8-1 (1999), pp. 32-35.

33 Kipling D. Williams (2009); Jonathan Gerber and Ladd Wheeler, "On Being Rejected: A Meta-Analysis of Experimental Research on Rejection," *Perspect Psychol Sci* 4-5 (2009), pp. 468-488; James H. Wirth, Michael J. Bernstein, Eric D. Wesselmann and Angie S. LeRoy, "Social Cues Establish Expectations of Rejection and Affect the Response to Being Rejected," *Group Processes & Intergroup Relations* 20-1 (2017), pp. 32-51.

<표 2> 일상의 사회적 배제의 유형과 결과

배제: 물리적, 감정적인 타자로부터의 분리

거부: 직접적인 부정적 관심	배척: 무시당함
- 비인간화 언어	- 시선회피
- 차별, 낙인찍기	- 망각됨
- 기분상하게 하는 비웃음	- 정보 배제(소외)
- 미묘한 차별	- 언어 배제
- 미묘한 공격	- 편향된 언어
- 미묘한 모욕	- 언어적 배척
- 미묘한 무효화	- 불편한 침묵

전형적인 부정적 심리 효과	
단기 배제	장기 배제
- 반사회적 의도, 행동	- 정신착란
- 기본 필요 위협(소속감, 통제, 의미있는 존재, 자존감)	- 우울
- 비인간화	- 무력감
- 부정적 효과(예: 분노, 굴욕, 수치, 슬픔)	- 무의미함
- 신경학적 통증, 감정 손상(hurt feeling)	
- 인진된 배척(예: 무시의 감정, 배제)	
- 관계적 평가절하	

출처: Riva and Eck (2016), p.4를 참조로 저자 수정

(1) 거부

사회적 배제의 가장 흔한 유형 중 하나인 거부는 부정적 관심이 직접적으로 표현되는 경우를 말한다. 인간관계에서 상대가 자신과의 관계를 원치 않는다는 실마리를 인지할 때 주로 경험하게 되며, 청소년기 또래 집단, 가족, 연인, 동료와 같은 다양한 사회적 관계에서 발생할 수 있다. 거부의 경험은 자존감과 인정 욕구를 감소시키고 공격성을 증가시킨다. 거부는 직접적인 표현뿐만 아니라 다양한 방식으로 전달될 수 있는데, 특정 개인이나 집단에 대한 경멸적 표현이나 '비인간화 언어'가 활용된다. 비인간화

언어는 상대가 '인간으로서' 열등하다는 것을 암시적으로 전달하려는 의도를 바탕으로 한다.[34] 즉, 상대방이 인간으로서 공정하고 도덕적인 처우를 받기에 부족한 존재라는 인식을 토대로 상대를 인간 집단에서 미묘하게 제외하는 표현을 사용하는 것이다.

한편 소수집단의 구성원들은 주로 차별 또는 낙인찍기의 방식으로 사회적 거부를 경험한다. 이를 '미묘한 차별'이라고 하는데,[35] 단순하고 미세한 일상적인 언어나 행동을 통해 경험한다. 미묘한 차별은 의식적으로 가해지기도 하지만, 무의식적이거나 암시적으로 발생할 수도 있다. 가장 흔한 사례는 인종적 차이에 따른 미묘한 차별인데 주로 다음의 세 방식으로 나타난다.[36] 먼저, '미묘한 공격(microassaults)'은 의도적으로 가해지는 전통적인 인종차별과 유사하다. 예를 들어 '검둥이'와 같이 특정 인종을 비하하는 별칭을 명시적이고 의도적으로 사용하는 경우다. 미묘한 차별은 때로는

34 Stephanie Demoulin, Jacques-Philippe Leyens, Maria-Paola Paladino and Ramon Rodriguez-Perez and Armando Rodriguez-Perez, and John F. Dovidio, "Dimensions of "uniquely" and "non-uniquely" human emotions," *Cognition and Emotion* 18-1 (2004), pp. 71-96; Stephanie Demoulin, Vassilis Saroglou and Matthieu Van Pachterbeke, "Infra-humanizing Others, Supra-humanizing Gods: The Emotional Hierarchy," *Social Cognition* 26-2 (2008) pp, 235-247; Nick Haslam, "Dehumanization: An integrative review," *Personality and Social Psychology Review* 10-3 (2006), pp. 252-264.

35 Laura Smart Richman, Julie Martin and Jeniffer Guadagno, "Stigma-based Rejection and the Detection of Signs of Acceptance," *Social Psychological and Personality Science* 7-1 (2015), pp. 53-60.

36 Derald Wing Sue, Christina M. Capodilupo, Gina C. Torino, Jennifer M. Bucceri, Aisha M. Holder, Kevin L. Nadal and Marta Esquilin, "Racial Microaggressions in Everyday Life: Implications for Clinical Practice," *American Psychologist* 62-4 (2007), pp. 271-286.

신체적 접촉을 회피하는 것과 같이 비언어적 방식으로 가해지기도 한다. 다음으로 '미묘한 모욕(microinsults)'은 무례하고 무감각한 의사소통 방식을 뜻한다. 주로 인종이나 민족성을 비하하는 방식으로 표출되는데 대표적인 예로 미국 사회에서 흑인 대학생에게 "어떻게 대학에 진학할 수 있었는가?"라는 질문을 던지는 경우가 그렇다. 그러한 질문 속에는 미국 사회에서 흑인은 능력만으로 대학에 입학하기 어렵다는 암시적인 의도가 깔려 있기 때문이다. 한편 '미묘한 무효화(microinvalidation)'는 특정 민족 집단의 사고방식, 감정, 경험을 암묵적으로 부정하고 제외하는 것을 뜻한다. 아시아계 미국인에게 영어 잘한다는 칭찬을 함으로써 미묘하게 아시아계 미국인들이 미국인으로서 문화적 유산을 물려받고 정체성을 소유할 수 있다는 사실을 무효화 또는 부정하거나 외국인으로서의 정체성을 의도적으로 강조하는 사례가 대표적이다.

나달(Nadal, 2011)은 가장 흔히 발생하는 인종에 따른 미묘한 차별의 유형을 다음과 같이 분류했다.[37] 먼저 인종을 근거로 상대의 경제와 교육 수준이 낮을 것이라고 가정하는 '열등함 가정(assumption of inferiority)'이 있다. 또한, 인종 때문에 특정인을 피하거나 두려움을 보이는 '이등 시민과 범죄성 가정(second-class citizen and assumptions of criminality)', 또는 인종 차별은 이미 사회에서 사라졌으며 해당 사회는 '정치적으로 올바른' 상태라는 인식을 토대로 상대의 정체성을 미묘하게 부정하는 '미묘한 무효화(microinvalidation)', 인종을 이유로 영어 이외의 또 다른 언어를 사용할 것이

---

37 Kevin L. Nadal "The Racial and Ethnic Microaggressions Scale (REMS): Construction, Reliability and Validity," *Journal of Counseling Psychology* 58-4 (2011), pp. 470-480.

라고 가정하는 '이국성/유사성의 가정(exoticization/assumptions of similarity)', 특정 인종에 대한 대중 미디어 묘사에 나타나는 차별인 '환경적인 미묘한 차별(environmental microaggressions)', 그리고 인종을 이유로 학교와 직장에서 친구나 동료와는 다른 취급을 당하는 '직장과 학교에서의 미묘한 차별(workplace/school microaggression)' 등이 있다. 미묘한 차별은 때로는 악의적 의도는 없는 것처럼 보이기도 한다. 그러나 미묘한 차별의 경험이 오래 지속된다면 심리적으로 상당히 해로운 결과를 낳는다는 점에서 명백한 폭력의 한 유형으로 볼 수 있다.

(2) 배척

배제의 극단적인 형태인 배척은 말 그대로 타자에게 무시당하는 것을 뜻한다.[38] 배척은 흔히 '우리' 집단의 유대감을 강화하고 다루기 어려운 사회 구성원을 훈련하거나 사회적 규범을 강화하려는 의도에서 발생한다. 또한 집단의 기능과 생존에 위협 또는 부담이 되거나 문제를 일으키는 구성원들을 집단으로부터 배제해 집단을 보호하려는 목적에서 비롯되기도 한다. 주로 유아기나 청소년기 학교에서의 배척, 성인기 직장에서의 배척 그리고 최근에는 온라인 공간에서의 배척 등 여러 사례에 관한 연구는 배척 대상의 연령이나 배척의 이유와 상관없이 배척의 경험은 소속감·통제·존재감·자존감과 같은 인간의 심리적인 기본 욕구를 위협한다고 밝힌다. 또한, 지속적인 배척은 정신착란, 우울감, 무기력함, 무의미함과 같은 심각한 문제로 이어질 수 있다.

38 Kipling D. Williams (2007), pp. 425-452.

배척은 '시선 회피'와 같은 미묘한 형태로 표출되기도 하는데, 실험 연구에 따르면 대중교통이나 거리와 같은 공공장소에서 낯선 사람의 시선 회피를 감지하는 경우에도 배척의 감정을 느낀다.[39] 이와 같은 결과는 실험 연구 참가자들이 일상적인 배척의 사례를 발견하도록 미리 교육받아 나타나는 결과일 수도 있고 문화적인 차이에서 비롯된 것일 수도 있다. 하지만, 사회적 관계에서 시선의 의미에 관한 연구들에 따르면 시선 공유는 상호 관계적으로 중요한 존재라는 의미를 전달하거나 반대로 무시당하고 있다는 것을 인지하게 하는 중요한 사회적 신호이다.

또 다른 유형의 배척은 '정보 배제'로 흔히 '소외'라고도 불리며 정보 공유에서 배제되는 것을 의미한다. 정보 배제 또한 다양한 맥락에서 발생하지만 가족, 친구나 동료와 같이 비교적 친밀한 타자에게 정보를 제공받지 못한다면 좀 더 심한 정보 배제의 감정을 느끼는 것으로 나타났다. 예를 들어 직장에서 특정 정보를 독점하는 행태에서는 정보를 공유받지 못한 동료는 '소외'되고 있다고 느끼며 심리 만족도가 상당히 낮아진다.[40]

한편 '언어 배제'는 타인에게 배제의 감정을 유발하기 위해 언어를 활용하는 것인데, 반드시 의도적으로 발생하는 것은 아니다. 타자에게 무시당하는 감정을 느끼게 한다는 것을 의식하지 못하고 가해지는 언어적 배제도 많기 때문이다. 이와 비슷한 현상으로 세계화와 다문화 사회로 전환되는

39 John B. Nezlek, Eric D. Wesselmann, Kipling D. Wheeler, "Ostracism in Everyday Life," *Group Dynamics: Theory, Research, and Practice* 16-2 (2012), pp. 91-104.
40 Eric E. Jones and Janice K. Kelly, "The Psychological Costs of Knowledge Specialization in Groups: Unique Expertise Leaves You out of the Loop," *Organizational Behavior and Human Decision Processes* 121-2 (2013), pp. 174-182.

환경에서 동료나 친구가 이해할 수 없는 언어로 의사소통하는 경우 경험하는 감정을 '언어적 배척(linguistic ostracism)'이라고 한다.[41] 실험 연구에서 동료들이 자신은 이해하지 못하는 언어로 대화하는 경우 거부 또는 무시의 감정을 느끼며 해당 동료들을 부정적으로 평가하는 것으로 나타났다. 또한, 개인 상호작용에서 거부의 신호를 상대적으로 쉽게 인지하는 '높은 거부 민감도'를 지닌 실험 참가자일수록 언어적 배척에 더 크게 분노하는 경향을 보였다.

한편 특정 집단을 무시하려는 의도로 상대를 비하하는 표현을 활용하는 편향 언어의 사용도 상대에게 무시당했다는 감정을 유발한다. 가장 흔한 사례는 성편향 언어의 사용이다. 성편향 용어의 사용은 흔히 비의도적으로 가해지는 경우가 많은데, 예를 들어 영어에서 인류를 뜻하는 말로 성중립 단어인 'humankind' 대신 무의식적으로 여성을 배제하는 'mankind'를 사용하는 경우 여성들은 배제나 무시의 감정을 느낄 수 있다. 한 실험 연구에서 여성 참가자들에게 각각 '성배제 언어(he)', '성포괄 언어(he or she)', '성중립 언어(one)'로 구성된 업무 설명서를 제공했는데, 성배제 언어로 표현된 설명서를 받은 집단의 경우 강한 배척의 감정을 느낀 것으로 보고되었으며, 해당 직업에 대해 흥미나 관심이 덜한 것으로 나타났다.[42] 이러한 성

41 Orly Dotan-Eliaz, Kristin L. Sommer and Yonata S. Rubin, "Multilingual Groups: Effects of Linguistic Ostracism on Felt Rejection and Anger, Coworker Attraction, Perceived Team Potency, and Creative Performance," *Basic and Applied Social Psychology* 31-4 (2009), pp. 363-375.

42 Jane G. Stout and Nianjana Dasgupta, "When He Doesn't Mean You: Gender-Exclusive Language as Ostracism," *Personality and Social Psychology Bulletin* 37-6 (2011), pp. 757-769.

편향 언어를 지속적으로 사용하게 되면 궁극적으로 특정 조직이나 영역에서 여성들을 배제하는 사회적 분위기를 형성해 구조적 배제로 이어질 수 있다.

한편 의사소통 과정 중 발생하는 간헐적 침묵을 통해 대화 상대와의 관계를 판단할 수도 있다.[43] 침묵은 의미가 모호할 뿐만 아니라 대화와 관계적인 맥락에 따라 다르게 해석될 수 있는데, '어색한 침묵'은 대화 상대에게 유대감에 대한 위협으로 해석되기도 한다. 실험 연구에서 대화를 방해하는 잠깐의 중단에도 참가자들은 거부를 당한 것으로 느낄 뿐만 아니라 자신이 사회에 부적합하며 환영받지 못한다는 감정을 경험하는 것으로 나타났다. 또한, 이들은 대화 중 어색한 중단이 발생하지 않은 집단에 비해 낮은 소속감과 자존감을 보였다.[44]

대화 중 침묵으로 인한 모호함은 온라인 의사소통에서 더 심각한 문제가 될 수 있다. 대면 대화, 전화, 또는 영상통화와 같은 동시적 소통에서는 침묵을 해석할 수 있도록 도와주는 언어적·비언어적 정보가 존재하지만, 온라인에서의 침묵은 맥락적 실마리가 전혀 제공되지 않는다. 온라인 소통에 관한 여러 초기 연구에서는 메시지를 주고받는 과정에서 답변의 지체나 상대의 침묵이 대체로 고의적이며 특정한 의미를 담고 있는 것으로 해석된다고 분석했다. 예를 들어 문자메시지를 통한 배제 현상 연구에서 참가자

---

43 Namkje Koudenburg, *Conversational Flow,* Unpublished doctoral dissertation. University of Groningen (2014).

44 Namkje Koudenburg, Tom Postmes and Ernestine H. Gordijn, "Disrupting the Flow: How Brief Silences in Group Conversations Affect Social Needs," *Journal of Experimental Social Psychology* 47-2 (2011), pp. 512-515.

들은 두 명의 가상 대화 상대와 문자메시지 대화를 진행하며 무작위로 답변을 보냈는데 응답 메시지를 받지 못한 참가자들은 상대의 침묵을 자신이 발신한 메시지에 대한 의도적 무시인지 또는 기술적 문제로 인한 메시지 전달 오류인지 판단하기 어려워하면서도 기술적 문제라고 짐작하기보다는 상대의 고의적인 무시로 해석하고 강한 배척을 느낀 것으로 보고되었다.[45]

배척 행위에 대한 상대의 반응을 직접 목격하지 않아도 되는 온라인 공간에서는 대면 상황과 같은 동시적 의사소통에서보다 쉽게 배척이 발생한다. 이처럼 온라인에서 의사소통 시도를 의도적으로 무시해 관계를 단절하는 행위를 '고스팅(ghosting)'이라고 하는데,[46] 오프라인에서의 '묵살'이나 '차갑게 대함'과 유사한 행태다. 하지만, 대면이나 전화를 통한 관계 단절보다 고스팅으로 인한 부정적 영향이 상당히 크다. 이는 관계 단절 이후 자신을 배척한 상대가 행복한 삶을 영위하는 모습을 온라인 공간에서 계속 확인하는 것이 가능하기 때문이다. 배척은 강한 무시의 감정을 동반한다는 점에서 여타 유형의 사회적 배제와 다르다.[47] 무시당했다는 인식은 감정적으로 상당한 상처를 남기고 존재의 무의미함을 배가한다. 다시 말해 거부는 인간의 소속감과 자존감을 위협한다면, 배척은 무시의 감정을 야기해 인간의 통제 욕구와 의미 있는 존재 욕구를 위협한다.

45 Anita Smith and Kipling D. Williams, "R U There? Effects of Ostracism by Cell Phone Text Messages," *Group Dynamics: Theory, Research, and Practice* 8-4 (2004), pp. 291-301.

46 Valeriya Safronova, "Exes Explain Ghosting, the Ultimate Silent Treatment," *The New York Times* (June 26 2015) Retrieved from http://nyti.ms/1GPgSyC

47 Kipling D. Williams (2009).

4. 개념의 의의

일상적 폭력 연구는 사회의 주요 약자 집단의 변화에 따라 함께 확장되고 발전했다. 과거에는 여성에 대한 차별과 혐오에 집중했다면 최근에는 세계화로 인한 다양한 이주와 정주가 가능해지면서 인구학적 분포가 변화함에 따라 난민이나 이주 노동자나 결혼 이민자, 또는 성 소수자와 같은 새로운 유형의 타자 집단을 향한 폭력과 차별에 관한 연구가 많아졌다. 한국도 이미 2000년에 외국인 거주자 100만 명을 넘어섰다. 특히 한국인 남성과 결혼하는 외국인 여성의 유입으로 인한 결혼 이민이 증가하면서 정부는 이들을 '다문화 가정'으로 분류하고 정책 마련에 힘써 왔다. 하지만, 급속한 인구학적 변화에 대응하는 정책들이 전통적인 단일민족주의나 순혈주의와 같은 민족 이데올로기를 토대로 하거나 이주민의 시민권 문제와 같은 근본 대책보다는 아동 보육과 같이 당면 문제 해결을 중심으로 정책 개발이 이루어지며 충분한 연구나 준비가 부족한 측면이 있다. 즉, 다양한 인종과 민족의 공존이나 통합 등 근본적인 문제를 해결하기 위한 연구보다는 인구 형태 변화에 대응하는 정책 연구의 성격이 강하다.[48]

무엇보다 결혼 이주 여성의 경우 한국보다 경제적 수준이 낮은 나라에서 유입된 경우가 많아 '다문화'라는 말이 오히려 차별과 혐오의 표현과 연결되는 현상이 나타난다. 다문화 가족이란 용어가 취약 계층과 동일한 표현으로 사용되거나 사회적 낙인찍기가 이루어지면서 오히려 '다문화'라는 용

---

48 김희정, "한국 거주 이주민 출신국에 따른 고정관념의 탐색", 『미디어, 젠더 & 문화』 32권 2호, 125-173쪽; 박천응, "한국사회의 다문화 현실 비판과 정책적 과제," 『선교와 신학』 19권, 2012, 13-56쪽.

어 자체가 '차별'적 의미를 포함하게 된 것이다.[49] 또한, 한국 사회의 타 인종이나 타 민족에 대한 차별과 배제에 대한 연구들은 주로 물리적 폭력 또는 극우주의와 같은 극단적 형태를 강조한다.[50] 이로 인해 외국인, 난민과 같은 완전한 타자 집단이나 같은 민족이지만 문화적 차이로 인해 정체성이 모호한 북한 이탈 주민이나 조선족, 고려인 등 다양한 소수집단을 향한 구조적인 차별이나 배제, 그리고 일상에서 반복적으로 벌어지는 미묘한 구분 짓기나 낙인찍기와 같은 행태와 담론을 비중 있게 다루지 못하고 있다. 더욱이 심각한 인구 소멸 위기를 맞은 한국은 다양한 외국인 노동자의 유입이 불가피하다. 이는 외국인 노동자에 대한 법체계나 노동시장 불평등 구조, 한국 사회의 위계적 인식과 차별 문화의 변화가 필요함을 의미한다.

한국은 대체로 폭력이 심각하지 않은 안전한 사회로 인식되지만, 외국인 노동자와 같은 우리 사회의 주요 타자를 대상으로 폭력이나 욕설을 직접적으로 행사하지 않는다고 해서 인종차별이나 인종주의가 부재하다고 말하기는 어렵다. 피부색이나 유전적 차이에 집중하며 물리적이며 극단적인 형태로 인종차별이 표출된 과거와는 달리 현대 인종주의는 문화적 특징이나 차이를 바탕으로 주류 집단이 소수자를 미묘한 방식으로 구분하고 낙인찍거나 배제하는 형태의 신인종주의로 나타난다.[51] 신인종주의의 주요 특징은 '일상의 영역에서 반복적이고 습관적으로 실천되는 언어, 감정, 그리

---

49 김현미, 2014, 212쪽.
50 김범선·조영한, "한국의 일상적 인종주의에 대한 고찰: 다문화가정에 대한 뉴스 담론을 중심으로," 『한국언론학보』 65권 1호, 74쪽.
51 김성윤, "우리는 차별을 하지 않아요": 진화된 혐오 담론으로서 젠더 이퀄리즘과 반다문화," 『문화과학』 93호, 2018, 83-119쪽.

고 규범의 형성과 제도화'이다. 이러한 행태의 인종주의를 일상적 인종주의(banal racism)라고 부르기도 하는데,[52] '덜 극적이지만 더 만연'하게 나타난다.[53] 한국 사회에서 반다문화, 반난민, 반여성과 같이 다양한 대상을 적대적으로 타자화하는 신인종주의는 끊임없이 '우리' 집단과 적대적인 또는 열등한 '타자'를 구분하고 미묘하게 차별하고 배제하는 일상적 폭력이라고 할 수 있다.

한국 사회에서 소수집단의 구성원들이 어떤 차별이나 배제에 대한 두려움 없이 정체성을 드러내고 인정받으며 소수의 의견을 표현할 수 있는 풍토를 구축하기 위해서는 우리 사회에서 반복적이고 일상적으로 이루어지는 타자에 대한 구분 짓기와 미묘한 배제와 차별의 관행 자체가 폭력임을 인식할 필요가 있으며 일상적 폭력 개념은 이러한 인식의 전환에 기여하는 이론적 토대로서 의미가 있다. 일상적 폭력은 이미 사회에 만연하다. 다만 폭력으로서의 인식이 부재하거나 적어도 문제가 되지 않는 '정상적' 행태로 수용되어 충분히 논의되지 못했다. 일상적 폭력 개념은 미묘한 차별과 배제 행태에 대한 학문적 논의에 적용할 수 있을 뿐만 아니라 이미 불가피하게 다양성 사회로 전환되었다는 사실을 대중이 인식할 수 있도록 하는 데 기여할 수 있다.

52 김범선 · 조영한, 2021.

53 Greg Noble, "The Discomfort of Strangers: Racism, Incivility and Ontological Security in a Relaxed and Comfortable Nation," *Journal of Intercultural Studies* 26-1(2) (2005), p.112.

5. 나가는 말

일상적 폭력은 사회에서 정상으로 취급되던 상당수의 행태가 실상은 차별과 배제이며, 폭력적이며, 비정상이라는 것을 일깨우는 폭력 개념이다. 일상적 폭력 개념은 우리 안의 다양한 타자를 향한 끊임없는 구분 짓기와 미묘한 폭력적 언행이 상당히 심각한 폭력임을 인식하도록 해 준다. 비교적 폭력이 부재한 안전한 사회로 인식되는 한국 사회이지만 실상 사회의 약자나 소수자를 대상으로 미묘한 방식의 배제와 차별, 혐오와 적대의 표출은 이미 만연한 현상이 되었다. 이와 같은 의식적·무의식적으로 발생하는 일상적 폭력 행태를 인지하고 해소하려는 노력은 사회에서 폭력의 악순환을 제거하는 첫걸음일 것이다. 일상적 폭력은 일회성 사건으로서의 직접적 폭력, 과정으로서의 구조적 폭력, 그리고 폭력을 정당화하고 정상적인 것으로 수용하게 만드는 메커니즘으로 기능하는 문화적 폭력과 완전히 구분되는 것이 아니라 밀접히 연결되어 있기 때문이다.

제8장

긍정성의 폭력

이찬수

1. 들어가는 말: 긍정성의 시대

일반적으로 폭력은 인간의 자기중심적이고 배타적인 행동으로 누군가에게 원치 않는 피해를 주는 힘이다. 대다수의 사람이 폭력은 극복되어야 할 부정적인 현상이라고 간주한다. 그러다가 언젠가부터 폭력인 줄도 모른 채, 때로는 폭력인 줄 알면서도 적극적으로 그 힘을 강화시키는 전에 없던 현상이 나타났다. 저마다 매사에 적극적으로 참여하고 사회적으로도 이러한 적극성을 칭송하며 격려하는 사이에 벌어진, 새로운 폭력의 양상이다. 20세기 후반 이후 의식되기 시작한, 이른바 '긍정성의 폭력'이다.

'긍정성의 폭력'(The Violence of Positivity)은 어떤 일을 긍정적으로 해 가는 과정에 비의도적으로 발생하는 폭력 전반을 일컫는 말이다. 특히, 자유롭게 경쟁하며 성과를 쌓아 가도록 추동하는 신자유주의의 흐름 속에서 저마다의 긍정적 활동들이 중첩되고 과잉되며 형성된 새로운 폭력의 양상을 일컫는다. 여기에는 두 가지 차원이 있다. 그 긍정성을 권장하는 사회적 차원과 그런 사회를 활용하며 긍정성을 강화하는 개인들의 차원이다. 긍정성의 폭력의 주체가 개인이자 동시에 사회이기도 하다는 뜻이다.

문제는 개인이든 사회든, 폭력을 만들고 경험하는 주체가 폭력을 폭력으로 인식하지 못한다는 데 있다. 전쟁을 벌이는 식의 '적극적' 행위에는 분명한 의도와 목적이 있고, 과정과 결과도 어느 정도 예상된다. 대다수가 그런 폭력은 극복되어야 한다는 사실도 인식한다. 하지만 긍정성의 폭력은 폭력을 경험하는 이조차 자신의 경험을 극복해야 할 부정적 사태로 인식하지 못하는 폭력이다. 자신이 긍정적으로 활동하며 맞닥뜨리는 어떤 힘이기에, 스스로 감내해야 할 장애물로 인식은 할지언정, 제거해야 할 대상으로 여기지 않는다. 그렇기에 그 힘을 일으키는 원인, 즉 폭력의 원인이나 가해자에 대해서는 큰 관심이 없다. 이것이 긍정성의 폭력의 전형적인 특징이다.

긍정성의 폭력이라는 용어를 분명하게 사용한 이는 한병철이다. 그를 세계에 알린『피로사회』는 일종의 긍정성의 폭력에 관한 해설서라고 해도 과언이 아니다. 그의 책『폭력의 위상학』,『투명사회』도 이와 같은 개념적 기반 위에 서 있다. 그는 이 폭력의 속성을 이렇게 규정한 바 있다: "긍정성의 폭력(Die Gewalt der Positivität)은 박탈하기보다는 포화시키며, 배제하는 것이 아니라 고갈시키는 것이다."[1]

이 가운데 '포화'와 '고갈'이라는 양극성에 이 폭력의 속성이 잘 담겨 있다. 이것은 채우려 하면 할수록 더 채우도록 요구하는 어떤 힘에 직면하게 되는 상황을 의미한다. 그 힘의 지시에 따라 1을 채우면 1 이상이 고갈된다. 그렇게 포화 지향적 고갈로 몰아가는 안팎의 힘이 긍정성의 폭력의

---

1   한병철, 김태환 옮김,『피로사회』, 서울: 문학과 지성사, 2012, 21쪽; 콜롬비아에서는 이 개념을 분석하는 논문이 출판되기도 했다: Maicol Mazo Gaviria and Juan Camilo Restrepo Tamayo, "The Violence of Positivity as Ontological Mutilation: An Approach to Byung-Chul Han's Philosophy," *Eidos: Revista de Filosofía de la Universidad Del Norte* 37 (2022), 275-296쪽. 신자유주의 시대의 폭력을 한병철의 폭력 개념을 중심으로 정리한 글이다.『피로사회』,『폭력의 위상학』등 긍정성의 폭력의 기초를 담고 있는 한병철의 책들에 대한 평가들이 국내외에서 여러 편 나와 있다.

근간이다. 근대의 산업사회가 발전할수록 더 위험해지고 위험에 대응하기 위한 과학과 기술이 다시 위험을 고조시킨다는 울리히 벡의 '위험사회(Risikogesellschaft)' 이론도 이와 비슷한 폭력적 구조를 보여준다. 위험의 생산자가 자신이 생산한 위험의 피해를 입는 사회에 살고 있다는 것이다.[2] 사회 체계가 정상적으로 작동하는 곳에서 폭력이 구조화된다는, 슬라보예 지젝의 '체계적 폭력(Systematic Violence)'[3]도 긍정성의 폭력이 작동하는 오늘의 상황을 배경으로 한다. 이찬수는 '탈폭력적 폭력(The De-violent Violence)'이라는 이름으로 긍정성의 폭력에 해당하는 폭력 개념을 제시한 바 있다.[4]

긍정성의 폭력은 비의도적으로 형성된 폭력이자, 설령 그런 현실을 인식하고 난 뒤에도 그 폭력을 멈추기 힘들도록 구조화되어 발현된 폭력이기도 하다. '하면 된다'는 마음으로 주체적으로 활동하면서 새로운 성과를 산출하려는 적극적 자세들이 중첩되면서, 전보다 더 많이 생산하고 더 많이 소비하라는 목소리들이 높아지고, 저마다 그에 부응하는 행위를 하면서 계속 박수를 받으려는 강박에 휩싸인다. 이런 자세와 구조화된 요구는 당사자의 의도를 넘어 끝없이 자기를 착취하고 극한의 자기 피로를 양산하는 길로 내몬다.

긍정성의 폭력은 갈퉁이 말한 구조적 폭력(Structural Violence)과 연결된다. 동시에 그 폭력이 폭력인 줄 모른 채 긍정 지향의 요구를 칭송하고

---

2   울리히 벡, 홍성태 옮김, 『위험사회』, 서울: 새물결, 2006, 77-80쪽.
3   슬라보예 지젝, 이현우 외 옮김, 『폭력이란 무엇인가: 폭력에 대한 6가지 삐딱한 성찰』, 서울: 난장이, 2011, 24쪽.
4   이찬수, "탈폭력적 폭력: 신자유주의 시대 폭력의 유형", 이문영(편), 『폭력이란 무엇인가, 기원과 구조』, 파주: 아카넷, 2015, 3장.

그 칭송을 자발적으로 내면화하려 한다는 점에서는 문화적 폭력(Cultural Violence)의 성격을 지니기도 한다. 신자유주의 경제체제가 이런 구조를 강화시키고, 사회적·문화적·종교적으로 이를 독려하면서 긍정성의 폭력을 정당화시킨다. 정당화되는 만큼 긍정적 활동으로 내몰리는 인간은 그만큼 더 고갈되어 간다. 그 고갈이 긍정성의 폭력의 특징이다.

긍정성의 폭력은 기존 폭력 연구에서 정착된 개념은 아니다. 하지만 인류는 이미 긍정성의 폭력에 휘말려 있다고 해도 과언이 아닌 상황이며, 관련 문제의식도 확산 중이다. 비록 인간이 자발적으로 선택한 행위이자 그 결과라는 점에서 딱히 대안을 발굴하거나 제시하기도 힘들지만, 그렇기에 더 연구되어야 할 주제가 아닐 수 없다.

이 글에서는 이러한 내용을 두루 정리할 것이다. 먼저 고전적인 폭력, 즉 폭력을 극복해야 할 부정적 세력으로 간주하는 이른바 '부정성의 폭력'의 계보를 장 보드리야르, 토마스 홉스, 슬라보예 지젝 등 기존 폭력 연구자들의 사상을 참고하며 정리할 것이다. 그 뒤 새롭게 드러나고 있는 긍정성의 폭력의 배경과 원인, 개념과 의미, 그리고 다양한 양상에 대해 고찰하고자 한다. 그 과정에 요한 갈퉁, 한병철, 르네 지라르, 발터 벤야민 등의 이론을 참조하면서, 종교와 법률 등의 영역에서 드러나는 긍정성의 폭력의 양상에 대해 알아볼 것이다. 마지막으로 발터 벤야민의 '신적 폭력'에서 긍정성의 폭력을 넘어설 수 있는 이론적 가능성을 찾아보는 것으로 마무리하고자 한다.

2. 고전적인 폭력, '부정성의 폭력'

1) 적과 동지의 계보학

일반적인 의미의 폭력, 특히 인간이 경험하는 '직접적' 폭력은 그 출처도 분명했다. 대부분 그 폭력을 극복의 대상으로 간주했다. '사나운[暴] 힘[力]', '정도가 지나쳐[暴] 누군가에게 피해를 주는 힘[力]'이라는 우리말에도 어떤 힘이든 일정한 경계를 넘어 누군가에게 원치 않는 피해를 주는 일은 도덕적 혹은 윤리적으로 옳지 않다는 전제가 들어 있다. 그래서 폭력과 폭력의 행사자는 비판의 대상이었다.

물론 폭력을 행사한 자의 입장에서는 자신이 그런 힘을 쓸 만한 이유와 명분이 있다고 생각한다. 그러면서 일방적 가해자의 자리에서 벗어나려고 한다. 서로 자기 정당성을 주장하고 그에 편드는 세력이 형성되면서 폭력적 상황이 계속된다. 이러한 현상을 대변하는 말이 토마스 홉스가 규정한 '자연 상태', 즉 '만인의 만인에 대한 투쟁'일 것이다.[5] 서로가 서로를 적대시하고, 적대시하는 세력끼리 동지를 맺으며 투쟁하는 상태이다. '적'을 이질적 타자로 보고 '정치적인 것'을 '적과 동지의 구별'에서 찾았던 칼 슈미트의 입장에 따르면, '만인의 만인에 대한 투쟁'은 일종의 '정치적 행위'라고 할 수 있다.[6] 안과 밖을 기준으로 동지와 적을 나누는 정치적 행위는 슈미트가 활동하던 20세기 유럽은 물론 고대 유대교의 십계명 같은 데서도 잘 드러

---

5   토머스 홉스, 최공웅·최진원 옮김, 『리바이어던』, 서울: 동서문화사, 2016, 131쪽.
6   칼 슈미트, 김효전 옮김, 『정치적인 것의 개념』, 서울: 법문사, 1992, 31-32쪽.

난다.

가령 십계명의 둘째 계명인 "다른 신을 섬기지 말라."는 내집단과 외집단을 구분하는 '정치적' 요구에 해당한다. 이 요구는 "살인하지 말라."는 여섯째 계명과도 연결된다. '살인 금지' 계명은 누구에게나 적용되는 보편 윤리가 아니다. 이 계명의 적용 대상은 내집단으로서, 다른 신을 믿는 외집단에는 적용되지 않는다. 도리어 외집단에 대한 살인을 정당화하고 장려하기까지 하는 사례가 훨씬 더 많다. 외집단은 잠재적 위협이자 제거의 대상이며, 그런 이들을 죽이는 것은 계명을 어기는 것이 아니라 도리어 자기 집단의 생존을 위한 필연에 가깝다.[7] 적과 동지의 구별이 정치적 행위라면, 십계명은 안과 밖, 친구와 적, 나와 남 사이에 뚜렷한 경계선을 그은 일종의 '정치적' 명령이라고도 할 수 있다.

이전 시대에는 이런 '정치적인 것'이 지배적이었다. 적과 투쟁하면서 나에게 침투해 들어오는 이질적 세력에 대한 방어력을 키워 가는, 이른바 '면역학적 시대'였다.[8] 면역학적 시대는 적에 어떻게 대응하느냐가 관건이었다. 이 시대의 폭력은 적과 관계를 맺는 양상에 따라 몇 단계로 나뉜다. 이러한 단계는 보드리야르가 규정한 '적(敵)의 계보학(Genealogy of the Enemy)[9]이 잘 보여준다.

'적의 계보학'의 첫 단계는 적이 늑대의 모습으로 등장하는 단계이다. 늑대는 노골적으로 공격해 오는 외부의 적의 비유로서, 사람들은 이런 적을

---

7   존 티한, 박희태 옮김, 『신의 이름으로: 종교 폭력의 진화적 기원』, 원주: 이음, 2011, 166-173쪽, 286-293쪽.

8   한병철, 2012, 12쪽.

9   Jean Baudrillard, *Fragments* (London and New York: Routledge, 2004), pp. 72-73.

막기 위해 성벽을 쌓고 바리케이드를 친다. 둘째는 적의 몸집이 쥐처럼 작아지는 단계이다. 쥐라는 적은 지하에서 활동하기에 벽이나 철책으로는 당해 내지 못한다. 새로운 위생 장비를 갖춰 쥐가 퍼뜨리는 위험을 예방하려 한다. 셋째는 적이 바퀴벌레 같은 벌레의 형태로 나타나는 단계이다. 벌레는 삼차원의 틈새에서 공격해 온다. 이 역시 각종 방역 장비로 막아야 할 대상이다. 넷째는 적이 미세한 '바이러스' 형태로 출현하는 단계이다. 바이러스는 몸 밖이 아닌 몸 안을 공격하며, 시스템의 심장부 안으로 들어온다. 안에 있기에 알아차리기 힘들다. 그러면서 미세한 적은 마치 유령처럼 경계를 넘어 전 지구로 확산되고, 혈관을 타고 퍼지듯 도처에 스며든다.[10] 이 적은 시스템 안에 둥지를 틀었다가 어느 순간 활성화되면서 적대적 활동을 개시한다. 이들은 내부 속의 외부를 형성하며 내부적 시스템을 공격한다. 그것은 시스템 외부에서 막아 내기 힘들다. 그것이 바이러스 같은 적의 특징이다.

이 계보학에 의하면, 적은 늑대에서 쥐로, 쥐에서 바퀴벌레로, 다시 바이러스로 외형은 계속 작아져 왔지만, 적이 가하는 위험은 더 커져 왔다. 바이러스라는 적은 내 몸을 숙주 삼아 나의 일부처럼 행동한다. 이 폭력은 미세하고 은밀해서 그 출처를 특정하기 힘들다. 그렇지만 '늑대의 폭력'이 그렇듯이, 나[自]와 너[他]가 구별되고 적대적 긴장 관계를 형성하는 구도는 비슷하다. 여전히 고전적 폭력의 범주 안에 있다. 폭력의 양상은 이러한 '적의 계보학'을 따라 변천해 왔다. 이 계보학은 어떠한 형태로 되어 있든

---

10 Chris Horrocks, "Notes on Jean Baudrillard and Critical Theory", *Berlin Journal of Critical Theory* 4-1 (March, 2020), pp. 176-177; 장 보드리야르, 배영달 옮김, 『테러리즘의 정신』, 서울: 동문선, 2003, 11-12쪽.

폭력을 부정적인 것으로 간주하는, 이른바 '부정성의 폭력(The Violence of Negativity)'의 단계를 잘 보여준다.[11]

고전적인 폭력은 부정성의 폭력이다. 부정성의 폭력은 그 원인을 타자에게서 찾으며, 피해자 의식을 가지고 상대를 가해자로 몰아간다. 폭력을 행사하는 자는 외부자이며, 미세한 바이러스적 폭력도 결국 내부 속의 외부자이다. 이 폭력에는 '자·타', '내·외', '피·아' 간의 이원론적이고 대립적인 관계가 유지된다.

이러한 폭력의 양태는 홉스가 말한 '만인의 만인에 대한 투쟁'에서부터 슈미트가 말한 '적과 동지의 구별'에 이르기까지 다양한 양태로 나타난다. 하지만 폭력의 상대가 이질적 타자이기는 마찬가지이며, 부정성의 폭력이라는 구도도 비슷하다. "태고 시대의 희생과 피의 폭력, 질투와 복수심에 불타는 신들의 신화적 폭력, 처형을 명하는 주권자의 폭력, 고문의 폭력, 가스실의 무혈 폭력, 테러리즘의 바이러스성 폭력이 모두 부정성의 폭력에 속한다. 언어폭력으로 구현될 수도 있다. 상처를 주는 언어폭력은 물리적 폭력과 마찬가지로 여전히 부정성의 원리를 기초로 한다. 그것은 명예를 훼손하고 신뢰를 깎아내리며, 위신을 떨어뜨리고, 존중을 거부한다."[12]

2) 물리적, 구조적, 체계적 폭력

기존의 평화 연구는 폭력의 부정성을 전제로 하며, 그 양상도 몇 가지로

---

11 한병철, 김태환 옮김, 『폭력의 위상학』, 파주: 김영사, 2020, 145-146쪽.
12 한병철, 2020, 8쪽.

나뉜다. 요한 갈퉁이 규정한 '직접적/물리적 폭력', '구조적 폭력', '문화적 폭력'이 대표적이고, 슬라보예 지젝이 구분한 '주관적 폭력', '상징적 폭력', '체계적 폭력' 등도 새겨들을 만한 사례들이다. 지젝이 말한 주관적 폭력은 갈퉁의 직접적/물리적 폭력에 해당하고, 상징적 폭력은 대상에 특정한 의미를 부여하는 언어적 행위에 담긴 폭력이며, 체계적 폭력은 정치 및 경제 체계가 작동할 때 나타나는 부정적 결과들을 의미한다.[13] 한편에서 보면 갈퉁의 구조적 폭력과 비슷하다.

구조적 폭력이나 체계적 폭력은 폭력의 피해자가 가해의 원천에 대한 의식이 있느냐 없느냐, 있더라도 얼마나 있느냐에 따라 '부정성의 폭력'에 해당할 수도 있고, 달리 해석될 수도 있다. 대체적으로는 어떤 형태의 폭력이든 그것이 궁극적으로는 극복되어야 할 힘으로 의식되는 한, 그래서 사람들이 그 힘을 극복하려 노력하는 한, 부정성의 폭력의 일환이라고 할 수 있다. 구조적 폭력을 극복하려고 노력한다는 것은 그 구조가 '비정상적으로' 작동하고 있다는 것을 전제한다.

이 가운데 지젝이 말한 체계적 폭력에는 좀 더 특징적인 면이 있다. 체계적 폭력은 체계가 '비정상적'이어서가 아니라, 도리어 '정상적'으로 작동하는 데서 벌어지는 폭력이다. 지그문트 바우만이 홀로코스트는 합리성이 결여되어서가 아니라 합리적인 현대사회와 문명의 정점에서 벌어졌다고 말한 것도 체계적 폭력의 특징과 궤를 같이한다고 할 수 있다. 가령 바우만은 이렇게 말했다: "홀로코스트는 우리의 합리적인 현대사회에서, 우리 문명이 고도로 발전한 단계에서, 그리고 인류의 문화적 성취가 최고조에 달

---

13 슬라보예 지젝, 2011, 24쪽.

했을 때 태동해 실행되었으며, 바로 이 때문에 홀로코스트는 그러한 사회와 문명과 문화의 문제이다."[14] 홀로코스트라는 전무후무한 폭력은 '체계적이고 합리적인' 현대사회의 작품이다. 사회의 체계가 합리적으로 작동하는 과정이자 하나의 결과인 것이다. 그런 점에서 지젝의 '체계적 폭력'의 개념은 '부정성의 폭력'에서 '긍정성의 폭력'으로 이어지는 연결 고리가 된다고 할 수 있다.

3. 폭력의 새로운 양상, 긍정성의 폭력

1) '자유들'의 등장과 경쟁

'긍정성의 폭력'은 인간관계와 사회질서가 비정상적으로 작동하면서 생기는 폭력이 아니라, 바우만이 말한 대로 합리적 현대사회의 정점에서, 지젝이 말한 대로 사회의 체계가 정상적으로 작동하는 데서 비롯되는 폭력이다. 사회적 체계가 정상적으로 작동하는 데 왜 폭력이 발생하는가? 가령 다원주의와 자유주의의 개념을 사례로 살펴보자.

제1차 세계대전에서 독일의 패전 처리를 위한 베르사유조약(1919)으로 국제연맹이 태동했고(1920), 개별 국가를 아우르는 상위의 질서로서의 국제법에 대한 인식이 생겨났다. 국제연맹이나 국제법이 실제로는 강대국 중심으로 움직였지만, 개별 국가들의 자결성을 인정해야 한다는 정치적 다

14　지그문트 바우만, 정일준 옮김, 『현대성과 홀로코스트』, 서울: 새물결: 2013, 18쪽.

원주의와 그에 기초한 자유주의 개념의 근간이 되기도 했다.

그러나 칼 슈미트의 비판에 의하면, 다원주의나 자유주의는 현실의 '정치적인 것'을 회피하며 문제를 감추는 경향이 있다. '정치적인 것'은 '적과 동지의 구별'에 있는데, 다원주의는 도리어 이러한 현실적 구별을 모호하게 만들고 상위의 이상적 영역으로 추상화시키며, 비현실적 '인류'를 내세워 적과 동지를 법의 영역 밖으로 밀어낸다는 것이다. 다원주의나 자유주의는 정치적인 것, 즉 적과 동지의 구별을 인류의 이름으로 감춤으로써 도리어 경제적 제국주의를 위한 이데올로기적 수단으로 작용한다.[15] 그리고 홉스가 말한 국가와 국민의 관계, 즉 (국가의 국민) '보호'와 (국가에 대한 국민의) '복종'이라는 도식을 축소시켜, 국민은 국가에 기대지 않고 상위의 질서를 자기 자신 안에서 찾으며 스스로를 지키고자 한다. 국가들이 다원화하면서 국민이 국가에 의한 보호의 요청을 축소하고 '만인의 만인에 대한 투쟁'을 '집단의 집단에 대한 자유', '개인의 개인에 대한 자유'로 이해하는 흐름이 강해진다는 것이다.[16]

이런 흐름이 '정상적인 것'으로 여겨지게 된 근간에는 '개인의 개인에 대한 자유'의 추구를 제어할 상위의 영역이 사라지고, '자유들'이 경쟁하는 체제가 확장되고 심화되어 온 현실이 있다. 특히 1980년대 이후 영국과 미국에서 자유 시장 정책을 펼치며 세계적으로 급격하게 확장되어 온 신자유주의의 물결 속에서 국가와 개인이 저마다의 일을 정당화하고 적극적으로 추진하면서 세계를 움직이는 가장 큰 동력이 되었다. 국가와 개인의 적극적

---

15 칼 슈미트, 1992, 66-67쪽.
16 Timothy Stanton, "Hobbes and Schmitt," *History of European Ideas* 37(2011), p.165.

투신, 긍정성의 자세로 경제 규모를 확장시키는 행위들이 지극히 정상적인 시스템 안으로 들어오게 된 것이다.

하지만 이러한 '정상적' 체계를 뒷받침하는 긍정적 자세가 개인을 온전히 자유롭게 했던 것은 아니다. 도리어 다른 문제를 야기했다. 구체적인 '소문자 자유들(freedoms)' 간의 경쟁을 추상적인 '대문자 자유(Freedom)'의 이름으로 정당화하면서 '자유'를 앞세운 '자유들'의 경쟁이 심화되었고, 저마다 그 경쟁으로 내몰리면서 '하지 않을 자유'는 사실상 박탈당하는 '강제의 손'이 작용하게 된 것이다.[17] 보이지 않는 강제력이 다원화한 자유주의적 질서의 이름으로 '긍정성'을 전에 없던 폭력의 동인으로 만들어 온 것이다.

2) 기본 욕구의 긍정

긍정성이라는 말, 긍정성의 자세가 긍정적으로 자리 잡은 것은 그 거대한 흐름에 비하면 그리 오래되지 않았다. '구글 엔그램 뷰어(Google Ngram Viewer)'에 의하면, 'positivity'라는 용어는 제2차 세계대전을 전후해 인식되기 시작하다가, 1960년대부터 급격히, 2000년대 들어서는 폭발적으로 사용되어 왔다.[18] 이른바 신자유주의가 세계를 뒤덮던 시기와 일치한다. 인간이 자신의 경제활동을 긍정적으로 인식하고 그것에 적극적으로 투신하다가 자신도 의식하지 못하는 사이에 그렇게 투신하지 않을 수 없는 거대한

---

17 李贊洙, "新自由主義時代の自由の樣相と自由の連帶", 『リ-ラ-(lila)』第九号(2015.11), pp. 103-129.

18 https://books.google.com/ngrams/graph?content=positivity&year_start=1800&year_end=2019&corpus=en-2019&smoothing=3(검색일 2024.02.02)

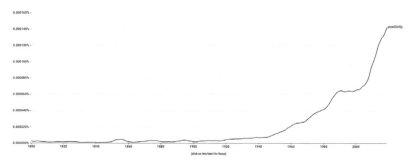

1800~2019년까지 positivity라는 용어의 사용 비율 및 연도별 사용 증가표

흐름을 형성해 온 증거라고 할 수 있다. 그런 점에서 긍정성의 폭력은 인간의 요구나 자유를 억압하는 데서 오는 폭력이 아니라 도리어 자유를 적극적으로 권장하는 데서 오는 폭력이라고 할 수 있다.

가령 갈퉁은 인간의 네 가지 기본 욕구를 ①생존(survival), ②안녕(well-being), ③정체성(identity), ④자유(freedom)의 요구(needs)로 규정하고, 이를 위협하는 '직접적 폭력'을 각각 ①죽임(killing), ②불구화(maiming)/포위(siege)/제재(sanction)/빈곤(misery), ③탈사회화(desocialization)/재사회화(resocialization)/이등시민화(secondary citizen), ④억압(repression)/구금(detention)/추방(expulsion) 등 기본 욕구에 대한 공격으로 대비시켰다. 그리고 이를 위협하는 '구조적 폭력'을 각각 ①강한 착취(strong exploitation), ②약한 착취(weak exploitation), ③침투(penetration)/분할(segmentation), ④주변화(marginalization)/해체(fragmentation)로, 나아가 중심-주변, 사회적 강자-약자로 분할된 착취 구조로 대비시킨 바 있다.[19]

19 Johan Galtung, *Peace by Peaceful Means: Peace and Conflict, Development and*

그런데 '긍정성의 폭력'은 인간의 네 가지 기본 욕구가 '직접적'이고 '구조적'으로 위협받고 제한될 때가 아니라, 전술했듯이 도리어 경쟁적으로 발휘될 때 나타난다. 생존·안녕·정체성·자유에의 요구가 저마다 점층적으로 표현되고 발휘되어 그 표현들이 서로 충돌하며 견고한 구조를 만들어 갈 때, 그리고 정치권력이나 국가가 그 구조를 정당하게 정책화할 때, 긍정성의 폭력으로 나타나는 것이다.

'죽임', '불구화', '빈곤', '질병', '억압', '구금', '추방', '강제적 탈사회화'나 '재사회화' 등은 일반적인 의미의 '직접적 폭력'이다. 그리고 착취, 분할, 주변화 등은 인간을 서서히 파괴시키는, '구조에 내장된 폭력'이다. 인간 기본 욕구가 적극적으로 분출되고 발휘되고 그 발휘들이 충돌하면서 '발휘의 구조'도 만들어진다. 그리고 그 발휘의 구조가 다시 개인의 발휘를 요청하고 자극한다. 이런 사실을 염두에 두면 긍정성의 폭력에도 사회적이고 구조적인 측면이 개입되어 있다고 할 수 있다.

하지만 긍정성의 폭력의 특징은 사회적 구조 자체에서라기보다는, 구조를 수용하며 경험하는 인간의 내면에서 그 모습을 잘 드러낸다. 뭐든 인정하고 수용하고 정복하고 자기화하라고 요구하는 분위기가 긍정성의 폭력의 원천이다. 국가가 추동하고 개인이 참여하면서 신자유주의적 성과 사회로 휘몰아칠 때, 자유경쟁이라는 이름으로 밀려오는 압박감마저 개인 안에 자율적으로 내면화시키려 할 때, 내면으로 밀려오는 거대한 힘, 그리고 그것을 감내하려는 자발적 노력이 긍정성의 폭력이다.

Civilization(London: Sage Publications, 1996), p.197; "Twenty-five Years of Peace Research: Ten Challenges and Some Response," *Journal of Peace Research* 22-2 (June 1985), pp. 146-147.

그 힘을 감내하는 과정은 괴롭고 피곤하고 힘들다. 그렇지만 불가피하다고 여긴다. 저마다 심리적 피해를 입는다. 하지만 피해를 입으면서도 그 피해를 자발적으로 내면화시키는 바람에, 폭력의 가해자가 실종되고 극복해야 할 폭력마저 베일에 가려진다. 그렇게 긍정성의 폭력은, 직접적이고 육체적인 부정성의 폭력과 달리, 비가시적이고 은밀하며 심리적이다. 객관적이고 외부적인 부정성의 폭력과 달리, 내면화되어 있고 무의식적이다. 적대 관계나 지배 관계 없이 긍정적 태도가 과잉되면서 작용하는 폭력이다. 긍정성의 폭력은 '과잉성과, 과잉생산, 과잉 커뮤니케이션, 과잉주의, 과잉 행동에서 나타나는 긍정적인 것의 대량화'와 함께 나타난다. 딱히 눈에 보이지도 않고 명확하지 않은 데다가, 뭐든 수용하려는 긍정적 자세로 인해 내적 저항감도 별로 없기에 사실상 부정성의 폭력보다 더 치명적인 폭력이다.[20]

긍정성의 폭력은 기존 경계를 넘어서고 재설정되는 경계를 다시 넘어서는 탈경계의 자세와 연결된다. 긍정성의 폭력은 지구화의 조건이자 결과이기도 한 탈경계적 흐름을 만들어 내고, 다시 그 탈경계의 계기와 접속하면서 급기야 폭력이 사회적 소통의 중요한 수단이 되는 수준으로까지 상승한다.[21] 경계를 넘어서는 경쟁을 당연시하고 바쁨과 피로를 자랑하면서 그 피로를 내면화한다. 바쁨과 피로가 일종의 폭력의 증거이자 결과인 줄 의식하지 못한다.

한병철에 의하면, 이러한 형태의 폭력은 면역학적 타자로부터 제기되는

---

20 한병철, 2020, 9쪽.
21 이문영(편), 2015, 66쪽.

'긍정성의 폭력'에 대한 한병철의 해설을 폭력 반대 메시지의 일환으로 새겨 넣은 티셔츠가 판매되고 있다. (출처: https://www.zazzle.com.au/byung_chul_han_quote_the_violence_of_positivit_t_shirt-256962279828394730)

것이 아니라 "시스템 자체에 내재하는 것이며, 바로 그러한 내재적 성격으로 인해 면역 저항을 유발하지 않는다." 긍정성의 폭력은 폭력의 원인에 대해 적대적이기보다는 오히려 관용적이다. 이른바 "평화로운 사회에서 더 확산되며, 그 때문에 바이러스성 폭력보다도 눈에 덜 띈다. 긍정성의 폭력이 깃드는 곳은 부정이 없는 동질적인 것의 공간, 적과 동지·내부와 외부·자아와 타자의 양극화가 일어나지 않는 공간이다."

이러한 긍정성의 폭력은 "면역학적인 의미에서 타자가 불러일으키는 공포와는 근본적으로 구별된다 … (전술했듯이) 긍정성의 폭력은 박탈(privativ)하기보다는 포화(saturativ)시키며, 배제(exklusiv)하는 것이 아니라 고갈(exhaustiv)시키는 것이다. 따라서 그것은 직접적으로 지각되지 않는다."[22]

22 한병철, 2012, 21쪽.

자기가 자기에게 끝없는 기대와 희망과 자유의 이름으로 가하는 폭력이기 때문이다. 한병철은 이를 두고 '같은 자의 테러, 내재성의 테러'라고 규정했다. 자신에 의한 테러인 까닭에 '바이러스적 부정성이 아니라, 과잉 긍정성'에 기인하는 심리적 질병을 일으킨다는 것이다.[23] 부정적 제한·금지·거부가 아닌, '할 수 있다'거나 '해야 한다'는 말을 구호처럼 외치며, 스스로 더 많이 일하고 더 많이 생산하는 과정에 경험하게 되는 의식 밖의 폭력인 것이다.

3) 양화된 자아와 제의종교

일부 전술했고 또 예상할 수 있듯이, 긍정성의 폭력은 신자유주의적 세계화 과정 중에 증폭되었다. 신자유주의는 '자유'를 앞세웠지만, 거기에는 사실상 쉬지 않고 활동하도록 요구하는 보이지 않는 '강제의 손'이 작용하고 있다. 권력이 개인과 기업의 자유경쟁 체제를 강화시키는 방식으로 그 '강제의 손'에 가장 적극적으로 개입한다. 부의 확대를 각종 제도로 뒷받침하고, 그 제도는 불평등과 양극화를 강화하며 스스로를 정당화한다.

그 구조 속에서 겪는 원치 않는 압박감과 적극적 활동의 책임은 다양한 당사자 및 개인들의 몫이다. 그 압박감과 적극적 활동의 외적 성과들이 자아의 구성 요소가 된다. '자아'마저 '양화'된다. 이른바 '양화된 자아(Quantified Self)'는 "나는 누구인가?"와 같은 질문에 대해서는 답을 하지 못한다. '수치(Numbers)를 통한 자기 인식'을 구호처럼 내세우며, 양적 확대

---

23 한병철, 2020, 142쪽, 147쪽.

에서 자아의 본질을 찾는다.[24] 자아를 양적 차원 안에 두면서 자본의 확대와 자아의 실현을 사실상 동일시한다. 그 과정에서 사실상 폭력에 해당하는 압박감을 느낀다. 하지만 저마다 그 폭력을 자발적으로 내면화시켰기에 폭력의 가해자는 실종된다. 그리고 극복해야 할 폭력 자체도 베일에 가려지는 새로운 사태를 야기한다.

이렇게 신자유주의적 성과주의는 '심리학적 프로그래밍과 제어를 통해지배 시스템을 안정적으로 지속시키는 통치술'[25]을 펼친다. 심리적일뿐더러 문화적으로도 정당한 것으로 포장되어 있기에, 이러한 폭력은 직접적으로 지각되지 않는다. 긍정성의 폭력은 정치·경제·사회의 영역 전반에서 적극적 삶의 양식을 찬양하면서 폭력의 확대·재생산에 공헌한다.

현세적 가치를 초월할 것처럼 가르치는 종교도 경쟁에서 승리하고, 시장에서 자본을 축적하는 것을 신의 축복으로 간주한다. 명문대에 입학하고 대기업에 입사하는 것을 하늘의 은혜로 여긴다. 그렇게 신자유주의적 시장 논리를 정당화시킨다. 벤야민은 자본주의를 극단적인 형태의 제의종교 (Kultreligion)로 규정하면서 "그 속에는 '평일'이란 것이 없고 모든 성스러운 치장의 의미와, 경배하는 자의 극도의 긴장이 펼쳐지는 끔찍한 의미에서의 축제일"의 연속이라고 해설한 바 있다.[26] 기독교에 기생하여 종국에는 기독교의 역사가 자본주의의 역사와 동일시되는 꼴이 되었다면서,[27] 자본주

24 한병철, 김태환 옮김, 『심리정치: 신자유주의의 통치술』, 서울: 문학과 지성사, 2023, 84-85쪽.
25 한병철, 2023, 110쪽.
26 발터 벤야민, 최성만 옮김, 『역사의 개념에 대하여·폭력비판을 위하여·초현실주의 외』, 서울: 길, 2012, 122-123쪽.
27 발터 벤야민, 2012, 124쪽.

의화한 종교와 종교화한 자본주의의 폭력성을 고발한 바 있다. 죄를 씻기 위해 죄를 지을 수밖에 없는 역설, 신은 끝까지 숨겨 두고 종말까지 죄를 견디도록 요구하는 사실상의 종교 역할을 자본주의가 담당한다는 것이다. 미국과 한국의 주류 개신교계에서 '긍정의 힘'을 기반으로 물질적 부와 신체적 건강(wealth and health)을 신앙의 양적 척도처럼 여기는 이른바 '번영복음(prosperity Gospel)'의 물결은 그 전형적인 사례이다.[28] 이런 식의 종교는 물질적 번영이라는 심리적 기대를 신의 영역과 연결 지으면서 희망이라는 이름으로 절망을 정당화한다. 그렇게 희망이라는 이름의 절망은 개인을 고갈시킨다.

4) 폭력의 생산과 소비의 순환

새로운 성취를 위해 경계를 넘어 낯선 곳으로 들어가고 이질적인 것으로 배타하던 것들도 수용한다. 분리가 아닌 수용, 부정이 아닌 긍정은 바이러스적 폭력보다 더 교묘하다. 여기서는 폭력도 소비하는 구조를 만들

---

28 Joel Osteen, *Your Best Life Now: 7Steps to Living at Your Full Potential* (New York: Warner Faith, 2004)(=조엘 오스틴, 정성묵 옮김, 『긍정의 힘』, 서울: 두란노서원, 2005)와 Bruce H. Wilkinson, *The Prayer of Jabez: Break Through to the Blessed Life* (Multnomah Publishers, 2000)(=브루스 윌킨슨, 마영례 옮김, 『야베스의 기도』, 서울: 디모데, 2001)가 '번영복음'의 대표적 책이다. 미국과 한국 개신교계에서 선풍적인 인기를 끌며 다수의 아류 작품들도 나왔다. 그 밖에 이진구, "신자유주의 시대의 자기계발과 복지: 한국 개신교 공간의 번영복음을 중심으로", 『종교문화비평』 37, 2020, pp. 131-148; Catherine Bowler, *Blessed: A History of the American Prosperity Gospel*, Ph.D. diss., Duke University, 2010; 로버트 D. 퍼트넘 외, 정태식 외 옮김, 『아메리칸 그레이스』, 서울: 페이퍼로드, 2013, 394-396쪽도 참조할 것.

어 낸다.

가령 전쟁과 같은 물리적 폭력을 폭로하고 극복하겠다며 참혹한 전쟁의 현장을 촬영하고 TV나 다양한 SNS를 통해 전달할 때, 역설적이게도 폭력을 극복하기 위해 폭력을 소비하고 누리는 모순이 벌어진다. 수전 손택(Susan Sontag)은 베트남 전쟁의 사례를 들어 이렇게 증언했다: "텔레비전 카메라가 매일같이 보여준 최초의 전쟁, 즉 미국이 개시한 베트남전쟁 당시에는 머나먼 곳을 상세히 보여줄 수 있는 새로운 장치를 통해서 죽음과 파괴의 모습이 가정의 코앞에까지 찾아들어 왔다. 그때 이래로, 발생할 때마다 곧바로 필름에 담겨지게 된 각종 전투와 대량 학살은 정기적으로 끊임없이 흘러 들어올 뿐만 아니라, 가정에서 작은 화면으로 즐길 수 있는 오락거리의 일부가 되어 버렸다."[29]

그 과정에 폭력과 폭력으로 인한 고통을 소비하는 과정이 '정상적' 질서로 자리 잡는다. 때로는 폭력의 노출과 고발이 물리적 폭력을 중단시키는 데 기여할 수 있다는 명분이 앞서기도 하고, 실제로 그에 기여하는 측면이 있다 해도, 그 기여 과정 자체가 폭력을 소비하는 '정상적' 질서의 일환이기도 하다는 사실은 역설적이다. "곳곳에서 쏟아져 들어오는 극적인 사건들에 노출된 시청자들이 어떤 분쟁을 중요하다고 의식하도록 만들려면, 이제는 그 분쟁을 다룬 단편적인 필름들을 일상적으로 확산시키고 또 확산시켜야 될 지경에 이르렀다. 오늘날, 전쟁을 겪어 보지 못한 사람들은 이런 이미지들이 가져다주는 충격을 통해서 전쟁을 이해한다."[30]

29 수전 손택, 이재원 옮김, 『타인의 고통』, 고양: 이후, 2004, 43쪽.
30 수전 손택, 2004, 43쪽.

적나라한 폭력의 현장이 폭력의 극복을 위해 소비되고 확산되면서, "좀 더 극적인 이미지들을 찾아 나서려는 충동이 사진 산업을 등장시켰으며, 사진 산업은 곧 충격이 소비를 자극하는 주된 요소이자 가치의 원천이 되는 것이 정상이라고 여겨지게 된 문화의 일부가 되었다." '고통받는 육체가 찍힌 사진을 보려는 욕망은 나체가 찍힌 사진을 보려는 욕망만큼이나 격렬'하며, 그 격렬한 욕망을 자극하는 문화는 표현의 자유 혹은 예술이라는 이름으로 상업화한다. 종교적으로도 정당화된다. 가령 서구의 기독교는 수세기 동안 지옥에 대한 묘사를 통해서 이 두 가지 기본적인 욕망을 모두 충족시켜 왔다.[31] 지옥에 가지 않으려 지옥을 상상하고 묘사하고 신앙하는 과정이 '지옥의 역사'를 형성하고 구성해 온 것과 유사한 구조이다.[32] 지옥을 꺼리는 심리 속에 지옥이 적극적으로 녹아 있고, 폭력을 멈추라는 구호 속에 폭력을 소비하는 과정이 녹아 있는 것이다. 폭력의 무의식적 문화화라고 할 수 있다. 그렇게 폭력은 사회와 개인 안에 내면화할 준비를 진작부터 갖춰 오고 있는 것이다.

5) 폭력의 개인화와 신성한 탈폭력적 폭력

오늘날의 기후 위기는 그러한 폭력의 연장선이자 정점이다. 인류가 '정상적'으로 활동하고 문명의 '체계'에 순응하면서 적극적으로 생산하고 활발하게 소비하면서 벌어진 현상이다. 인류가 지구의 지질학적 구조마

---

31 수전 손택, 2004, 45쪽, 65쪽.
32 앨리스 터너, 이찬수 옮김, 『지옥의 역사 I · II』, 서울: 동연, 1998.

저 변화시킬 정도로 지구의 주인으로 등장하게 된 이른바 '인류세(The Anthropocene)'도 인류의 '정상적' 생활 방식의 필연적 결과이다. 인간이 지구에 폭력을 가하고 지구에 가한 폭력이 인류에게 돌아오는 순환 과정은 지구를 당연한 수단으로 삼으며 폭력의 지구화를 도모한 결과이다.

이런 과정과 결과는 지구적으로 전개되는 경제 논리가 국가적 평화 지향의 정치를 대치하고, 개인을 자발성의 이름으로 움직이게 하는 강력한 힘의 증거이다. 국가는 개인의 자기 책임, 자기 계발, 자기 조직, 자기 존중 등을 내세우면서 개인의 긍정적 행위를 고취시키고 그에 따른 책임을 개인에게 떠넘긴다.[33] 개인들은 경쟁적으로 긍정성을 증폭시키고, 과잉된 긍정성은 구성원에게 피해를 일으키고 그 책임은 개인에게 떠넘긴다.

하지만 피해를 자발적으로 감수하기에 그것은 폭력으로 인식되지 않는다. 폭력을 '물리적'이거나 직접적인 것으로만 상상하고, 설령 타파되어야 할 나쁜 힘으로 여기면서도, 자신의 아픔의 원인은 자신의 마음 안에 있다고 간주한다. 『아Q정전』의 아Q처럼 어리석은 '정신 승리'에 몰두하기 바쁘다. 그러면서 스스로 파멸되어 간다. 인류세 시대의 기후 위기와 같은 현안은 인류가 정상적으로 살면서 긍정적으로 활동해 온 파국적인 결과이다.

긍정성의 폭력은 위계적 착취 구조에 근거한 국가폭력에서처럼 운영 체계가 잘못되어서 벌어지는 폭력이 아니다. 도리어 그 체계가 지극히 '정상적으로' 작동하기에 벌어지는 폭력이다. 폭력이 정상적인 것으로 인식되고 자리 잡을 수 있는 이유는 특정한 세력의 악한 의도라는 것 없이 객관적으로 발휘될뿐더러, 자본주의라는 대세가 특정국 내부만이 아닌, 전 지구에

---

33 울리히 벡, 박미애 외 옮김, 『글로벌 위험사회』, 서울: 길, 2010, 22쪽.

걸쳐 체계화되어 있기 때문이다. 대다수가 겪기에 대다수가 문제의식을 갖지 못하게 되는 모양새이다.

이때 그런 삶을 살아 내야 하는 것은 결국 개인이다. 국가나 사회는 삶의 책임을 개인에게 떠넘긴다. 개인이 겪을 수밖에 없는 압박감은 긍정성의 폭력의 전형적인 모습이지만, 개인은 그 폭력을 기꺼이 수용하고자 한다. 현재의 일방적 압박감이나 피로감은 폭력이 아니며, 폭력은 나의 밖에서 다른 형태로, 가령 물리적이고 직접적인 형태로 진행된다고 생각한다. 개인 안에 들어와 있는 온갖 난제는 개인이 기꺼이 감내해야 할, 즉 정신 승리의 대상이다. 이렇게 폭력이 자발성의 이름으로 내면화되면서 가해와 피해라는 이분법적 도식을 넘어선다.

긍정성의 폭력은 폭력 너머의 폭력, 이른바 '탈폭력적 폭력(The De-violent Violence)'의 형태로 나타난다. 폭력이 내면화되어 가해자가 실종되어 버린 상태, 가해자와 피해자가 동일하기에 폭력을 겪으면서도 그 책임을 물을 수 없는 상태이다. 폭력의 피해자는 있는데 그 피해를 스스로 감내함으로써 가해자가 사라진, 폭력의 원인이 모호해진 상태이다.[34] 가해와 피해라는 폭력의 도식이 무색해진 채, 그것은 개인들의 자기 착취를 추동한다. 남에 의한 착취보다 자신에 의한 착취가 효율적이라 믿으며 스스로 자유로운 착취자가 된다. 자기 자신에 의한 착취에서 "성과 주체는 가해자이자 희생자이며 주인이나 노예가 된다. 자유와 폭력이 하나가 된다."[35] 그렇게 '맞서 싸울 적이 없는 전쟁', '자기 자신과의 전쟁', '승리하는 자가 동시에 패배하

---

34 이찬수, "탈폭력적 폭력: 신자유주의 시대 폭력의 유형", 이문영(편), 2015.
35 한병철, 2012, 110쪽.

찰리 채플린 주연의 영화 '모던 타임즈'의 한 장면. 컨베이어 벨트 공장에서 일하는 노동자(찰리 채플린)는 하루 종일 벨트의 나사를 조이는 일을 한다. 자발적으로 선택해 온몸으로 일하면 일할수록 문명의 수단과 객체로 전락해가는 인간의 비극적인 현실을 희극적으로 절묘하게 표사한 작품이다. 긍정성의 폭력의 원형적 원인과 모습을 잘 보여준다. (출처: https://commons.wikimedia.org/wiki/File:Modern_Zamanlar_Filmi.jpg, Public Domain)

는 전쟁'을 벌인다. 내부에서 파괴적 긴장과 강박을 만들어 내고 시스템 전체의 경색으로 이어지는 내파적(implosiv) 폭력들이 경쟁적으로 진행 중인 것이다.[36]

지라르에 의하면, 여기에는 폭력을 '수용'하면서 극복하려는 심리가 반영되어 있다. 성과의 확산과 경쟁을 통한 승리 속에서 '신성'이 발현하며, 그 신성은 폭력의 절대적 효과로 여겨진다.[37] 종교는 이런 식으로 신성을 드러내면서 사실상 폭력을 찬양하고, 공동체가 폭력을 정당한 것으로 수용하도록 지배한다.

36 한병철, 2020, 144쪽.
37 르네 지라르, 김진식 외 옮김, 『폭력과 성스러움』, 서울: 민음사, 2007, 228쪽.

물론 이것도 큰 틀에서는 '부정성의 폭력'의 일환이지만, 종교에 의한 '폭력의 탈폭력화'는 긍정성의 폭력을 공적으로 정당화하고 사적으로는 감내하게 만든다. 고전적인 의미에서의 희생제의가 오늘날에는 자본 중심적, 성과 지향적 예배로 드러난다. 그렇게 종교도 사물화(reification)하고 양화(quantify)하고 대형화한다. 이것은 긍정성의 폭력에 의한 희생과 피해를 잠재우는 문화적 장치가 된다.

6) 가해와 피해의 역전, 폭력의 사법화

긍정성이 과잉되면서 폭력의 피해자가 가해자로 전복되기도 한다. 흔히 법률 영역에서 벌어지는 일이다. 법률가들이 상업의 논리로 무장하면서 법률 서비스를 전문화·세분화시키고, 이들 간 무한 경쟁을 통해 자본을 축적해 간다. 국가는 대학에 로스쿨 제도를 도입하고, 법률 서비스 시장은 더 팽창한다. 소위 '성범죄 전담 법인'이라는 것이 생기면서, 성폭력 가해자를 위한 지원 산업도 확장 중이다. 그 속에서 가해와 피해의 구분이 모호해지기도 하고, 소송비용이나 법률사무소의 역량에 따라, 피해자가 명예훼손이나 무고죄 등으로 가해자로 바뀌는 역작용도 벌어진다. 가해 행위에 대한 좁은 의미의 엄벌주의가 가해자로 하여금 자신의 변호에 더 힘쓰게 만들고, 비슷한 이들이 연대하면서 가해자를 위한 변호가 정당해진다. 가해자들 간 연대, 공감, 조언 등으로 가해 행위가 '탈범죄화'해 가고, 폭력 문제가 '합리적' 법률 소비자의 영역으로 이동하면서 폭력을 해결해 가는 과정이 경제적인 문제로 재구성된다. 국가는 폭력을 엄중히 처벌하겠다며 피해자가 법에 호소할 수 있는 분위기를 조성하지만, 한편에서는 가해자를 변호하는 분위기도 방임하면서 피해와 가해 모두를 위한 법률 시장은 계속 확대 중이다.[38] 폭력이 '사법화'하는 것이다.

이러한 폭력의 사법화는 폭력의 문제를 개인화시킨다. 이것은 변호사, 검사와 판사 모두를 통해 이루어지기에 '정치의 사법화'의 일환이기도 하다. 민주적 정치의 공공 영역이 약화되면서 사법적 역할이 정치의 효과를 좌우하는 정도로까지 강화되는 과정에 벌어지는 일들이다. 이런 맥락에서 폭력의 가해와 피해의 도식도 세계화한 법조 시장의 성과주의 시스템 속에서 '구성'된다. 그렇게 폭력은 '정상적' 시스템 안으로 들어온다.

4. 긍정성의 폭력의 범위와 의미

긍정성의 폭력 개념에 문제가 없는 것은 아니다. 긍정성의 폭력은 폭력의 범주를 지나치게 확장시켜 결국 인간 개인의 심리적인 피곤함은 물론 부정적인 모든 것을 폭력적 현상으로 보게 만든다는 지적이 가능하다. 여전히 세계 곳곳에서는 직접적/물리적 전쟁이 벌어지고, 한반도에서 전쟁의 위험이 고조되고 있는 상황조차 제대로 예방하지도 중지시키지도 못하면서, 폭력의 범주를 인간의 마음에까지 확장하고 그 책임을 개인에게 전가함으로써 구체적 폭력의 긴박함을 희석시킬 가능성이 있다는 것이다. 충분히 가능한 비판이다. 이것은 갈퉁의 '비판적 평화 연구'(critical peace

---

38 김보화, 『시장으로 간 성폭력: 성범죄 가해자는 어떻게 감형을 구매하는가』, 서울: 후마니타스, 2023, 94쪽, 127-128쪽, 138-140쪽, 75-77쪽.

studies)에 대해 가해지던 비판과 비슷한 관점이라고 할 수 있다.

평화를 '전쟁이 끝난 상태', '물리적 폭력이 없는 상태' 정도로 상상하던 시절, 갈퉁이 평화 자체보다는 평화의 '조건'에 대해 분석하면서, '적극적 평화'의 개념과 '구조적 폭력'의 개념을 제시하자,[39] 그에 대해 몇 가지 비판이 가해졌다. 갈퉁이 폭력의 범주를 지나치게 확장해 사실상 폭력 아닌 것이 없도록 만들었으며, 평화를 지나치게 가치론적으로 접근하고 이상화해서 오히려 평화의 현실감을 떨어뜨렸다는 비판이었다.[40]

하지만 갈퉁이 추구한 비판적 평화 연구는 '평화학'이 하나의 학문 분과로 체계화될 수 있는 가능성을 열어 주었고, 인문-사회과학자는 물론 과학자들까지 두루 포함하는 연구자들을 평화 연구의 영역으로 끌어들였다. 인간이 '이성'을 당연하게 여기기 시작하던 시절, 칸트가 이성 자체가 아니라 이성이 작동하는 '조건'을 분석하면서 근시안적 이성론에 경종을 울리고 근대 철학의 기초를 다졌던 것과도 상통한다. 폭력을 구조적, 문화적으로까지 확장한 갈퉁의 평화론이 평화학을 풍성하게 하는 데 기여했듯이, 긍정성의 폭력은 인간의 심리 상태를 포함하여 미시적 일상사 자체, 나아가 그러한 일상을 가능하게 하는 구조 전체에도 좀 더 세심한 관심을 기울이게 만든다. 긍정성의 폭력의 개념은 폭력의 근원에 대해 근본적인 성찰을 하게 함으로써 인간 삶의 본연의 모습을 돌아보게 해 준다. 긍정성의 폭력은 폭력이라는 것이 일반적 예상을 넘어 알지 못하는 사이에 모든 곳에

---

39 Johan Galtung, "Violence, Peace and Peace Research," *Journal of Peace Research* 6-3 (1969), pp. 67-191.

40 Kenneth E. Boulding, "Twelve Friendly Quarrels with Johan Galtung," *Journal of Peace Research*, 14-1 (1977), pp. 75-86.

서 다양하게 발흥할 수 있다는 사실과, 그것이 인간을 심층에서 더 피폐하게 만들 수 있다는 사실을 알려 준다. 평화가 폭력을 줄이는 과정, 즉 '감폭력(減暴力)'의 과정이라면,[41] 그 어디에서 어떻게 폭력을 줄여 나가야 할지, 즉 감폭력의 무게중심을 재설정해야 하는 이유를 잘 보여준다.

5. 신적 폭력, 폭력의 목적성으로부터의 자유

1) 폭력의 목적성

일찍이 니체(Friedrich Nietzsche)가 비난했듯이, "우리 문명은 평온의 결핍으로 인해 새로운 야만 상태로 치닫고 있다. 활동하는 자, 그러니까 부산한 자가 이렇게 높이 평가받은 시대는 일찍이 없었다."[42] 피로를 지나쳐 탈진할 정도로 부산하다. 그 부산함은 '상자 인간[匣人]'이 모든 성취를 자신 안에 끝없이 담아 두려는 반복적 행위와 같다. 신을 속인 죄로 저승의 언덕에서 바위를 끝없이 굴려 올리기만 하는 시시포스처럼, 채워질 수 없는 자신만의 상자를 계속 채우도록 요구하는 거대한 힘에 휘둘리며 탈진해 간다.

정부는 노동의 유연성이라는 이름으로 주당 40시간 근무제를 완화하려 시도한다. 대통령은 개인과 국가가 더 많은 성과를 낳으려면 더 노동해야

---

41 이찬수, "감폭력의 정치와 평화의 신학", 『평화의 신학: 한반도에서 신학으로 평화 만들기』, 서울: 동연, 2019, 23-31쪽.

42 Friedrich Nietzsche, *Menschliches, Allzumenschliches I* (Berlin: Kritische Gesamtausgabe IV-2, 1967), p. 236. 한병철, 2012, 35쪽에서 재인용.

한다고 말한다. 자유라는 이름으로 사실상의 강제를 요구한다. 그래도 사람들은 크게 분노하지 않는다. 일상에서는 분노하는 법마저 잊을 정도로 경제적 가속화와 사회적 과잉 활동 속에 휘말린다. 분노는 흐름을 멈추고 저항하는 행위이고, 어떤 상황을 중단시키고 새로운 상황이 시작되도록 만드는 능력이지만, 폭력을 개인화하는 긍정 지향적 활동 사회에서는 분노조차 개인적 감정의 영역에 머문다. 멈추기 힘들어진 인간은 창조적 분노보다는 개인만의 소모적 짜증을 내고 신경질을 부린다. 짜증은 폭력을 내면화시킨 채 사태를 멈추지 못하고 분노할 줄 모르는 데서 오는 신경 질환이다. 활동을 과잉시키는 긍정 사회가 개인에게 가하는 폭력이기도 하다.

이렇게 폭력이 모양을 바꿔 가며 계속되는 이유는, 벤야민이 간파한 바 있듯이, 폭력의 목적성 때문이다. 아Q가 자기 착취를 통해 어리석은 정신 승리를 도모하다가 결국 파멸에 이르듯이, 거시적인 안목에서 보면 폭력은 성취 지향적 긍정형 인간을 수단 삼아 스스로를 유지해 간다. 아렌트(Hannah Arendt)는 폭력이 정치적 권력을 위한 '수단'으로 작용한다고 분석했지만, 벤야민에 의하면, 폭력은 수단이기보다는 오히려 자기 목적적이다. 자발성에 기반한 다양한 폭력들이 중첩되고 때로는 충돌하면서 새로운 폭력의 양상으로 이어진다. 그렇게 폭력은 유지되고 진화한다.

2) 목적성으로부터의 자유, 신적 폭력

그 과정을 정당화시켜 주는 폭력을 벤야민은 '신화적 폭력'으로 명명한 바 있다. 종교가 새로운 성취를 신의 축복으로 칭송하며 성과 지상주의를 강화시키듯이, '신화적 폭력'이 권력을 정당화하는 법을 정립시켜 주고(법

정립적 폭력) 보존시켜 준다(법 보존적 폭력). 이것은 역으로 폭력의 목적성으로부터 자유로워져야 폭력이 정당화되는 순환 구조가 타파된다는 뜻이다.

이렇게 폭력의 목적성으로부터 자유로워진 폭력을 벤야민은 '신적 폭력(Die göttliche Gewalt)'이라고 명명했다. 이 폭력은 탈경계적·사면적(赦免的)·무혈(無血的)적이고, 모든 법 정립의 부재를 통해 정의되는 '법파괴적' 폭력이다. 기존의 폭력에 담긴 목적성이 탈각된 이상주의적인 힘이며, 희생을 요구하지 않고 희생을 받아들이는 순수한 폭력이다.[43]

지젝은 '신적 폭력'을 해설하며, 기독교적 신론을 해체적으로 재구성했다. 지젝에 의하면, 만물의 기초에 있으면서 우주의 의미를 보증해 주는 초월자로서가 아닌, 스스로를 자기의 창조물로 내던진 채 인간과 함께 살아가고 죽는 존재가 신적 폭력의 징표이다. 욥이 겪는 고통과 재난에는 그것이 죄의 대가이든 무엇이든 어떤 의미가 들어 있다던 욥의 친구들의 '정상적인' 설교와 달리, 자신의 고통과 재난에는 아무런 의미가 없다던 욥의 '비정상적' 항변이 신적 폭력의 메시지라는 것이다. '신화적 폭력'이 합법적 사회질서를 만들기 위한 '수단'이라면, '신적 폭력'은 세상의 불의를 보여주는 '징표'일 뿐이다. 그것은 가해자를 징벌하여 법적 정의를 세우는 식의 폭력이 아니다. 그것은 신(대타자) 자신의 무능을 보여주는 '의미 없는 징표'로서, 신적 폭력이라는 것을 식별할 수 있는 객관적 기준은 없다. 그 위험은 오로지 주체의 몫이다. 욥이 그랬듯이, 거기에 심오한 의미를 부여하려는 유혹을 이겨 내고, 폭력의 탈목적성을 떠안는 것이다. 알랭 바디우(Alain Badiou)가 기독교적 희망을 보상이나 벌에 대한 비전으로서가 아닌, 현재

43 발터 벤야민, 2012, 111-112쪽.

의 '난관을 살아 내는 충실성'으로 해석하는 것도 이와 통한다고 할 수 있다.[44] 지젝도 그런 식으로 불의를 정상적인 것으로 만드는 인류사에 대해 불의를 망각하지 않을 신의 영역 어딘가를 상상하며 신적 폭력의 개념을 지원한다.[45]

사회학자 김홍중은 '파상력(破像力)'이라는 개념으로 신적 폭력을 이어받는다. 파상력은 '현존하는 대상의 비실체성 혹은 환각성을 깨닫는 힘', '우상 파괴적 힘'이다.[46] 기존의 고정된 이미지를 타파하는 힘이다. 파상력의 발휘는 화살이 나아가는 목적과 방향과 거리만이 아니라, 화살을 나아가게 하는 더 근본적인 힘의 본질까지 꿰뚫는 것이다. 좀 더 성실하게 해설하면, 내면화한 폭력을 안으로부터 끄집어내 대상화하고 성찰하며, 자기중심적 목적론을 탈각시키는 것이다.

그렇게 하는 데서부터 긍정성의 폭력의 벡타(힘과 방향)는 축소된다. 머뭇거리기, 멈추어 서기, 내면화한 자발적 강제성을 성찰하기에서 폭력의 '정상적' 상황이 폭로되기 시작한다. 거기서 체계의 비정상성이 폭로되고, 목적이라는 이름으로 가두어 두었던 자발적 폭력의 문이 열리며 다른 공간이 펼쳐진다. 그것은 "예측된 경로를 따라가지 않고 미확정적인 공간으로 나아간다. … 하나의 인식이 기존의 인식 전체를 의심스럽게 만들고 근본적으로 변화시킬 수 있는 것이다."[47]

44 알랭 바디우, 현성환 옮김, 『사도 바울: '제국'에 맞서는 보편주의 윤리를 찾아서』, 서울: 새물결, 2008, 184쪽, 187쪽.

45 슬라보예 지젝, 2011, 256쪽, 275쪽, 247-249쪽.

46 김홍중, 『마음의 사회학』, 파주: 문학동네, 2016, 180-181쪽.

47 한병철, 『투명사회』, 김태환 옮김, 서울: 문학과 지성사, 2014, 65쪽.

비정상적 불확실성이나 뒤얽힌 관계들을 외면하지 않고 그에 온전히 직면하는 행위(facing)가 요청된다.[48] 김진석이 말하는 '포월(匍越)', 즉 땅에서 하늘로 초월하는 것이 아니라, 복잡하게 얽힌 혼돈의 땅을 기어가는 것이다.[49] 도나 해러웨이(Donna J. Haraway)의 책 제목에서처럼, 땅 아래에서 온갖 '난관과 더불어 살아가는 것(Staying with the Trouble)'이다.[50] 이런 전위적 제안들이 활동으로 과잉된 사회의 구조적 모순을 폭로한다. '정상적' 흐름에서 이탈하는 '지혜로운 바보(idiot savant)'가 신적 폭력이라는 새로운 길을 열어 주는 것이다.[51]

48 캐서린 켈러, 한성수 옮김, 『묵시적 종말에 맞서기: 기후, 민주주의, 그리고 마지막 기회들』, 고양: 한국기독교연구소, 2021, 22쪽.

49 김진석, 『초월에서 포월로』, 서울: 솔, 1994, 212-213쪽.

50 Donna J. Haraway, *Staying with the Trouble: Making Kin in the Chthulucene*, (Durham & London: Duke University Press, 2016)(=도나 해러웨이, 최유미 옮김, 『트러블과 함께 하기: 자식이 아니라 친척을 만들자』, 파주: 마농지, 2021)

51 한병철, 2023, 114-115쪽.

제9장

사이버 폭력

조계원

1. 들어가는 말

사이버 폭력(cyberviolence)은 사이버[1] 공간을 매개로 하여 이루어지는 다양한 인권침해 행위를 말한다. 인터넷과 스마트폰 등 정보 통신 기술(ICT)과 소셜 미디어의 발달로 사이버 공간에서 이루어지는 일상적 상호작용이 크게 증가함에 따라 이러한 공간에서 발생하는 폭력 문제도 심각해졌다. 사이버 언어폭력·명예훼손·스토킹·성폭력·괴롭힘과 따돌림·갈취·강요·신상 정보 유출 등 다양한 형태의 사이버 폭력이 나타나고 있으며, 새로운 유형도 지속적으로 발생하고 있다. 사이버 폭력은 피해 대상의 상황, 특성혹은 취약성을 악용하는 측면이 있으며, 생활 방식, 선택, 외모 등을 근거로 인종적·정치적 편견을 조장하기도 한다.[2]

---

1   '사이버'라는 개념은 '온라인', '인터넷' 등의 개념보다 넓은 범위를 가지고 있으며, "가상공간, 유 · 무선 인터넷 공간, 인트라넷 공간뿐 아니라 앞으로 새롭게 만들어질 공간"까지도 포함하는 개념이다. 이승현 · 강지현 · 이원상, "청소년 사이버폭력의 유형분석 및 대응방안 연구", 한국형사정책연구원, 2015년 12월, 19쪽. 최근에는 현실세계와 가상세계가 융합된 시공간인 메타버스(Metaverse) 내의 아바타를 대상으로 한 폭력이 문제시된 것처럼 사이버 공간이 확장되고 있다. 반형걸 · 남윤재, "메타버스 내사이버 폭력과 법적 보호에 관한 연구: 아바타에 대한 폭력을 중심으로", 『커뮤니케이션학 연구』 제31권 1호, 2023, 119-146쪽 참조.

2   Isabella Crespi and Laurie-ann M. Hellsten, "Cyberviolence and the Digital

방송통신위원회와 한국지능정보사회진흥원이 초등학교 4학년부터 고등학교 3학년까지 재학 중인 청소년 9,000명과 19세 이상 69세 이하 성인 7,500명을 대상으로 실시한 '2023년 사이버 폭력 실태 조사' 결과에 따르면, 청소년의 36.8%와 성인의 7.1%가 최근 1년간(2022.9.1-2023.8.31) 사이버 폭력으로 인한 피해를 경험했으며, 청소년의 19.3%와 성인의 2.2%가 가해 경험이 있는 것으로 나타났다.[3] 사이버 폭력 문제는 성인보다 청소년에게서 더 심각하다는 것을 알 수 있는데, 사이버 폭력에 관한 연구의 다수도 청소년을 대상으로 한 학교폭력 연구의 연장선에서 이루어졌다. 코로나19 시대 비대면 활동의 증가에 따라 사이버 공간에서 일어나는 학교폭력의 빈도가 늘어나면서 학교폭력에 사이버 폭력을 포함하는 내용의 「학교폭력 예방 및 대책에 관한 법률」 개정안도 2023년 10월 통과되었다.[4]

위 조사 결과에 따르면 사이버 폭력 유형 중에서는 청소년(피해 33.1%, 가해 18.1%)과 성인(피해 4.0%, 가해 1.7%) 모두 언어폭력이 월등히 높았다.[5] 언어폭력과 관련해 최근에 관심을 받은 것은 온라인/디지털 혐오 표현이다. 혐오 표현은 "성별·장애·종교·나이·출신 지역·인종·성적 지향 등을 이유로 어떤 개인·집단에게 모욕·비하·멸시·위협 또는 차별·폭력의 선전과 선

Experience: Reflections on a Problematic Issue for Youth," *International Review of Sociology* 32-3 (October 2022), p.392.

3　방송통신위원회·한국지능정보사회진흥원, "2024년 사이버폭력 실태조사", 방송통신위원회·한국지능정보사회진흥원, 2024년 2월, 23쪽, 111쪽.

4　"제2조 1의 3 '사이버폭력'이란 정보통신망(「정보통신망 이용촉진 및 정보보호 등에 관한 법률」 제2조 제1항 제1호의 정보통신망을 말한다)을 이용하여 학생을 대상으로 발생한 따돌림과 그 밖에 신체, 정신 또는 재산상의 피해를 수반하는 행위를 말한다."

5　방송통신위원회·한국지능정보사회진흥원, 2024, 39쪽, 52쪽, 112쪽, 115쪽.

동을 함으로써 차별을 정당화·조장·강화하는 효과를 갖는 표현"[6]을 말하는데, 사이버 공간이 혐오와 차별의 온상이 되고 있다는 지적과 함께 이에 대응할 수 있는 법적·정책적·교육적 방안에 대한 논의가 활발하게 이루어지고 있다. 2013년부터 실시된 '사이버 폭력 실태 조사'에도 2021년부터 혐오 표현에 관한 내용이 포함되었는데, 2022년 조사에서는 청소년의 12.5%와 성인의 14.6%가, 2023년 조사에서는 청소년의 14.2%와 성인의 11.7%가 디지털 혐오 표현을 경험했다고 응답했다.[7]

사이버 폭력은 개인이나 집단의 신체적·심리적·정서적 안녕을 침해하거나 침해로 이어질 수 있는 가상 전자 사이버 공간상의 일탈 행동으로, 인터넷 네트워크 환경의 개방성·자유로움·신속성 때문에 발생한다. 직접적인 위협이나 물리적 폭력뿐만 아니라 사이버 범죄도 포함될 수 있다.[8] 이 장에서는 이러한 사이버 폭력 개념이 등장하게 된 배경과 전개 과정을 살펴보고, 이 개념의 특징과 의의를 검토한다.

2. 사이버 폭력 개념의 등장과 전개

사이버 폭력 개념은 이 개념이 등장한 초기부터 정의가 합의되지 않은 채 사이버불링, 사이버 따돌림, 온라인 괴롭힘 등과 같은 용어와 혼재되어

---

6   홍성수, "혐오표현의 해악과 개입의 정당성: 금지와 방치를 넘어서", 『법철학연구』 제 22권 3호, 2019, 32-33쪽.
7   방송통신위원회 · 한국지능정보사회진흥원, 2024, 74쪽, 160쪽.
8   Isabella Crespi and Laurie-ann M. Hellsten (2002), p.392.

다양하게 사용되어 왔다.[9] 이는 현재에도 크게 달라지지 않았는데, 이 개념이 사실상 사이버 공간을 매개로 한 모든 유형의 폭력을 포괄하고 있어서 개념적 범주가 광범위하고 새로운 유형도 지속적으로 등장하고 있기 때문이다. 전통적인 폭력 행위가 장소를 바꿔 사이버 공간에서 나타나는 측면도 있고, 사이버 공간이 기존과는 다른 형태의 폭력 행위를 만들어 내는 새로운 환경이 되고 있기도 하다.[10]

〈'사이버 폭력' 관련 기사 건수 추이(1990-2023)〉

출처: 한국언론진흥재단 뉴스빅데이터 분석 서비스

사이버 폭력 개념은 인터넷과 디지털 기술이 보편화되기 시작한 1990년대 후반부터 2000년대 초반까지 사이버 공간에서 발생한 일탈행동이 증가

9   두경희 · 김계현 · 정여주, "사이버 폭력 연구의 동향과 과제: 사이버 폭력의 정의 및 유형을 중심으로," 『상담학연구』 제13권 4호., 2012, 1582쪽.
10 Jillian Peterson and James Densley, "Cyber Violence: What Do We Know and Where Do We Go from Here," *Aggression and Violence* 34 (May 2017), pp 194-195.

함에 따라 등장했다. 한국언론진흥재단이 제공하는 뉴스빅데이터 분석 서
비스에서 '사이버 폭력'으로 검색한 결과는 이를 잘 보여준다.

사이버 폭력에 관한 연구는 국내외 모두 2000년대 초반부터 등장하기
시작했다. 국외 연구의 경우 2000년대 초반에는 'cyberbullying' 개념이 주
로 사용되었고, 학교폭력/청소년 비행에 관한 이론에 기반을 두고 연구
가 진행되었다.[11] 사이버 폭력과 학교폭력은 유사한 동기와 패턴을 보이기
도 하며, 상호 관련성이 있다. 하지만 사이버 폭력은 전통적인 괴롭힘에 비
해 더 복잡하고 교묘한 측면이 있으며, 더 큰 해악을 끼친다는 점이 발견
되었다.[12] 2000년대 중반 이후에는 'cyber abuse', 'cyber aggression', 'digital
abuse', 'technology-related violence', 'online vitimization' 등의 개념을 중심
으로 성희롱, 스토킹, 데이트 폭력 등의 현상들이 주목받으면서 사이버 폭
력이 젠더화되어 있음이 강조되었다. 유엔은 2015년 「여성과 소녀를 대상
으로 한 사이버 폭력(Cyber Violence Against Women and Girls)」 보고서에서
사이버 폭력 개념을 채택하면서 많은 논쟁을 불러일으켰다.[13] 2010년대 이
후에는 소셜 미디어의 본격적인 확산과 함께 사이버 폭력이 주변화된 사회
적 소수자(여성, LGBTQ+, 이민자 등) 집단에게 불균형적으로 영향을 미친다

---

11 두경희 · 김계현 · 정여주, 2012, 1583쪽.

12 Nadia S. Ansary, "Cyberbullying: Concepts, Theories, and Correlates Informing
    Evidence-based Best Practices for Prevention," *Aggression and Violent Behavior* 50
    (January-February 2020), p.101343 참조.

13 Emma Louise Backe, Pamela Lilleston, and Jennifer McCleary-Sills, "Networked
    Individuals, Gendered Violence: A Literature Review of Cyberviolence," *Violence and
    Gender* 5-3 (September 2018), pp. 135-136.

는 점을 중심으로 온라인 혐오 표현과 차별 등에 관한 연구[14]가 이루어졌으며, 이와 함께 사이버 폭력의 증가에 대응하기 위한 방안(법적·정책적 규제, 온라인 플랫폼의 책임, 디지털 리터러시와 사이버 폭력 예방 및 교육 등)이 제시되었다.

국내 연구는 인터넷 게시판에 악성 댓글을 달거나 특정인의 신상을 공개해 망신을 주는 현상에 대한 문제의식이 연구의 출발 단계에서 중요하게 작용했다.[15] 그래서 사이버 폭력도 '정보통신망을 통하여 부호, 문언, 음향, 화상 등을 이용하여 타인을 모욕하거나 타인의 명예 또는 권익을 침해하는 행위'로 정의되었으며, 사이버 공간의 익명성과 빠른 전파력 때문에 누구나 폭력의 희생양이 될 수 있다는 점이 강조되었다.[16] 이후 사이버 폭력 피해자가 겪는 부정적 감정에 주목하여 '정보 통신 매체를 통하여 특정 개인 혹은 다수에게 공포, 분노, 불안, 불쾌감 등 부정적인 감정을 유발하는 행위'로 정의되기도 했다.[17] '지속성'이나 '반복성'을 개념에 포함시키는 경우[18]도 있는데, 침해 행위가 특정 순간에 국한되지 않고 지속적이고 반복

14 Sergio Andrés Castaño-Pulgarín, Natalia Suárez-Betancur, Luz Magnolia Tilano Vega, and Harvey Mauricio Herrera López, "Internet, Social Media and Online Hate Speech. Systematic Review," *Aggression and Violent Behavior* 58 (May-June 2021), pp. 101608 참조.

15 두경희 · 김계현 · 정여주, 2012, 1599쪽.

16 정완, "사이버폭력의 피해실태와 대응방안", 『피해자학연구』 제13권 2호, 2005, 332쪽.

17 두경희, "사이버 폭력 피해자의 정서적, 인지적 경험 및 대처행동", 『청소년학연구』 제22권 11호, 2015, 82쪽.

18 "사이버폭력은 폭력을 유발하거나, 조장하거나, 위협하기 위해 각종 다양한 형태의 정보통신기기를 사용하여 가상공간에서 글, 이미지, 음성, 음향, 영상 등을 이용해 지속적, 반복적으로 타인에게 신체적, 성적, 심리적 피해를 주거나 경제적 해악이나 고통을 초래하는 행위를 포함한다." 김학주, "사이버폭력의 실태 및 대응방안에 관한 연

적으로 나타날 때 행위의 고의성이 좀 더 분명하게 드러나고 피해자가 겪는 부정적 영향도 커져서 이를 규제해야 할 근거가 강화되기 때문이다. 청소년에 주목한 연구는 초기부터 지속적으로 존재해 왔고, 사이버 폭력의 피해자와 가해자의 특성에 대한 연구의 증가와 함께 압도적으로 가장 많은 부분을 차지하고 있다. 최근 학교폭력 문제가 사회적 주목을 받으면서 학교에서의 사이버 폭력 실태와 예방에 대한 관심도 증가했다.[19] 젠더 관련 사이버 폭력 연구는 '사이버/디지털/온라인 성폭력/성범죄' 등의 용어를 중심으로 2017년을 기점으로 활발하게 이루어졌다. 불법 촬영, 비동의 영상 유포부터 N번방 사건에 이르기까지 여러 사건들이 공론화되면서 이에 대한 관심이 크게 높아졌기 때문이다.[20] 다른 사회적 소수자가 겪는 사이버 폭력에 관한 본격적인 연구는 찾아보기 어려운데, 2021년 9월 국제 인권 단체인 휴먼라이츠워치(Human Rights Watch)가 발표한 한국 청소년 성 소수자 폭력 피해 실태 조사 보고서에서 사이버 공간이 인기 있는 괴롭힘 장소임이 언급되었다.[21]

구", 『생명연구』 제59집, 2021, 47-48쪽.

19 서창수, "코로나19 발생 전후의 사이버폭력에 대한 뉴스 빅데이터 분석", 『사회융합연구』 제7권 4호, 2023, 55-70쪽.

20 최소윤 · 한민경, "'사이버 음란물'에서 '기술매개 젠더기반 폭력'까지: 디지털 성범죄 관련 국내 연구동향 분석", 『한국범죄학』 제14권 2호, 2020, 145-146쪽.

21 Human Rights Watch, "'I Thought of Myself as Defective': Neglecting the Rights of LGBT Youth in South Korean Schools," Human Rights Watch (September 2021), at https://www.hrw.org/sites/default/files/media_2021/09/southkorea0921_web.pdf (검색일: 2024. 03. 31); 조성은, "학교폭력의 사각지대 '사이버폭력'…성소수자 학생은 더 아프다," 『프레시안』(2021년 09월 14일), https://www.pressian.com/pages/articles/2021091410291679387 (검색일: 2024. 03. 31)

3. 사이버 폭력 개념의 특징

사이버 폭력은 사이버 공간을 행위의 장소로 설정하고 있는 개념인 만큼 사이버 공간의 특성—비대면성·무경계성·익명성·집단성·기술 지배성·빠른 전파성·영구성·비물질성 등[22]—과 밀접한 관련성이 있다. 이를 중심으로 사이버 폭력의 특징을 살펴보면 다음과 같다.

첫째, 비대면성과 무경계성으로 인해 가해자와 피해자가 직접 대면하지 않아도 디지털 기술을 이용해 접속하기만 하면 시공간의 제약을 받지 않고 폭력으로 인한 피해가 발생할 수 있다. 직접 대면하지 않아 상대방의 고통을 느끼기 어렵기 때문에 가해자의 죄책감이 상대적으로 낮으며, 물리력이 아니라 언어·문자·부호·사진·동영상 등과 같은 표현물을 사용하므로 피해자에게 심리적 고통을 안겨 주면서도 가해 행위의 의도성을 교묘하게 감출 수 있다.[23] 청소년의 경우 가해 행위를 폭력으로 인식하지 못하거나 친밀감의 표현이나 놀이로 여기기도 한다. 또한 일반적인 폭력은 이러한 행위가 일어나는 장소나 사회적 관계에서 벗어나면 피할 수 있지만, 사이버 폭력은 인터넷을 통해 어느 곳에서나 원치 않는 사회적 상호작용이 일어날 수 있어 피해자가 불안과 사회적 고립으로 더 심한 정신적 피해를 입을 수 있다.

---

22 이승현 · 강지현 · 이원상, 2015, 20-24쪽.
23 이승현 · 강지현 · 이원상, 2015, 20-21쪽, 31쪽.

사이버 폭력 피해자의 사회적 고립 (출처: https://pixabay.com/photos/bullying-cyberbullying-insult-4378156/)

둘째, 익명성·집단성·기술 지배성 때문에 가해자와 피해자 사이의 권력 불균형이 매우 크다. 가해자가 자신의 신원을 감추거나 위조할 수 있는 익명성은 초기 연구부터 사이버 폭력의 주된 특성으로 제시되었다. 익명성으로 인해 타인의 시선이나 사회적 규범을 덜 의식하게 되어 자신의 욕구와 충동을 억제하지 못하고 더 과격하고 반규범적인 행동을 하게 된다는 것이다.[24] 일반적으로는 우리에게는 다른 사람에게 폭력을 가해서는 안

---

24 이성식, "사이버범죄에서 탈억제의 심리와 통합적 작용의 모형구성과 검증,"『한국범죄심리연구』제13권 2호, 2017, 140쪽.

된다는 사회적·감정적 장벽이 존재하는데, 자신이 누구인지 감출 수 있는 사이버 공간에서는 자신을 통제해야 하는 압력이 줄어들어 가해자의 제한되지 않는 권력이 커진다.[25] 개인(특히 청소년)의 낮은 자제력이나 충동성은 사이버 공격성이나 폭력과 관련성이 있는 것으로 나타났는데, 사이버 공간의 이러한 특성이 영향을 준다고 볼 수 있다.[26]

또한 사이버 공간에서는 불특정 다수가 같은 목적을 위해 행동할 수 있는 집단성이 생기기 쉬워 가해자는 개인이 아니라 집단으로 확장될 수 있다.[27] 통제되지 않는 집단성은 온라인상에서 이루어지는 '조리돌림'이나 '신상 털기' 같은 대중적 망신 주기(public shaming) 방식으로 발현되면서 '정의의 이름으로' 타인의 존엄성을 파괴할 수 있다.[28] 사사건건 옳고 그름을 재단하는 너무나 많은 정의가 세상에 만연하면서, 정의를 내세워 타인과 세상을 심판하는 것이 만성화되어 일종의 중독 상태가 되었다. 정의의 기준이 같은 사람들과 일체감을 느끼면서 내면의 불안과 스트레스를 해소하는 것이다.[29] 함께 분노하는 것에 그치지 않고, '좌표 찍기' 등을 통해 대규모로 몰려가자고 종용하여 타인에 대한 공격이나 비난을 유도하면서 '정의를

---

25 자신을 감출 수 있다고 해서 사이버 폭력이 서로 모르는 관계에서만 일어나는 것은 아니다. "2023년 사이버폭력 실태조사" 결과에 따르면, 청소년 피해자의 43.5%와 성인 피해자의 49.1%가 가해자를 전혀 모르는 사람이라고 응답했으며, 청소년 가해자의 37.0%와 성인 가해자의 43.1%가 피해자를 전혀 모르는 사람이라고 답했다. 방송통신위원회 · 한국지능정보사회진흥원, 2024, 41쪽, 55쪽, 113쪽, 116쪽.

26 Jillian Peterson and James Densley (2017), pp. 195-196.

27 이승현 · 강지현 · 이원상, 2015, 22쪽.

28 조계원, "온라인 행동주의와 집합 감정: 청와대 국민청원을 중심으로," 『비교민주주의 연구』 제17집 2호., 2021, 77-78쪽.

29 안도 슌스케 저 · 송지현 역, 『정의감 중독 사회』, 서울: 또다른우주, 2023, 77-81쪽.

구현'한다. 개인은 집단을 이룰 때 동조 압력으로 인해 더 폭력적인 행위를 할 수 있으며, 사이버 공간에서 이러한 경향이 더 강해진다.[30] 이러한 현상은 온라인 행동주의의 어두운 측면으로 볼 수 있다. 오프라인 집단행동이 주가 됐던 전통적 사회운동과는 달리, 온라인 행동주의는 온라인을 매개로 개인 간 커뮤니케이션에 의한 연결 행동이 핵심이 된다. 새로운 디지털 플랫폼은 네트워크로 연결된 다양한 행위자들이 기존의 공적 영역과 사적 영역의 이분법에서 벗어나 이를 가로지르며 다양한 미시 권력들을 수평적으로 조직하고 동원할 수 있도록 함으로써 참여의 유동성과 잠재력을 증폭시켰다. 이에 따라 개인이 정보 통신 기술을 이용해 집합적 감정을 창출하고, 사회정의와 관련된 이슈를 부각시키며, 변화를 만들어 내기가 용이해졌다.[31] 그 결과 디지털 자경단과 같은 활동도 늘어났다. 공적인 기구를 통한 문제 해결을 불신하면서 디지털 매체를 통해 구성된 공중이 직접 나서서 대상을 처벌하려고 하고, 이 과정에서 지탄의 대상이 되는 개인은 집단적인 사이버 폭력에 노출된다.

그리고 사이버 공간에서는 새로운 기술이 곧 사회적 권력을 행사하는 수단이 되므로 해커처럼 기술을 활용하는 데 우위에 있는 사람은 자신의 뜻에 따라 얼마든지 타인의 선택에 자의적으로 간섭하여 선택 상황을 악화시킬 수 있는 반면, 국가가 개입하려고 해도 이를 통제하기 어렵다.[32] 사용할 수 있는 사회적 권력 수단도 회유/제안, 감시, 차단, 비방, 방해, 조작, 강요,

---

30 김정애, "청소년의 학교폭력 경험이 사이버폭력에 미치는 영향: 인권감수성과 또래동조성의 다중매개효과를 중심으로,"『한국콘텐츠학회논문지』제21권 5호, 2021, 451쪽.
31 조계원, 2021, 76-77쪽.
32 이승현 · 강지현 · 이원상, 2015, 22-23쪽.

협박 등 다양하다.

셋째, 빠른 전파성 때문에 피해를 막거나 최소화하는 것이 어려우며, 사이버 공간에서의 행위는 완벽히 흔적을 제거하는 것이 쉽지 않고 거의 영구적으로 남기 때문에 피해자의 대처 의지를 약화시켜 취약성을 심화시킨다.[33] 여기서 주목해야 할 점은 사이버 폭력은 그 효과가 피해 당사자에게 그치지 않고 다른 대상에게 쉽게 확산될 수 있다는 사실이다. 피부색·언어·연령·젠더·성적 지향·장애·인종·종교·지역·직업 등 피해자가 지닌 집단적 특성에 대한 편견이 원인이 되어 사이버 폭력의 대상이 된 경우, 피해자와 같은 집단적 특성을 공유하는 구성원들도 자신도 피해자가 될 수도 있었다는 사실에 공포와 위협을 느낄 수 있는 것이다. 그러한 집단이 사회 내에서 차별받고 있을 경우 그 영향은 더 커질 수 있는데, 피해자가 속한 집단에 대한 또 다른 폭력을 유도해 이들을 더 고립시킬 수 있고 집단들 간의 사회적 대립을 가져올 수 있기 때문이다.[34] 국내 사이버 폭력 연구에서는 이 부분이 상대적으로 중요하게 다루어지지 않고 있지만, 사이버 폭력이 개인뿐만 아니라 집단을 대상으로 이루어질 수 있다는 점은 국외 연구에서 강조된다.[35]

온라인을 통한 혐오 표현 문제가 중요한 것은 이 때문이다. 혐오 표현의 문제가 사회적 관심사로 부각된 것은 '일간베스트 저장소(약칭: 일베)'라는 이름의 인터넷 커뮤니티가 민주화 운동·특정 지역·여성·외국인·다문화 가정·성적 소수자 등에 대해 혐오적 발언을 쏟아 내기 시작하면서부터이

---

33 이승현·강지현·이원상, 2015, 23-24쪽.
34 조계원, "한국에서 증오범죄의 가능성과 규제 방안", 『법과 사회』 제55호, 2017, 70쪽.
35 Isabella Crespi and Laurie-ann M. Hellsten (2022), p.392.

다. 개인의 일회성 발화에 그치던 혐오 메시지가 온라인 커뮤니티 내에서 반복적이고 지속적으로 확대 재생산되면서 마치 다수 사람의 의견처럼 포장되고, 일반 사람들에게까지 그 영향력이 확대되었다. 온라인 내의 공간을 통해 혐오의 정서를 공유하고 증폭하면서 하나의 집단적 정체성을 형성하고, 온라인에서뿐만 아니라 오프라인에서도 소수자와 일반 청중을 대상으로 차별을 공공연하게 드러낸 것이다.[36] 혐오 표현은 단순히 의견 표명에 그치지 않고, 실제 사회적 차별이나 증오 범죄로 이어질 수 있다는 점에서 문제가 된다. 그러나 이러한 문제가 사이버 폭력과 관련해서는 아직 중요하게 다뤄지지 않고 있다. '사이버 폭력 실태 조사'를 수행하는 방송통신위원회와 한국지능정보사회진흥원도 혐오 표현에 대해 조사는 하고 있지만 이를 사이버 폭력 유형(〈표 1〉 참조) 중 하나로 제시하지는 않고 있다.

〈표 1〉 사이버 폭력의 유형

유형	설명
사이버 언어폭력	인터넷, 스마트폰 문자 서비스 등을 통해 욕설, 거친 언어, 인신공격적 발언 등을 하는 행위
사이버 명예훼손	사실 여부와 상관없이 다른 사람/기관의 명예를 훼손하는 글을 인터넷, SNS 등에 올려 아무나(불특정 다수) 볼 수 있게 하는 행위
사이버 스토킹	특정인이 원치 않음에도 반복적으로 공포감, 불안감을 유발하는 이메일이나 문자(쪽지)를 보내거나, 블로그·SNS 등에 방문하여 댓글 등의 흔적을 남기는 행위
사이버 성폭력	특정인을 대상으로 성적인 묘사 혹은 성적 비하 발언, 성차별적 욕설 등 성적 불쾌감을 느낄 수 있는 내용을 인터넷이나 스마트폰을 통해 게시하거나 음란한 동영상, 사진을 퍼뜨리는 행위
신상 정보 유출	개인의 사생활, 비밀 등을 인터넷·SNS 등에 언급 또는 게재하거나 신상 정보(이름·거주지·재학 중인 학교 등)를 유포하는 행위

36 김민정, "일베식 "욕"의 법적 규제에 대하여: 온라인에서의 혐오 표현에 대한 개념적 고찰", 『언론과 법』 제13권 2호, 2014, 140-144쪽.

사이버 따돌림	인터넷 대화방이나 스마트폰, 카카오톡 등에서 상대방을 따돌리는 행위
사이버 갈취	인터넷에서 사이버(게임) 머니, 스마트폰 데이터 등을 빼앗는 행위
사이버 강요	인터넷에서 다른 사람에게 그 사람이 원치 않는 말/행동을 하도록 강요하거나 심부름을 시키는 행위

출처: 방송통신위원회 · 한국지능정보사회진흥원(2024, 177쪽)

넷째, 사이버 공간에서는 손쉽게 대상을 발견할 수 있고, 폭력을 행사하기 용이하므로 피해자가 가해자가 되는 악순환이 발생할 가능성이 높다. 피해를 입은 이후 분노, 불안, 스트레스와 같은 부정적 감정을 해소하거나 보복하기 위해서 피해자가 가해자가 되는 모습이 발견되는 것이다.[37] 실제로 '사이버 폭력 실태 조사'에서 사이버 폭력 가해의 주된 동기로 '상대방이 먼저 그런 행동을 해서, 보복하려고' 했다는 응답이 높게 나타난다(청소년 38.6%, 성인 26.0%).[38] 이는 '지위 게임'이라는 측면에서 그 원인을 찾아볼 수 있다. 일반적으로 사이버 폭력을 경험하게 되면 불안, 우울, 무기력, 스트레스, 분노, 자살 충동 등의 부정적 감정을 경험하는 것으로 알려져 있다. 그리고 피해자의 자존감에 심각한 손상을 입어 다른 사람과의 사회적 상호작용 속에서 지속적으로 두려움이나 불안을 느낀다.[39] 이에 대한 반작용으로 무시·모욕·멸시를 당해서 손상된 자신의 자존감이나 지위를 회복하기 위해, 자신이 당한 피해나 손상을 상대에게 되돌려 주려는 분노나 공격 욕

37 유지희 · 엄명용, "중학생의 사이버불링 피해경험이 사이버불링 가해행동에 미치는 영향," 『한국사회복지학』 제74권 2호, 2022, 210-211쪽.
38 방송통신위원회 · 한국지능정보사회진흥원, 2024, 58쪽, 117쪽.
39 정문경, "청소년기 사이버폭력 피해경험과 사회불안의 관계에서 사회적 유능성과 지각된 사회적 지지의 매개효과," 『상담학연구』 제16권 2호, 2015, 197-198쪽.

구가 생겨나게 된다. 개방성과 확산성이 있는 사이버 공간에서 개인은 자신의 평판이나 지위에 더 민감해진다. 특히 인터넷이나 스마트폰이 없는 삶을 경험하지 못한 '디지털 원주민' 세대는 사이버 공간 속에서 사회화를 경험하며 성장했기 때문에 이러한 평판을 자신의 정체성의 중요한 부분으로 여긴다. 그래서 사이버 폭력을 경험하면, 손쉽게 지위 게임으로 미끄러진다. 공격적인 행동을 통해 다른 사람을 지배함으로써 자신의 손상된 지위를 회복하려 하는 것이다. 특히 사이버 공간은 각자의 상대적 지위가 모호하기 때문에 우위를 차지하고 싶은 유혹이 커지고, 폭력의 강도도 심해진다.[40] 오늘날 사이버 공간은 단순한 가상공간이 아니라 현실 공간의 일부가 되었으며, 사람들은 사이버 공간에서 제2의 자아를 형성하며 현실 속에서 억눌린 욕망을 분출하기도 한다. 비대면의 자유 속에서 자기중심적 욕망이 강해진다.[41] 이에 따라 모욕을 더욱 쉽게 느끼고, 무시당해 손상된 지위를 회복하기 위해 폭력을 사용해 복수하려는 동기도 강해진다. 이 과정에서 폭력의 가해자와 피해자의 경계가 모호해지는 경우가 발생한다.

4. 사이버 폭력 개념의 의의

사이버 폭력 개념은 다음과 같은 의의가 있다. 첫째, 디지털 기술이 사이버 공간에서 만들어 내는 새로운 형태의 폭력에 주목하게 한다. 최근에는

---

40 윌 스토 저·문희경 역, 『지위 게임』, 서울: 흐름출판, 2023, 84-93쪽.
41 김성수, "미디어로서의 사이버공간에 드러난 제2자아와 현실 연구: 글로컬 사이버윤리 제언을 위한 소고," 『문화콘텐츠연구』 제28호, 2023, 97-102쪽.

딥러닝과 인공지능 기술을 사용해 인물의 얼굴이나 목소리를 합성하여 가짜 영상이나 오디오를 생성하는 딥페이크(deepfake) 기술을 이용한 폭력[42]이 늘어나고 있으며, 이와 관련한 학교폭력도 등장했다. 소셜 미디어상에서 "지인을 능욕해 준다."는 게시글에 지인의 사진을 보내면 얼굴을 합성한 음란물을 유포하는 식이다. 또한 익명으로 이용하는 온라인 플랫폼이나 킥보드 앱 등을 이용해 입증하거나 추적하기 어려운 형태의 사이버 폭력도 늘어나고 있다. 특정 유형의 사이버 폭력이 유행하다가, 이에 대한 신고가 늘어나면 더욱 진화된 형태의 새로운 사이버 폭력이 등장하는 상황이다.[43] 또한 사이버 폭력이 사회적 영역에서 점차 상업적 영역으로 옮겨 가면서 조직적이고 계획적인 방식으로 이루어지는 모습도 나타난다. 2018년 하반기부터 2020년 3월까지 텔레그램 등의 메신저 앱을 이용해 피해자들을 유도해 협박한 뒤 성 착취물을 찍게 하고 이를 상업적으로 유포한 'N번방 사건'이 대표적이다. 웹하드 업체, 헤비업로더, 필터링 업체, 디지털 장의 업체가 담합하여 불법 촬영물로 수익을 창출하는 '웹하드 카르텔'도 드러난 바 있다.[44] 가해자들은 빠르게 진화하는 다양한 기술적 수단을 사용해 자신

---

42 기존의 법에서는 명예훼손 또는 음란물유포 등의 요건을 충족하는 경우에만 처벌이 가능하여, 2020년 3월 반포 등을 할 목적으로 사람의 얼굴·신체 또는 음성을 대상으로 한 촬영물·영상물 또는 음성물을 대상자의 의사에 반하여 성적 욕망 또는 수치심을 유발할 수 있는 형태로 편집·합성 또는 가공한 자는 5년 이하의 징역 또는 5천만 원 이하의 벌금에 처하도록 규정하는 내용을 담은 「성폭력범죄의 처벌 등에 관한 특례법」 개정안이 통과되었다.

43 김송이·김세훈, "'카톡 감옥' '딥페이크 능욕'…시공간 뛰어넘는 '사이버 학폭'," 『경향신문』(2023년 3월 20일), https://www.khan.co.kr/national/national-general/article/202303201130001(검색일: 2024. 03. 31).

44 이런 경우 플랫폼 운영자에게 적극적 책임을 묻거나, 이로 인한 불법적 수익을 몰수·추징하기 어렵다. 마녀, "성착취물로 번 500억…'웹하드 카르텔' 처벌엔 추징이

을 숨길 수 있는 반면, 피해자들은 피해 사실을 숨기려고 하기 때문에 피해
가 은닉되는 경우가 많다. 그러므로 새로운 형태의 사이버 폭력에 주의를
기울이면서 안전한 온라인/디지털 환경을 조성하기 위해 지속적으로 관심
을 가져야 한다.

둘째, 사이버 폭력 개념은 이러한 폭력의 심각성에 대한 인식을 강화한
다. 전통적인 폭력에 비해 사이버 폭력 피해자의 자살 시도가 2배 정도 높
다는 연구 결과[45] 등은 사이버 폭력의 정신적·심리적 피해가 크다는 점에
서 이에 법적·정책적·교육적으로 대응해야 할 필요성에 대한 관심을 불러
일으켰다. 신종 사이버 폭력을 범죄로 간주하고 가해자를 법적으로 제재
하는 것도 중요하지만, 피해자에게 심리적 지원과 상담 서비스, 법적 지원
및 보호 프로그램을 제공하는 것이 피해자의 회복에 실질적으로 도움이 된
다. 현재 '온라인피해365센터(helpos.kr)'에서 온라인 서비스 피해 전반에 대
한 상담 및 피해지원 기관과의 연계를 돕고 있으며, '디지털성범죄피해자
지원센터(d4u.stop.or.kr)'에서 불법 촬영물 유포 등의 피해에 대해 삭제 지
원을 제공하고 있다.

셋째, 사이버 폭력 개념은 예방, 교육, 보호 조치를 결합한 체계적이고 다
각적인 접근이 필요함을 강조한다. 사이버 폭력의 보편적인 정의가 아직
확립되지 않았고, 사이버 폭력이 나타나는 다양한 방식에 대해서 세부적인
접근 방식이 존재하지 않기 때문에 이 문제를 해결하기 위한 대응책을 마

없다", 《한겨레신문》(2023년 2월 10일), https://www.hani.co.kr/arti/society/society_
general/1079204.html (검색일: 2024. 03. 31).
45 홍성희, "청소년의 사이버폭력 피해경험과 자살생각과의 관계에서 자아존중감과 우
울의 이중매개효과", 『교정복지연구』 제76호, 2022, 197쪽.

런하기가 쉽지 않다. 사이버 폭력은 단일한 형태가 아니라 서로 연결되거나 중복되거나 여러 행위의 조합으로 구성되어 있는 경우도 많으며, 모든 사이버 폭력이 법적인 해결을 필요로 하는 것도 아니다.[46] 그래서 사이버 폭력은 법적 규제만으로는 해결하기 어렵다. 사이버 폭력의 정의가 모호하기 때문에 얼마든지 교묘한 형태로 현행법(〈표 2〉 참조)의 위법적 구성요건을 피할 수 있다.[47]

〈표 2〉 사이버 폭력의 유형별 형사처벌 근거

유형	형사처벌 근거
사이버 명예훼손	「정보통신망 이용촉진 및 정보보호 등에 관한 법률」 제70조
공포·불안정보 송신	「정보통신망 이용촉진 및 정보보호 등에 관한 법률」 제74조 제3호
스토킹	「스토킹범죄의 처벌 등에 관한 법률」 제18조
통신 매체를 이용한 음란 행위	「성폭력범죄의 처벌 등에 관한 특례법」 제13조
불법 촬영물·딥페이크물 유포	「성폭력범죄의 처벌 등에 관한 특례법」 제14조, 제14조의2
불법 촬영물·딥페이크물을 통한 협박·강요	「성폭력범죄의 처벌 등에 관한 특례법」 제14조의3
협박	「형법」 제283조
모욕	「형법」 제311조
강요	「형법」 제324조
동의 없는 신상 유출	「개인정보보호법」 제71조제5호

출처: 최진응(2022, 2쪽)

---

46 Isabella Crespi and Laurie-ann M. Hellsten (2022), pp. 392-393.
47 최진응, "사이버폭력 규제를 위한 입법과제", 국회입법조사처, 『이슈와 논점』 제1970호(2022년 07월 05일), 2-3쪽.

일차적으로 사이버 폭력의 다양한 형태와 특징을 인식시키고, 온라인에서 적절하고 안전하게 상호 작용하여 사이버 폭력을 예방하고, 사이버 폭력 피해를 입었을 때 대응하는 방법을 교육하는 것이 중요하다.[48] 앞에서 말했지만, 사이버 폭력은 비대면성으로 인해 피해자가 어떤 고통을 받고 있는지 알 수 없기 때문에 가해자가 심각하게 받아들이지 않는 경우가 많고, 피해가 장기간 반복된 후에야 드러나는 경우가 대부분이다. 그러므로 사이버 폭력에 대한 공감 능력을 키우는 것이 중요한데, 이를 위한 다양한 교육 프로그램을 개발할 필요가 있다. 독일의 청소년 사이버 폭력 예방 프로그램인 '미디어 핼덴(Medien Helden)'과 같이 사이버 폭력이 발생한 상황에서 가해자와 피해자뿐만 아니라 조력자, 방관자, 방어자와 같은 다양한 행위자를 연기하도록 하는 역할극을 수행하도록 한 후 여러 상황들에 대해 토론하고 다른 가능한 행동들을 연습해 보도록 하는 것을 예로 들 수 있다.[49]

　또한 온라인 플랫폼 기업들이 스스로 일정한 원칙과 가이드라인을 수립하고 이를 준수하도록 하여 책임을 강화하도록 유도해야 한다. 사이버 폭력을 방지하고 신고할 수 있도록 명확하게 정의된 규칙과 이용 약관을 제공하는 한편, 피해를 구제하기 위한 손쉬운 신고 절차를 두어 신속하고 적절한 대응 및 조치를 취하도록 의무를 부과하고 이러한 조치에 대한 정보를 투명하게 공개하도록 하는 것이다. AI와 같은 기술적 도구를 이용해 사

48　학생 사이버폭력 예방 및 대응 실무협의체, "학생 사이버폭력 예방 · 대응 가이드", 교육부(2022년 02월 11일).
49　정영희, "청소년 사이버 폭력 예방 프로그램 독일 '미디어 핼덴'에 관한 고찰", 『문화와 융합』 제45권 7호, 2023, 367-376쪽.

이버 폭력을 감지하고 차단하는 방안도 도입되고 있다. 사이버 폭력을 포함하는 콘텐츠를 분류하는 기술을 활용해 이를 자동으로 탐지하고 걸러 냄으로써 사이버 폭력의 확산을 줄이는 것이다. 주로 악성 댓글이나 게임 내 채팅의 욕설 등을 필터링하는 방법이 사용되고 있는데, 사용자들이 이를 우회하는 방법을 적극적으로 찾으려 하기 때문에 대응하기 쉽지 않다.[50] 또한 특정 욕설을 중심으로 이를 규제하거나 피해를 삭제하는 데 그침으로써 사회적·역사적 맥락과 차별에 대한 감수성을 탈각시킨다는 한계도 있다.[51]

넷째, 사이버 폭력 개념은 그러한 폭력이 피해자 개인에 그치지 않고 사회적으로 파급효과를 일으킬 수 있음에 주목한다. 특정 집단에 대한 편견이나 비하를 담은 혐오 표현이 대표적이다. 한국 내 온라인 혐오 표현의 확산을 분석한 연구에 따르면, 혐오 표현의 대상은 사건 사고의 가해자나 피해자처럼 개인이 되기도 하지만, 여성·노인·장애인·성적 소수자·외국인·이주 여성·특정 지역 출신과 같이 사회집단인 경우가 많다. 혐오 표현의 유형은 ①근거 없이 싫어하거나 무시하는 비난·비하 발언, ②대상자의 성이나 인종·종교 등을 근거로 등급이나 수준을 구별해 평가하고 멸시·가학 등 불평등한 대우를 하는 소수자 차별 발언, ③특정한 이유 없이 분노를 표출하거나 적대감을 표현하는 폭언·폭력적 표현이 있다.[52] 이러한 혐오 표현은 정치 공동체 내의 동등한 시민으로서의 지위를 약화시키고, 공적 담론의 장

---

50 최진웅, 2022, 3-4쪽; 류철, "사이버 폭력 방지를 위한 AI 기술 동향", 『KISDI AI Outlook』 제9호, 2022, 34-35쪽.

51 홍남희, "디지털 플랫폼 시대 자동화 거버넌스와 '나쁜 말'의 규제", 『사이버커뮤니케이션학보』 제40권 1호, 2023, 306-309쪽.

52 홍주현·나은경, "온라인 혐오표현의 확산 네트워크 분석: 이슈 속성별 확산 패턴 및 혐오표현의 유형과 강도", 『한국언론학보』 제60권 5호, 2016, 156쪽, 162쪽.

에서 해당 집단에 속한 사람들의 발언이나 참여를 위축시킨다.

일반적으로 자유주의자들은 설령 혐오 표현에 해당된다 하더라도, 이를 규제해서는 안 된다고 생각한다. 불쾌하고 대중적이지 않은 정치적 발언도 헌법이 보장하는 표현의 자유에 따라 허용되어야 하고, 사상의 자유로운 경쟁 속에서 타당하지 못한 주장으로 간주되는 것을 선호한다. 하지만 혐오 표현은 차별과 편견을 확대하고, 나아가 적대적 행동이나 극단적인 폭력에 동참하도록 선동할 수 있다는 문제가 있다는 점에서 규제나 개입이 정당화될 수 있다. 개입하더라도 범죄화보다는 시민사회 스스로 혐오 표현을 거부하는 사회적 환경을 만들어 나가는 형성적 규제 방안이 바람직하다.[53]

소셜 미디어를 자주 사용하는 행위자는 온라인상의 혐오 표현에 노출될 가능성이 더 높고, 디지털 플랫폼에서는 시간이 지나면서 동일한 가치와 정견을 가진 집단이 뭉치게 되는 현상이 나타난다. 알고리즘 추천 기술 등에 의해 이러한 경향이 더 강해지면 같은 생각과 신념이 메아리처럼 반복해 울리면서 확증 편향을 일으키는 에코체임버(반향실) 효과가 발생한다. 이 과정에서 강한 집단적 정체성이 형성되어 특정한 집단이 지닌 특성—성별·장애·종교·나이·출신 지역·인종·성적 지향 등—을 근거로 해당 집단에 대해 강한 증오심을 표현하고 노골적으로 폭력을 옹호하는 온라인 극단주의가 나타날 수 있다.[54] 이는 사이버 폭력에 그치지 않고, 실제 폭력으로 이어질 수 있다는 점에서 경계심을 가져야 한다.

---

53 홍성수, 『말이 칼이 될 때』, 서울: 어크로스, 2018, 145-177쪽.
54 James Hawdon, Colin Bernatzky, and Mattew Costello, "Cyber-Routines, Political Attitudes and Exposure to Violence-Advocating Online Extremism," *Social Forces* 98-1 (September 2019), pp. 330-333.

5. 맺음말

낮은 폭력 비용, 빠른 정보 유포, 다양한 폭력 수단 및 심각한 피해를 수반하는 사이버 폭력은 디지털 기술의 비약적인 발전으로 인터넷과 소셜 네트워킹 플랫폼에 보편적으로 접근할 수 있게 되면서 증가한 뉴미디어 시대의 폭력 형태이다. 네트워크 정보 통신 기술을 악의적인 목적으로 사용해 개인이나 집단의 안녕을 침해하는 다양한 형태로 나타나고 있지만, 기존 법망을 피해 계속해서 진화하고 발전하고 있기 때문에 법으로만 규제하기는 어렵다. 그러므로 새로운 형태의 사이버 폭력을 식별하고 대응하기 위해 노력하는 한편, 피해자가 피해 사실을 숨기지 않도록 도와 피해가 더 확산되지 않도록 보호하고 회복을 지원하며, 새로운 형태의 사이버 폭력을 예방하기 위한 교육을 진행하는 등 다각적인 노력이 필요하다.

그러나 사이버 공간이 폭력 행위를 만들어 내는 새로운 환경이 되고 있다고 해서, 그러한 폭력 행위가 완전히 새로운 것은 아니다. 사회적으로 뿌리내린 구조적 부정의가 디지털 기술을 매개로 형태를 바꿔 나타나는 측면도 있기 때문이다. 그래서 '사이버'라는 측면에만 너무 중점을 두면, 사이버 폭력의 복합적이고 중층적인 측면을 간과할 수 있다. 자신이 사회 속에서 불이익이나 차별을 받고 있다고 생각해 묵시적 증오감에 가득 찬 사람은 자신의 처지에 대한 불만을 표출하기 위해 사회 내에서 상대적으로 주변화된 지위를 지닌 집단—여성·장애인·성적 소수자·외국인 노동자·노숙자 등—이나 개인을 대상으로 자신의 공격성을 분출하는 경우가 많다. 자신을 강자와 동일시하여 자신보다 취약한 대상에게 폭력을 행사함으로써 자신의 낮아진 자존감을 회복하려고 하는 것이다.[55] 자신의 낮아진 자존감을 회복할 수 있는 비폭력적 수단을 갖고 있지 않은 상황에서, 폭력적 충동을 제어해 줄 수 있는 정서적 역량(사랑·죄책감·두려움)마저 결핍되어 있다면 폭력이 일어나기 쉽고, 사이버 공간은 이러한 폭력이 발현되기 손쉬운 장소가 된다. 이러한 관점에서 보면 사이버 폭력은 전통적인 폭력과 상당 부분 중첩된다.

본문에서 사이버 폭력 개념의 의의를 살펴봤지만, 정의가 모호하고 다양한 해석이 가능하다는 점은 한계로 작용한다. 계속해서 발견되는 사이버 상의 일탈 행위들을 사이버 폭력이라는 범주에 포함하다 보면, 그러한 행위의 특성을 정확히 이해하는 것이 어려울 수 있다. 그러므로 사회적 논의를 통해 사이버 폭력 개념을 좀 더 세부적인 범주로 구체화해 나가는 작업이 이루어져야 한다.

---

55 조효제, 『인권의 지평: 새로운 인권 이론을 위한 밑그림』, 서울: 후마니타스, 2016, 290쪽.

제10장

폭력 연속체

서보혁

1. 들어가는 말

폭력은 어디서 어디까지일까? 또 폭력은 어떤 모양을 띨까? 폭력의 범위와 형태는 폭력을 이해하는 데 가장 익숙하면서도 기본적인 소재이다. 폭력이 단순하고 일시적이면 얼마나 좋을까, 그렇다면 폭력을 예방·근절하고 평화를 조성하고 발전시키는 것이 그리 힘들지는 않을 것이다. 그러나 현실은 그 반대이다. 폭력이 대단히 복잡하고 오래 지속할 성질을 지니고 있다고 가정하는 것이 폭력을 이해하는 데 더 유용할지 모른다. 이 장에서는 폭력 개념을 정도의 차이가 있을 뿐 하나의 연속체(continuum)로 보려고 하는데, 그렇게 보는 이유와 그렇게 폭력을 이해하는 방식과 그 의의를 검토해 보고자 한다.

우선, 폭력 개념을 하나의 연속체로 본다는 것이 무엇인지를 토의한다. 둘째, 폭력을 연속체로 보는 방법을 검토한다. 셋째, 폭력을 연속체로 볼 때 기대할 수 있는 이론적·현실적 효과는 무엇인지를 생각해 보고자 한다.

이상의 논의를 위해 '폭력 연속체' 논의를 폭력 개념 내에서, 그리고 폭력-평화 개념 틀과 같은 두 측면에서 다루어 갈 것이다. 폭력을 이렇게 접근하는 것은 폭력이 대단히 다양한 요소와 형태를 띠고 있고, 폭력 논의가 평화 구축이라는 현실적 요구와 맞물려 논의되어 온 맥락을 반영하기 위해서이다.

2. 평화 옆 폭력: 개념의 등장

폭력이 복합적이고 오래 지속할 성질을 띤다는 것은 그 정도와 구성 요소가 다양하기 때문이다. 폭력을 연속선상에서 말할 때, 대립·경쟁·비방·경합·상해·고문·살인 등을 포함할 수 있다. 거기에다 국가 간 관계에서는 숙적 관계(rivalry)·억지·대치·국지적 충돌·대량 학살·전면전 등과 같은 것들도 폭력 개념에 포함할 수 있을 것이다. 주요 구성 요소 중심으로 보면 폭력에는 물리적 폭력, 구조적 폭력, 문화적(상징적) 폭력, 일상적 폭력 등이 있다. 또 폭력은 영역 면에서 이 책에서 다루는 내용 이상으로 사회 곳곳에 존재하고 진화해 가고 있다. 이와 같이 폭력은 여러 요소와 측면, 그리고 영역에 따라 다양한 모양을 띠기 때문에 그 생존력이 높다. 또한 여러 요소와 측면이 서로 얽혀 여러 영역과 형태를 관통해 폭력의 정도와 수준이 다양하게 나타난다는 점은 그 복합성을 더해 준다. 심지어 간디조차도 폭력을 강요하는 폭력과 격려하는 폭력으로 구분하고자 했지만, 그것은 그의 이상적 비폭력론이 현실과 괴리가 컸음을 반증하는 셈이다.[1] 바로 이 점 때문에 폭력을 각각의 유형이나 영역으로 나누어 접근하기보다는 그런 구분을 넘나들며 하나의 연속체로 파악할 필요가 있다.

1   Mark Juergensmeyer, *Gandhi's Way: A Handbook of Conflict Resolution* (Berkeley: University of California Press, 2005), pp. 46-47, pp. 135-148.

인류 역사의 흐름을 논하는 학자들은 전쟁과 평화의 상대적 비중을 놓고 입장 차이를 보여 왔다. 현실주의 국제정치관에 선 일군의 학자들은 인류 역사를 전쟁의 연속으로 보고, 냉전 시기를 '긴 평화'[2]의 시기로 평가하기도 한다. 그와 반대로 인류 역사를 비록 더디지만 전쟁이 줄어들고 평화가 늘어 가는 경향을 띤다고 보는 학설도 있다.[3] 어느 입장에 서든 인류 역사가 전쟁과 평화가 겹치면서 전개되어 온 것을 부인할 수 없다. '폭력-평화 연속체' 개념이 새로운 것이 아니라 이런 인류 사회의 발달 추세를 반영한 융합적인 발상이라 할 수 있는 이유가 여기에 있다.

'폭력-평화 연속체' 개념은 폭력과 평화가 각각 정도와 형태의 차이가 있을 뿐 하나의 연속체라는 인식의 발로로서, 폭력 연속체 개념의 연장이다. 즉 '폭력-평화 연속체'는 폭력과 평화를 구분하지 않고 '폭력-평화'라는 하나의 개념으로 보는 것이다. 이는 현실에서 폭력과 평화는 정확하게 나눌 수 없고 상대적 크기의 문제로서, 평화 정착 방안을 좀 더 유연하고 현실적으로 생각하도록 인도해 준다. 이언 모리스(Ian Morris)는 전쟁과 평화가 이어진 역사의 순환 과정을 들여다보면 우리는 전쟁을 막기 위해 평화의 노력을 강조할 수도 있고, 또 거꾸로 평화를 가져온 전쟁의 기능에 우선성을 부여할 수도 있다고 말한 바 있다.[4] 현실은 폭력 혹은 평화가 아니라 폭력-평화이고, 그것은 진공상태가 아니라 권력과 이익이 작동하는 변화무쌍한 실

2   John Lewis Gaddis, "The Long Peace: Elements of Stability in the Postwar International System," *International Security* 10-4 (1986), pp. 99-142.

3   Steven Pinker, *The Better Angels of Our Nature: Why Violence Has Declined* (New York: Penguin Books, 2012).

4   이진우, 『전쟁은 일어나지 않는다는 착각』, 서울: 휴머니스트출판클럽, 2022, 51쪽.

제이다.

폭력과 평화 문제에서 권력이 작동하는 것을 철학적으로 깊이 탐구한 이로 아렌트(Hannah Arendt)를 빼놓을 수 없다. 그는 우선 권력과 폭력을 구분했다. 권력은 항상 다수를 필요로 하는 상태에 있는 반면에, 폭력은 도구에 의존하기 때문에 다수가 없어도 어느 정도 처리할 수 있다는 것이다. 그는 "권력의 극단적인 형태는 한 사람에 반하는 모든 사람이며, 폭력의 극단적인 형태는 모든 사람에 반하는 한 사람이다."라고 요약했다. 아렌트에 의하면, 권력은 결코 '정당화'를 필요로 하지 않고 필요로 하는 것은 '정당성'으로서, 그것은 정치 공동체 자체에 내재한다. 그에 비해 폭력은 정당화될 수 있지만 결코 정당성을 가질 수 없다. 여기서 아렌트는 권력과 폭력의 관계를 도출해 냈다. 권력과 폭력은 별개의 현상이지만 대개 함께 나타난다고 말이다. 또 폭력은 항상 권력을 파괴할 수 있지만, 권력은 결코 총구로부터 나올 수 없다고도 말했다. 권력의 상실이 권력을 폭력으로 대체하려는 유혹을 일으킨다고도 말했다. 그는 나아가 권력에 대한 폭력의 승리 이후 지배를 유지하기 위해 테러를 사용할 수 있는데, 그것은 자멸적 요인이 될 것이라고 말했다.[5]

그런데 아렌트에게 권력과 폭력의 관계에 관한 논의에 비해 권력과 평화의 관계는 모호하게 남아 있다. 그는 권력은 그 자체로 목적이라고 말했다. 그리고 정부는 본질적으로 조직화되고 제도화된 권력이기 때문에, 정부의 목적은 무엇인가라는 세간의 질문도 더 이상 의미가 없다고 말했다. 그럼에도 그의 논의는 권력=정부=목적이라는 등식을 말하는 것이다. 그런데

5 한나 아렌트, 김정한 옮김, 『폭력의 세기』, 서울: 이후, 1999, 71쪽, 84-86쪽, 88쪽.

그는 평화의 목적은 무엇인가에 대한 해답은 존재하지 않는다고 하면서 평화가 적대적이라고 말했다, 권력도 동일한 범주에 속한다고 단언했다.[6] 이런 그의 논의도 폭력-평화 연속체 개념을 지지하는 것으로 볼 수 있다. 다만, 폭력에서 평화로의 전환이 권력의 작동으로 순탄하지 않음을 암시해 주었다.

폭력-평화 연속체 개념은 장기 내전과 독재정치를 거치고 평화와 민주주의를 추구하는 국가의 경우에 그 유용성을 뚜렷하게 확인할 수 있다. 그것은 평화가 상식과 달리 결과가 아니라 과정이기 때문이다. 위와 같은 경우는 더더욱 평화의 시기 혹은 폭력의 시기를 구분하기 어렵고, 평화와 폭력의 동거가 현실에 더 부합한 인식이다. 평화는 폭력의 시기에 상상하는 것이고 폭력은 평화의 시기에도 살아 움직인다.

폭력이 지배한 통치를 전환하는 시기에 주된 화두 중 하나는 '문민 통제'이다. 평화 프로세스의 일환으로서 문민 통제 역시 하나의 사실이 아니라 과정이다. 문민 통제는 군사시설에 의해 통치되거나 군의 정치 개입을 자주 경험하는 극단적인 국가에서, 상비군을 보유하지 않은 국가에 이르기까지 연속체를 따라 존재한다. 문민 통제를 이해하고, 그 존재를 측정하고, 그 효과를 평가하는 가장 좋은 방법은, 전쟁·내부 안보·외부 방위·국방 관리 등 제반 국방 정책 결정에서 군 장교와 민간 관리의 상대적 영향력을 평가하는 것이다. 때로는 문민 통제가 약하거나 존재하지 않는 곳에서 군사적 영향력이 공공 정책 및 사회의 다른 영역으로 넘어간다. 심지어 오랫동안 문민 통제를 실천해 온 성숙한 민주주의 국가에서도 군대와 민간인 사

---

6   한나 아렌트, 1999, p.84.

이의 균형은 시간과 장소, 관련된 인물, 고위 군 장교 및 주요 정치인의 개인적 또는 정치적 야망, 여론에서 군대의 위신과 비중을 부여하는 상황에 따라 다르다. 깨지지 않는 민간인 지배의 풍부한 전통을 가진 민주주의 국가에서도 군대는 위기나 전쟁 중 또는 이후에 군사 문제에 대한 민간인의 영향력을 제한하기 위해 전문 지식이나 공적 지위를 사용할 수 있다. 그러나 그러한 상황을 넘어서도 문민 통제는 특정 정치인이나 정치 기관, 군 장교 또는 군대와 연결된 대중이 가지는 존경 또는 인지도, 혹은 다양한 공무원의 관료적 또는 정치적 기술 등 관련된 개인에 따라 자주 달라진다.[7] 이는 문민 통제의 다양한 경로와 그에 따른 어려움을 말해 주는데, 문민 통제 역시 하나의 연속체로 개념화하는 것이 유용함을 확인시켜 준다.

문민 통제를 포괄적으로 이해하기 위한 기준점은 군대가 정치적 영향력을 발휘하는지의 여부가 아니라, 어떻게, 또 얼마만큼의 영향력을 발휘하는지이다. 민군 관계를 민간인과 군 사이의 의사 결정권의 분배로 이해한다면 그것은 문민 통제에 관한 최소주의적 접근이라고 말할 수 있다. 문민 통제는 의사 결정권 연속체의 한 극을 나타낸다. 즉, '누구나 모든 규칙을 만들고 언제든지 바꿀 수 있다'는 상황을 말한다. 따라서 문민 통제를 민간인만이 국가 정치와 그 이행을 결정할 권한을 갖는 의사 결정권의 분배로 정의하고자 한다. 민간인의 통제하에, 민간인들은 자유롭게 결정권과 특정 정책의 실행을 군에 위임할 수 있는 반면, 군은 민간인들이 구체적으로 규정한 영역 밖에서 자율적인 결정권을 갖지 못한다. 더욱이 어떤 특정 정

---

7 Richard H. Kohn, "How Democracies Control the Military," *Journal of Democracy* 8-4 (1997), p.143.

책이 군사적으로 구현되는지를 결정하는 것은 민간인들뿐이며, 민간인들은 정책 수립과 정책 실행 사이의 경계를 정의한다. 게다가 민간 당국은 군에 대한 제재권을 보유해야 하며 원칙적으로 언제든지 결정을 수정할 수 있다. 문민 통제가 민군 관계 연속체의 양극을 나타낸다면, 그 음극에는 군이 모든 정치 구조·과정·정책을 지배하는 의사 결정력이 분포되어 있어, 민간인은 자율적인 정치적 권한이 전혀 없는 것으로 생각할 수 있다. 당연히 이 양극 사이에는 정치적 의사 결정권이 민간인과 군부 사이에 어느 정도 양분되는 '회색 지대'가 놓여 있다. 이러한 구성의 다양성을 개념적으로 포착하기 위해서는 의사 결정 권한의 민군 분포를 실질적인 영역으로 세분화한 다음 특정 국가의 민군 관계의 전반적인 상태를 평가하기 위해 경험적으로 분석할 수 있어야 한다.[8]

위와 같은 문민 통제 이론을 바탕으로 구체적인 논의, 가령 군사적 자율성 논의로 들어가서도 연속체 개념은 유용하다. 민주적 전환기에 군사적 자율성은 제도적 자율성과 정치적 자율성으로 구성된다. 피온-베를린(Pion-Berlin)은 12개의 국방 관련 문제 영역을 '전문적-정치적 연속체' 위에 위치를 정했다. 예를 들어 인권·내부 안보·정보 수집 등이 주로 정치적 내용의 이슈로 간주되는 반면, 하급자의 인사 결정·병력 수준·군사 교의 및 교육·군 개혁 등은 전문적인 문제로 간주된다. 무기 생산·조달, 군사 예산, 국방 조직, 고위급 인사 결정 등은 그 사이 어딘가에 있는 '회색 영역'에 해당한다. 피온-베를린은 남미 국가들의 체제 전환 사례를 조사한 후에 군대

---

8   Aurel Croissant, David Kuehn, Paul Chambers and Siegfried O. Wolf, "Beyond the fallacy of coup-ism: conceptualizing civilian control of the military in emerging democracies," *Democratization* 17-5 (2010), pp. 954-955.

가 정치적 자율성보다는 제도적 자율성에 대한 위협에 저항하고 그 성공 가능성이 높다고 주장했다. 물론 예외도 있었는데 그것은 해당 문제 영역에 대해 군과 민간인 사이에 '지각적 차이'가 있었기 때문이라는 것을 발견했다.

이런 논의 위에서 필립 J. 윌리엄스와 넛 월터(Philip J. Williams and Knut Walter)는 피온-베를린의 분석틀을 엘살바도르 사례에 적용해 논의한 바 있다. 두 사람은 피온-베를린의 입장과 달리, 엘살바도르 최고사령부는 정치적 문제에 대해서도 저항할 가능성이 있었다고 보았다. 군대의 독특한 역사를 고려할 때 내부 안보 및 정보 수집은 군대의 사회 통제 네트워크에서 필수적인 요소였다. 마찬가지로 내전 기간 중에 군이 대규모 인권침해에 연루된 것을 감안할 때, 군이 그 문제를 민간인들이 결정할 사안으로 볼 가능성은 매우 낮았다. 두 사람은 12개 문제 영역을 핵심적 이해관계와 부차적 이해관계로 분류하는 것은 가능할 수 있지만, 군사 자치의 제도적 차원과 정치적 차원을 이처럼 명확하게 구분하는 것은 불가능하다고 결론을 내렸다.[9] 위 논의는 평화 시기에도 비평화적 요소의 저항이 있음을 말해 주고 있고, 문민 통제 논의를 폭력-평화 연속체 개념 틀에서 전개하기에 적합함을 보여주고 있다.

폭력-평화 연속체 개념의 강력한 토대를 마련해 준 것은 요한 갈퉁(Johan Galtung)의 포괄적 폭력-평화론이다. 그의 논의는 크게 소극적/적극적 폭력

---

9   Philip J. Williams and Knut Walter, "The Armed Forces after the Peace Accords," in Philip J. Williams and Knut Walter (eds.), *Militarization and Demilitarization in El Salvador's Transition to Democracy* (PA: University of Pittsburgh Press, 1997), pp. 158-159.

과 소극적/적극적 평화로 구성된다. 갈퉁은 그의 대표 저서인『평화적 수
단에 의한 평화(Peace by Peaceful Means)』에서 폭력과 평화를 각각 직접적·
구조적·문화적 세 차원으로 나누어 여섯 개 영역으로 설정하고 각 영역
을 시간·문화·세계·사회·자연·사람 등 6개 차원에서 풍부하게 논의하였
다.[10]〈표 1〉. 갈퉁의 평화학 영역 분류는 개념의 한정성, 인과관계 등 여러
측면에서 '우호적인' 비판을 받기도 하지만,[11] 종래의 소극적 평화/폭력관
의 한계를 넘어 평화와 폭력을 상호 연관 지어 둘이 인접한 연속선상의 개
념임을 시사해 준다.

〈표 1〉 갈퉁의 평화학 영역 분류

직접적 폭력	직접적 평화
N(자연): 적자생존 P(사람): 자신에 대한 폭력, 자살 S(사회): 잘못된 선을 넘는 폭력 W(세계): 전쟁 지형-대량 학살 C(문화): 문화의 말살 T(시간): 폭력의 역사와 미래, 전쟁	N: 상호 원조와 협력 P: 내부·내외 간 인원 증가 S: 비폭력적 자유 W: 평화운동-대안적 방비 C: 문화의 자유 T: 평화의 역사와 미래
구조적 폭력	구조적 평화
N: 환경파괴 P: 정신병리학 S: 가부장제, 인종주의, 계급 W: 제국주의, 무역 C: 문화적 제국주의 T: 착취와 탄압의 역사와 미래	N: 다중심적 생태 평화 P: 내부·내외 구성원 간 평화 S: 발전, 형평, 평등 W: 평화 지역들-통치, UN C: 문화적 공존 T: 상기 요소들의 지속성

10 Johan Galtung, *Peace by Peaceful Means: Peace and Conflict, Development and Civilization* (Oslo: SAGE, 1996).
11 Kenneth E. Boulding, "Twelve Friendly Quarrels with Johan Galtung," *Journal of Peace Research* 14-1 (1977), pp. 75-86.

문화적 폭력	문화적 평화
종교: 전능함	종교: 내재적
법: 민주주의, 인권	법: 민주주의, 인권
사상: 보편주의자, 단일주의자	사상: 특정주의자, 다원주의자
언어: 남녀 차별주의자, 인종주의자	언어: 인본주의자/종(種)의 비차별주의자
예술: 국수주의적, 가부장주의적	예술: 인문주의자/종(種)의 비차별주의자
과학 I : 서구적 논리?	과학 I : 도교인? 불교인?
과학 II : 생활을 파괴함	과학 II : 생활을 향상시키는 것
우주 철학: 동양 I ? 중국적? 일본적?	우주 철학: 동양 II ? 인도? 불교?
학교: 군국주의화	학교: 평화 교육
대학: 군국주의화	대학: 평화 연구와 조사
언론: 전쟁-폭력의 저널리즘	언론: 평화 저널리즘

출처: Johan Galtung, 1996, p.33.

폭력-평화 연속체 개념은 현실에서 폭력과 평화가 하나의 실제 안에 동거함을 반영하는 데 그치지 않고, 그런 현실을 지양하는 길을 궁구하는 길을 열어주는 데 더 큰 의의가 있다. 폭력-평화 연속체 개념에서 출발할 때 평화의 길은 폭력과 평화 사이에서 평화를 늘려 가는 평화적 접근이다. 폭력을 줄여 나가는 비폭력적 과정이 폭력-평화 연속체 개념에서 도출하는 대안이다.

갈퉁의 위 논의가 폭력-평화 연속체 개념을 거시적으로 시연하고 평화의 길을 탐구할 길잡이가 될 수 있지만, 구체적인 평화 구축 방안을 궁리할 때는 좀 더 현실에 천착하는 접근이 필요하다. 평화를 늘리는 노력보다 폭력을 줄이는 접근도 그중 하나가 될 수 있다. 다만, 그 방법이 언제나 평화적이지 않을 수는 있다. 이찬수는 르네 지라르(Rene Girard)가 인류학에 기반해 폭력적 수단에 의해 폭력을 제어해 왔다고 본 '희생양 논리'에 주목했다. 그것은 예방주사나 재판과 비슷하게 일정한 제한 속에서 폭력을 인정하는 것이다. 가령, 종교는 일정한 시간 안에서 폭력 행사를 제한하면서 모방 행위에 담긴 폭력의 일상화를 막는 역할을 해 왔다는 것이다. 그것이 이른바 '성스러운 폭력'이다. 짐승을 제물로 바치거나, 폭력 원인의 제공자를 공식적으로 희생시켜 이후의 폭력을 제어하는 데 종교가 적절한 이념을 제공해 왔다는 것이다. 국가가 폭력을 독점해야 한다는 명제도 같은 논리라는 것이다. 거기서 나오는 것이 적극적 태도보다는 소극적 태도에 의해 폭력을 줄이는 노력이다. 즉 '남에게서 바라는 대로 남에게 해 주기'보다 '자기가 원하지 않는 일을 남에게 하지 않기'가 폭력을 줄이는 데 공헌할 가능성이 더 크다는 것이다.[12]

페미니즘의 시각에 서서 과학기술과 생태 문제를 논의한 도나 해러웨이 (Donna Haraway)의 '공-산(共-産)'의 사유도 폭력-평화 연속체론과 상통하는 바가 있다. 그의 공-산의 사유는 현실이 독점적인 소유나 완전한 평등이 아니라, 그 사이 어딘가에 존재한다는 인식 위에 서 있다. 해러웨이는 자신의 몸에 타자를 받아들이는 '여성성'에서 미래의 희망을 찾기도 하지만, 여성 역시 '무엇'을 필요로 하는 '누구'이고, '누구'에 대한 '무엇'이기도 하다. 그의 공-산의 가능성 탐색은 일방적인 폭력도 일방적인 착취도 불가능한 현실, 곧 폭력과 평화가 뒤섞인 연속체 위에서 진행되고 있는 것이다.[13]

12 이찬수, 『평화와 평화들: 평화다원주의와 평화인문학』, 서울: 모시는사람들, 2018, 79-81쪽, 83쪽.
13 최유미, 『해러웨이, 공-산의 사유』, 서울: 도서출판b, 2020, 5-15쪽.

3. 폭력 연속체 개념의 전개

폭력 연속체 개념의 등장 배경을 살펴보았는데, 아래에서는 두 가지 종류의 개념을 소개하고 이 개념을 적용한 이론적·실천적 논의를 살펴봄으로써 이 개념에 대한 평가의 기초를 놓으려 한다.

1) 폭력 연속체

정치사회적 차원의 폭력 논의에서 국가가 결부되는 것은 필연적이다. 그러나 국가가 창조·구성·행사하는 폭력은 여러 가지 기능을 행사하는데, 그것을 국가폭력 연속체라 부를 수도 있을 것이다.

공진성은 근대국가와 국민의 관계에서 폭력을 다루고 있는데, 크게 네 가지 종류의 폭력이 맥락에 따라 부각된다. 국가라는 구성적 개념 속에는 국민의 전적인 복종을 누리는 상태, 곧 『리바이던』의 표지 그림이 묘사하고 있는 것과 같이 모든 사람이 단 한 사람만을 바라보는 상태, 단 한 사람의 불복종도 없는 상태, 혹은 평화로운 상태나 질서가 있는 상태가 기억되어 있다. 국가는 자기가 독점하고 있는 폭력을 국민들의 안녕이 아니라, 자기 보존을 위해서 사용한다. 이 폭력은 '법'이라는 이름을 달고서 정당성마저 독점한 채 사용된다. 이것이 바로 권력이라는 이름의 '법 보존적 힘'이다. 이와 반대로 현재의 질서를 유지하고자 하는 힘에 저항하는, 그 힘이 자기의 보존을 보장해 주지 못한다고 여기고 그 힘의 부당한 간섭에서 벗어나려고 하는, 그래서 국가에 의해 '폭력'이라고 규정되는 힘, 이것을 '법 파괴적 힘'이라 부를 수 있다. 이 폭력은 국민을 억압하는 데 대한 국민의 저항권으로 간주할 수 있지만, 기성 질서를 넘어서기 전까지는 체제를 전복하려는 불온한 힘이다. 그런데 국가의 폭력 독점은 평화를 명분으로 하는데 국민 억압으로 치달으면서 독점한 폭력이 오히려 평화를 해치는 상황이 발생하는 것이다. 그런 딜레마 상황은 역사에서 쉽게 찾아볼 수 있는 정상적인 상태이다. 기성 질서를 변화시키는 대중의 힘에 폭력이 동반되고 그 힘을 국가가 받아들일 때 그 폭력이 세 번째 폭력, 곧 '법 개정적 힘'이 된다. 1987년 6월 한국의 민주화 운동이 좋은 예이다. 네 번째 폭력은 '법 구성적 힘'이다. 역사가 말해 주는 것은 체제의 변화와 법 개정은 일회적이지 않고 연속적인데, 그것은 폭력이 연속적이라는 점과 상응한다. 국가에 의한 폭력의 독점은 언제나 도전받고, 반대자들은 언제나 생겨난다. 따라서 '권력'이 아무리 '폭력'이라고 낙인찍어도 폭력은 끊임없이 권력에 도전한다.[14] 정당성을 상실한 국가가 폭력으로 그 권위를 정당화하려 할 때 대중은 체제 변화의 정당성을 치켜들고 그 수단으로 폭력을 행사하는 것이다. 이때 두 폭력에는 상이한 의미가 있는데 현실에서는 인접하며 경합하는 관계에 있다.

폭력 연속체라는 사고는 그것이 구조적이든, 상징적이든, 또는 일상적이든 여러 폭력을 서로 생산해 낸다. 과거 저발전 권위주의 체제가 횡행한 나라들에서 복합적인 폭력이 나타났다. 첫째, 정부와 반정부 무장 세력이 상대에게 가하는 물리적 폭력과 테러를 말하는 직접적 정치 폭력, 둘째, 만성적이고 역사적으로 만들어진 정치경제적 억압과 사회적 불평등을 포함한 구조적 폭력, 셋째, 사회에 내재된 특정 집단에 대한 모욕, 불평등과 위

---

14 공진성, 『폭력』, 서울: 책세상, 2009, 68-69쪽, 73-74쪽, 77쪽.

계질서의 합법화를 포함한 상징적 폭력, 넷째, 대인 관계나 집단 내와 같은 생활 세계에서 자행되는 폭력의 관행을 말하는 일상적 폭력 등이다. 이런 폭력이 서로를 강화하면서 대중의 삶은 비인간화될 뿐만 아니라 대중이 폭력의 수행자가 되기도 한다. 폭력들 사이의 상호작용은 폭력의 강화만이 아니라, 폭력이 내면화되어 폭력을 폭력으로 생각하지 못하는 상황에 이른다. '회색 지대'에서의 폭력도 그와 관련이 있다. 테러가 발생한 후에 비난과 책임을 져야 할 대상이 모호한 경우가 있다. '폭력의 포르노그래피'가 어렵지 않게 나타나는데 그것은 특정 사회집단에 대한 부정적 인식을 강화시킬 수 있다. 회색 지대에서 발생하는 폭력은 정치적 억압으로 인간적 황폐함을 초래하고 그 과정에서 부각되지 않는 대중을 포착하는 데 도움을 준다. 이렇게 복합적인 폭력 앞에 인류학이 직면한 도전은 탈냉전 시대 불평등을 지탱시키는 폭력 연속체 내의 인과 고리와 젠더화된 연계를 드러내는 일이다.[15]

기독교 윤리학자인 슈라이버 2세(Donald W. Shriver, Jr.)는 복수와 관련 있는 행위로 테러, 보복, 처벌, 보상 또는 회복적 정의, 저항, 수동성 등 여럿을 제시했다. 테러는 '우리의 눈 하나가 피해를 입으면 우리는 상대의 모든 눈에 피해를 준다'는 것, 보복(vindictiveness)은 '우리의 눈 하나가 피해를 입으면 상대의 두 눈에 피해를 준다'는 것이고, 다른 보복(retaliation)은 '눈에는 눈, 이에는 이, 그리고 그만'을 뜻한다. 처벌은 '우리가 피해를 입으면 우리도 이에 응답하지만 반드시 상대가 했던 방식으로 하는 것은 아니며,

---

15 Philippe Bourgois, "The power of violence in war and peace: Post-Cold War lessons from El Salvador," *Ethnography* 2-1 (2001), pp. 5-34.

오히려 상대가 파기한 기준을 다시 주장'하는 것이다. 보상 또는 회복적 정의는 '잃어버린 것을 회복하라'는 것이고, 저항은 '잃어버린 채로 살지만 불의를 소리 높여 고발하자는 것 이외는 다른 수단이 없는 사람들의 행위'이다. 수동성은 '도망갈 곳이 없다'는 좌우명을 가진 것으로, 무질서와 무법성이 특징인 것은 테러와 같다. 테러가 권력자의 무질서라면 수동성은 권력이 없는 자들의 무질서이다.[16] 슈라이버 2세는 이런 복수와 관련한 다양한 형태를 논의하여 적대 세력에 대한 용서를 추구했다. 위와 같은 형태는 권력을 공정하게 사용하는 문제와 직결된다. 그는 용서가 개인적, 종교적 차원에서만 논의되어 온 점에 문제의식을 갖고 기독교 윤리학의 지평을 국제정치로까지 확장할 필요를 제기한 것이다. 위에서 열거한 폭력들은 정의를 수립하는 일과 관련되는 것으로서 슈라이버 2세는 처벌로서의 정의와 회복으로서의 정의 사이의 긴장 관계 속에서 참다운 용서가 성장한다고 보았다.[17]

젠더 시각에서 분쟁·평화의 연속적 순간들을 분석하는 것은 선택적인 추가 사항이 아니라 냉혹한 필수 과제이다. 젠더 시각은 가정에서부터 국제 관계 영역까지 인간적 상호작용이 일어나는 곳의 일상적 역동성을 밝혀내고, 거기서 경제적 곤경·군사화·이념의 급격한 변동 등을 검토할 수 있다. 젠더 관계의 시각에서 권력의 불균형은 폭력을 유발할 수 있는 남성성(masculinity〈맞음〉)의 문화를 만들어 낸다. 그런 분석을 통해 젠더화된 전쟁의 요소들을 탐색하는데, 그중 주요 요소가 무장 동원, 일상생활의 파괴,

---

16 도널드 W. 슈라이버 2세 지음, 서광선 · 장윤재 옮김,『적을 위한 윤리』, 서울: 이화여자대학교 출판부, 2001, 73-74쪽.

17 도널드 W. 슈라이버 2세 (2002), p.75.

신체의 황폐화이다.[18] 이렇게 복합적으로 폭력을 이해하는 것은 폭력을 지양하는 길을 닦는 기초이다.

그러나 국제 관계 차원에서 폭력은 더 복잡하고 미묘하고 그 변이도 다양하다. 폭력 연속체 개념을 분명하게 적용할 수 있고 그만큼 평화, 아니 감폭력의 길은 멀어 보인다. 국제 관계에서 폭력은 전쟁만이 아니라 전쟁에 인접한 여러 모습을 만들어 낸다. 가령, 적대 관계에 있는 두 나라가 전쟁을 선언했지만 아직 행동으로 나서지 않은 경우, 또 한 나라가 적대국에 군사행동을 취했지만 전쟁을 선언하지 않은 경우, 그리고 일국의 권리가 힘에 의해 행사되는 법적 조건도 전쟁 범주에 포함시킬 수 있다. 또 강제적 실행을 나타내는 형태와 정도가 무한한 연속체 안에서 정책 결정자는 복수의 선택지를 취할 수 있는데, 그 선택지들 또한 폭력이다.[19]

전쟁을 치른 적대 세력이 전쟁 종식과 평화 회복에 합의하고도 평화가 오지 않는 경우도 있다. 평화협정의 주체는 대부분 정치권력 집단이고 그 목표는 권력의 재배분을 통한 지배 질서의 재편성이다. 제1, 2차 세계대전의 (원인도 그렇지만) 결과가 대표적인 예이고, 많은 지역 분쟁 및 내전의 경우에도 분쟁 집단 간 타협에 의해 분쟁을 종식하는 데 '일단' 합의한다. 물

---

18 Cynthia Cockburn, "The Continuum of Violence: A Gender Perspective on War and Peace," in Wenona Giles and Jennifer Hyndman (eds.), *Sites of Violence: Gender and Conflict Zones* (Berkley: University of California Press, 2004), pp. 24-44.

19 Myers S. McDougal, "Peace and War: Factual Continuum with Multiple Legal Consequences," *American Journal of International Law* (1955), Published online by Cambridge University Press (30 March 2017), p.64, pp. 66-67. https://www.cambridge.org/core/journals/american-journal-of-international-law/article/peace-and-war-factual-continuum-with-multiple-legal-consequences/CB00CFB6B939653C063D30CB7F7756BF (검색일: 2023년 12월 24일).

론 문구상으로는 평화 정착을 희망하지만 불균형적인 타협과 봉합된 분쟁 이슈가 남아 있다. 그런 경우 분쟁 종식 이후에도 국가 관계에서는 분쟁 재발의 위험이 숨어 있고, 내전의 경우에도 마찬가지이다. 평화의 이름으로 혹은 평화 합의 후에 권력 집단은 억압과 차별을 자행한다. 평화의 역설, 기만적 평화, 혹은 평화의 권력정치는 폭력 연속체 개념을 지지해 준다. 이는 자연스럽게 폭력-평화 연속체 개념으로 이어진다. 폭력 연속체 개념이 필연적으로 나타내는 현상이다.

　명시적으로는 한 국가 차원에서, 잠재적으로는 국제적 차원에서 폭력 연속체의 가장 높은 심도는 전시와 평시의 구분이 무의미한 상태일 것이다. 전시가 평시가 될 수 있다기보다는 평시가 전시를 대비한다는 의미에서 그렇다. 한 국가의 산업 능력이 전쟁에 승리할 가능성을 높이는 것은 상식에 해당하지만, 평시 생산에 엄격한 지휘 및 통제 체계를 적용할 때 전시 자원 동원이 용이하다는 점은 강조할 필요가 있다. 군대가 정보 생산 및 축적을 제도화된 구조로 통제하는 일을 평시에 확립해 놓는 것도 전시에 대비하는 조치이다. 그 결과 조르조 아감벤(Giorgio Agamben)이 말하는 '예외 상태'가 예외가 아니라 일상화될 수 있다. 전시를 대비하는 평시 사회를 군사주의로 조직, 규율함으로써 평시와 전시의 구분이 무의미해진다. 냉전 체제를 주도한 국가는 예외 상태의 전형이 되었던 국가 안보 국가(National Security State)라는 규범적 질서의 영구적인 대안을 마련하였던 것이다.[20] 이 진술은 평시와 전시의 경계를 허물어 폭력이 다양한 변이를 띠면서 그 심도가 깊어짐을, 즉 폭력의 연속성을 암시하고 있다. 그렇다면 전시와 평시를 구분

20　Robert P. Marzec (2015), pp. 175-176, pp. 199-200.

하지 않는 군사주의 사회의 폭력성의 극한은 무엇일까 의문을 가져 볼 수 있다.

2) 폭력-평화 연속체

폭력과 평화가 구분하기 어렵고 심지어 하나의 연속체라는 사고는 평화를 궁구하는 연구자들이나 운동가들에게서도 어렵지 않게 찾아볼 수 있다. 그 가운데 건축가 출신으로 과학기술의 발전이 경제와 군사, 평시와 전시에 동시에 영향을 준다는 데 주목한 사상가가 있다. 폴 비릴리오(Paul Virilio)는 『속도와 정치』에서 부르주아 혁명으로 탄생한 근대국가의 지배 계급은 경제 계급(부르주아)과 군사 계급이었고, 그들이 산업 프롤레타리아와 군사 프롤레타리아를 동원해 생산의 성과를 자본화하고 파괴를 생산하였다고 말했다. 그 힘으로 서양 근대국가들은 전투의 산업화를 이루어 제국으로 나아갔고, 안으로는 전쟁을 위한 하부구조를 창출하고 대중을 '의지 없는 신체'로 통제해 나갔다고 했다. 비릴리오는 그 원동력이 바로 과학기술이 만들어 낸 속도의 정치, 곧 질주정이고, 그 결과가 전역(戰域)의 세계화, 국내 사건과 국외 사건의 즉각적 상호작용이라고 말했다.[21]

비릴리오의 『속도와 정치』를 번역한 이재원은 비릴리오가 총력전에 부응하는 전쟁 지식으로서 병참학 개념을 설명하기 위해 1945년경 발표된 미국방부의 성명서를 즐겨 인용했다고 지적했다. 성명서에 담긴 "병참학은

---

21 폴 비릴리오 지음, 이재원 옮김, 『속도와 정치』, 서울: 그린비, 2014, 92-93쪽, 112쪽, 142-143쪽, 205쪽.

전시에나 평시에나 상관없이 국가의 모든 능력이 군대로 이전되는 과정이다."라는 문장이야말로 폭력-평화 연속체를 잘 나타내 준다. 비릴리오는 전쟁이 끝난 후에도 총력전이 지속되는 이유를 병참학 개념에서 찾았는데, 그렇다면 병참학이야말로 폭력-평화 연속체 개념을 체계화하는 학문이라 말해도 과언은 아닐 것이다. 왜냐하면 병참학은 전시(경제)와 평시(경제)의 구분을 무의미하게 하니까 말이다. 한편, 그런 총력전을 가능케 한 것이 기계적 운송 장치의 발전이라는 점을 비릴리오는 강조했다. 이 점은 기계적 운송 장치의 발전에 조응하는 전쟁 무기 체계의 변화, 즉 고대의 차단 무기(해자·성벽·요새 등)에서 중세의 파괴 무기(창·화살·대포 등)로, 결국에는 정보 통신 무기(전신 전화·레이더·인공위성 등)로 이어지는 과정을 살펴보면 잘 알 수 있다. 요컨대 증기기관으로 만개하기 시작한 기계적 운송 장치가 경제 분야에서 대량생산, 대량소비를 가능케 했다면, 군사 분야에서는 대규모 병력을 신속하게 동원할 수 있는 기습 수단과 연락망의 등장을 가능케 한 것이다. 나아가 가속화된 과학기술의 속도는 기계적 운송 장치의 속도를 가속화하는 것으로 그치지 않았다. 파괴 무기의 속도도 가속화되었다. 바야흐로 핵무기가 등장하게 된 것이다.[22]

핵무기의 등장과 최초 사용은 비릴리오에게도 충격이었다. 그리고 냉전 체제가 핵보유국들 간 대립으로 형성·지속된 것도 마찬가지이다. 총력전 태세를 취하면서도 전쟁은 억지되는 불안정하고, 전쟁과 평화 중 어느 하나에 넣기 어려운 애매모호한 상태가 지속되는 것이 핵 억지력 때문이었다.

---

22 이재원, "해설: 속도와 유목민," 폴 비릴리오 지음, 이재원 옮김, 『속도와 정치』, 서울: 그린비, 2014, 276쪽.

이에 대해 비릴리오는 "우리는 서로를 겨냥해 수행하는 전쟁을 그만두었다. … 그렇지만 우리는 군비경쟁, 우주 경쟁, 정보 수단의 발전을 통해서 서로를 더욱더 위협하고 있다."고 말했다. 즉, 핵 억지력은 개인이나 사회, 혹은 문명의 종말이 아니라 인류라는 종 자체의 종말을 야기할 수도 있다. 그것은 전쟁 자체의 종말이라기보다는 '또 다른 수단'을 통한 포연 없는 전쟁의 지속이다. 바야흐로 우리는 '순수 전쟁'의 도래를 목격하게 된 것이다.[23]

이제 폭력-평화 연속체 개념을 연구 방법으로 적용한 사례를 살펴볼 차례이다. 앞서 소개한 '평화 연속체' 연구가 좋은 경우이다. 에릭 멜란더(Erik Melander)는 '양질의 평화'를 분석하는 방법으로 절차적 접근을 시도하면서, 1981~2008년 세계 각국의 평화 상황을 진단하는 주요 변수로 고문·민주주의·여성의 권리를 제안했다. 분석 결과, 전 세계 대부분의 나라들은 중간 수준의 평화를 누리고 있는데, 이 상태에서 고문은 거의 사라졌지만 민주주의와 여성의 권리는 갈 길이 아직 멀다. 그런 상황은 분쟁이 재연되거나 고문이 일어날 개연성을 배제할 수 없다는 점에서 우려스럽다.[24] 이 세 변수들은 다양한 조합을 만들어 내면서 양질의 평화 수준에 영향을 미치는 것으로 나타나는데,〈표 2〉 그가 설정한 세 변수에서 폭력과 평화의 구분은 없다.

23 이재원, 2014, 277쪽.
24 Erik Melander, "4. A Procedural Approach to Quality Peace," in Christian Davenport, Erik Melander, and Patrick M. Regan, *The Peace Continuum: What It Is and How to Study It* (New York: Oxford University Press, 2018), pp. 113-144.

〈표 2〉 멜란더의 평화 척도

평화 연속체	평화의 차원		
	폭력 수단	정치적 강제	폭력적 감정
평화 고수준 ↕ 저수준 전쟁	적대자의 신체 존중 ↕ 최악의 폭력 행사	합의적 의사 결정 ↕ 적대자 행동 강제	평등의 가치 ↕ 혐오 지배
행위자	사령부와 군대	정부	대중
척도(예)	전투 사망·제노사이드· 정치 학살·정치 테러	민주주의·독재·정치체	여성의 사회적 권리

출처: Erik Melander, 2018, 119쪽.

'평화 연속체' 연구진의 또 다른 일원인 데이븐포트는 양질의 평화를 관계 차원에서 접근하면서 폭력-평화 연속체 개념을 적용하고 있다.

그는 영화〈노예 12년〉(스티브 맥퀸 감독, 2014)에 나오는 아프리카계 미국인 솔로몬 노섭(Solomon Northup)을 거론해 19세기의 분열된 미국 사회를 상기한다. 노섭은 북부 지역에 살 때는 가정을 꾸리고 큰 차별 없이 평화로운 삶을 살 수 있었는데, 남부 지역에서는 극심한 차별과 폭력에 시달린다. 당시 미 북부 지역이 남부 지역보다 더 '평화롭다'고 묘사된다. 이때 평화로움이란 흑인과 백인이 공동체를 상당히 많이 공유한다는 사실로 설명된다. 가령, 두 집단은 직장, 결혼, 놀이, 교류, 그리고 거주 등에서 같이 활동한다. 미국이라는 하나의 같은 공동체 내안에서도 남북 간에는 '평화로움'의 상대적 수준에서 큰 차이가 있다. 저자는 여기서 평화를 상호성(mutuality)의 상황에서 존재하는 것으로 정의한다. 여기서 상호성은 공동체 구성원들이 공동의 정체성을 공유하고 그것이 행동, 조직, 언어, 그리고 가치에 나타남을 말한다. 상호성 개념은 분쟁과 대립한다. 이런 틀에서 데이븐포트는 양질의 평화를 측정하는데 상호성과 반대를 양 극단에 놓고 그

연속선상에서 5개의 폭력 및 평화 관련 수준을 설정하고, 네 측면과 다섯 수준에서 측정을 시도했다.[25]

　프리드리히 글라슬(Friedrich Glasl)의 '분쟁 고조 모형' 역시 폭력-평화 연속체 개념을 적용하고 있는데, 분쟁에 관한 상세한 분석 위에서 평화를 수립하는 방안을 검토한다. 이 모형에는 9개의 단계가 있는데, 3개씩 묶어 세 가지 성격으로 분류한다. 글라슬은 9개 형태가 분쟁의 단계적 고조가 아니라 더 깊고, 더 원시적이고, 더 비인간적인 형태의 분쟁으로의 하강을 나타낸다고 말한다. 분쟁이 더 깊이 하강할수록 인간의 통제나 구속에서 더욱 멀어지는 것이다. 1~3유형에서는 양 당사자 모두 이길 수 있고, 4~6유형에서는 한쪽 당사자가 이기고 다른 쪽은 패하고, 7~9유형에서는 양 당사자가 모두 패한다. 세 묶음 내의 각 형태는 정도의 차이로서 이들 유형은 하나의 연속선상에 있는 것이다.[26] 〈그림 1〉

25　Christian Davenport, "5. A Relational Approach to Quality Peace," in Christian Davenport, Erik Melander, and Patrick M. Regan, *The Peace Continuum: What It Is and How to Study It* (New York: Oxford University Press, 2018), pp. 145-182.

26　Friedrich Glasl, "The Process of Conflict Escalation and Roles of Third Parties," in G. B. J. Bomers and R. B. Peterson (eds.), *Conflict Management and Industrial Relations* (Hague: Kluwer Nijhoff Publishing, 1982), pp. 119-140; Thomas Jordan, "Glasl's Nine-Stage Model Of Conflict Escalation," October 10, 2000에서 재인용. https://projectmanagement.guide/9-stages-of-conflict-escalation-according-to-friedrich-glasl/#Level_1_Win-Win (검색일: 2024년 1월 4일).

〈그림 1〉 글라슬의 분쟁 고조 모형

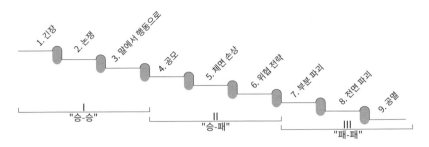

1. 긴장
2. 논쟁
3. 말에서 행동으로
4. 공모
5. 체면 손상
6. 위협 전략
7. 부분 파괴
8. 전면 파괴
9. 공멸

"승-승"
II "승-패"
III "패-패"

출처: Thomas Jordan (2000).

　글라슬의 이런 분쟁 모형은 적절한 반응을 이끌어 내는 데 목적이 있다. 이 모델은 분쟁에서 두 당사자가 어떻게 행동하는지 설명한다. 특히 분쟁 당사자 모두에게 상황을 되돌릴 수 없는 것처럼 보일 때는 해결책이 즉각 나타나지 않는다. 이런 예는 국가 영토에 대해 공격적인 행동을 취하거나, 공동 자녀를 다른 부모로부터 분리하려 하거나, 국가가 국적을 박탈하거나, 또는 한쪽 당사자가 의도적으로 분쟁을 고조시켜 이익을 추구하는 경우에 해당하는데 이런 경우 타협은 불가능하다. 그럼에도 글라슬은 각 상황에 적합한 대응책을 제시해 분쟁을 예방하거나 혹은 해결책을 탐색하고자 했다. 구체적인 방안으로 1~3유형에서는 중재, 3~5유형에서는 프로세스 안내, 4~6유형에서는 사회 치료 과정 안내, 5~7유형에서는 중재, 6~8유형에서는 중재·법원 조치, 7~9유형에서는 강제 개입 등을 제안했다. 이와 같은 분쟁 완화 방안을 선택하는 데는 그것을 수행하는 행위자의 능력과 신뢰가 중요하다. 문화적으로 중립적이고 편향되지 않은 방식으로 분쟁을 조장하는 힘을 인식하고 그 힘을 제거할 수 있는 능력이 필요하다. 그런 사람은 중재와 타협을 이끈 경험이 있고 분쟁 당사자들로부터 신뢰를 얻어야 할 것이다.

이와 같은 폭력-평화 연속체 모형은 장기간에 걸쳐 고질적 분쟁을 겪은 사회를 평가하고 평화 프로세스를 구상하는 데 유용하다. 북아일랜드, 콜롬비아, 사이프러스, 이스라엘-팔레스타인 분쟁이 그런 예들이다.

그러나 폭력-평화 연속체 개념의 의미와 그 용례를 살펴보면서 폭력과 평화의 구분이 무의미하다는 생각이 든다. 클라우제비츠(Carl von Clausewitz)가 정치와 전쟁을 명확히 구분하고 전쟁이 정치의 연속이기 때문에 전자를 후자에 대 주요 위치에 두었다면, 비릴리오는 이 관계를 뒤집었다. 즉 정치는 다른 수단에 의한 전쟁의 연속이다. 비릴리오에게 전쟁은 정치의 공간을 형성하는 데 근본적인 역할을 하기 때문에 두 영역이 더 이상 각각의 정체성을 뚜렷하게 유지하지 못한다. 전쟁과 정치의 구분이 모호해지는 현상은 비릴리오가 20세기 분쟁을 설명하는 데 특히 중요한 의미가 있다. 냉전과 핵 억지 논리의 맥락에서 전쟁과 평화를 구분하는 것 자체에 의문이 제기되기 때문이다.[27]

비릴리오가 『벙커의 고고학』에서 얻은 가장 놀라운 결론 중 하나는 제2차 세계대전이 끝나지 않았다는 것이다. "1945년 원자폭탄이 터지면서 국가는 자살 행위와 같은 상황을 영속화하게 되었고, 그럼으로써 전쟁은 끝이 보이지 않는 무한 전쟁이 되었다."는 것이다.[28] 비릴리오는 유럽과 일본 도시에 대한 공중폭격과 전후 핵무기에 의한 민간인 학살 위협 사이에 본질적인 유사성이 있다고 보았기 때문에 그런 결론을 내렸다. 공중폭격이

---

27 Ian James, *Paul Virilio* (London: Routledge, 2007), p.69.
28 Paul Virilo, *Bunker Archeology* (New York: Princeton Architectural Press, 1994), p.58.

라는 전면전과 핵 억지라는 전면적 평화 사이의 연속성, 달리 말해 전후 전쟁과 평화 사이에 실질적인 구분이 없다는 의미이다. 핵무기 배치는 이미 시행되고 있는 도심 폭격 전략의 직접적인 연장선상에 있다. 비릴리오에게 핵 억지력의 총체적 평화는 공중폭격이라는 총체적 전쟁의 역전된 연속이다. 혹은 핵 억지에 의한 총체적 평화는 다른 수단에 의해 추구되는 총체적 전쟁이다.[29]

군국주의 시기 식민지 쟁탈 전쟁에 참여한 일본인들의 회고에서도 전쟁과 평화의 경계는 무의미하다. 만주에서 패전 말기에 소집된 신조가 생이별했던 아내를 다시 만나 한 말에서 폭력-평화 연속체가 전시와 평시를 가리지 않고 관통하고 있음을 보게 된다.

> "당신을 이렇게 다시 만날 때까지, 나는 평화를 바라는 선량한 시민으로 그럭저럭 생활하면서 "사회에 조금은 기여하고 있다." 그렇게 자부하며 살고 있었소. 하지만 나는 아무것도 변하지 않았던 거요. '천황 폐하를 위해, 나라를 위해'가, '사회나 가족을 위해'로 바뀐 것뿐이었지. 메이지에서 시작된 부국강병의 이 붉은 피가 지금도 내 안에 면면히 흐르고 있소. 어떻게 해 볼 도리 없는 피가…. 일본의 근대화는 약한 자와 아시아 사람들을 내치고 죽이면서 건설됐어요…. 지금도 같은 현실이지.……"[30]

태평양전쟁에 참가한 일본 군인들을 인터뷰한 정신과 의사 노다 마사아

---

29 Ian James (2007), p.77.
30 노다 마사아키 지음, 서혜영 옮김, 『전쟁과 죄책: 일본 군국주의 전범들을 분석한 정신과 의사의 심층 보고서』, 서울: 또다른우주, 2023, 424쪽.

키(野田正彰)는 병사들 대부분이 학살 행위에 정신적으로 상처입지 않았다고 판단했다. 그는 일본 장병들에게 학살에 순응하는 정신적 자세가 집단주의, 군사주의 문화 속에서 미리 형성돼 있었다고 보았다. 나아가 천황제 이데올로기가 쉽게 사디즘으로 전화되는 경우도 적지 않았다고 말했다. 일본군에게는, 신체는 상처입어도 마음은 상처입지 않는 불사, 즉 감정 마비의 강함이 있었다는 것이다. 그리고 그 감정 마비는 전후의 일본인에게 지속되고 있다고 보았다. 노다는 전시에서부터 전후로 이어진 집단주의 문화 속에서 만들어진 일본인들의 '강한 정신'이 자기 자신과 다른 사람에 대한 폭력이 될 수 있음을 경고했다.[31] 이런 관찰은 폭력-평화 연속체 개념을 입증하는 데 그치지 않고 그 위력을 보여주는 것이 아닐까.

4. 개념의 평가

이제는 지금까지 다룬 폭력 연속체 개념을 평가해 보고자 한다. 먼저 그 특징과 의의를 같이 살펴보고 나서 문제점도 짚어 보고자 한다.

폭력 연속체 개념의 특징과 의의를 세 가지 측면에서 언급할 수 있다. 첫 번째는 이 개념이 영역이나 차원으로 구분 가능한 하나의 형태가 아니라, 폭력을 인식하는 시각을 담고 있다는 점이다. 이 개념은 말 그대로 하나의 스펙트럼상에서 뉘앙스나 농도의 차이만 있는 하나의 연속체로 폭력을 파악하고 있다. 연속체로서의 폭력 개념은 일종의 폭력 인식론인 셈이다. 인

---

31 노다 마사아키, 2023, 458쪽, 460쪽, 462-463쪽.

식론은 구체적인 사례를 뛰어넘는다. 달리 말해 특정 폭력 형태에 한정하지 않고 폭력 연속체는 모든 폭력을 이해하는 하나의 시각, 인식의 창을 제공해 준다는 데 가장 큰 특징이 있다. 평화와 폭력의 이분법은 그 자체가 현실을 파악하는 데 부적절할 뿐만 아니라 평화적 접근에 폭력성을 부여해 줄 우려가 있다. 그런 점에서 폭력 연속체는 현실에 내장되어 있는 평화-비평화를 통찰하고 평화롭고 점진적인, 그래서 현실적인 전환의 길을 안내해 준다.

두 번째 특징은 이 개념이 차원과 영역을 관통한다는 점이다. 어떤 형태의 폭력이든, 또 그 폭력의 성격이 무엇이든 폭력 연속체 개념으로 해당 폭력을 생성과 변화 등 동태적으로 파악할 수 있다. 폭력 연속체 개념은 특정 차원이나 영역에서 발생한 폭력이 다른 차원이나 영역으로 영향을 주고받으며 복잡다단하게 전개하는 현실을 포착하는 데 유용하다. 특정 폭력이 누가, 언제, 어디서 행사하든지 간에 그 기원과 전개, 그리고 종말을 하나의 연속선상에서 파악할 수 있다는 것이다.

세 번째 특징은 폭력 연속체 개념이 군사주의를 이해하고 그것을 지양하는 데 좀 더 현실적인 인식의 기회를 제공한다는 것이다. 위에서 꼽은 두 가지 특징 위에서 이 개념으로 한 사회의 군사화를 파악하고 그것을 지양하는 데 필요한 방향과 방안을 수립할 수 있다. 왜냐하면 폭력 연속체 개념은 전쟁(혹은 폭력) 대 평화, 군사화 대 탈군사화와 같이 폭력/평화 개념을 이분법적으로 파악하지 않고 연속선상에서 접근하므로 주어진 현실을 더욱 정확하고 풍부하게 평가할 수 있기 때문이다. 그러므로 탈군사화의 방향으로 나아갈 때 군사화된 현실에서 실현 가능한 그다음 과제를 설정하고 실현 방안을 도출할 수 있는 것이다. 말하자면 폭력 연속체 개념의 탈군사화 방향은 '덜 군사주의적'인 것이다. 이런 특징과 의의를 지닌 폭력 연속체 개념은 결국 평화 구축 이론과 실제의 간극을 최소화시켜 그 현실성을 극대화할 잠재력을 갖고 있다 하겠다.

이상 세 가지 긍정적인 평가와 함께 폭력 연속체 개념은 한계와 문제점도 내포하고 있다. 먼저 지적할 바는 이 개념이 명료하지 않고 모호하다는 점이다. 이 개념은 개념이 확립되지 않은 가운데 주목을 받기 시작하였다. 폭력 연속체 개념은 논자에 따라 자의적으로 정의되고 연구 목적에 따라 다양하게 적용될 수 있다. 이를테면, '영구 평화'와 같이 새로운 시각을 제시해 주는 대가로 이 개념의 명료성은 훼손되는 셈이다. 이 개념의 구성 요소와 그 요소들 간의 관계, 하위 개념의 설정, 개념 적용의 범위 등 개념화가 확립되지 않은 점은 앞으로의 과제이다.

위 지적이 이 폭력 연속체 개념 내의 한계라고 한다면, 이 개념 밖에서의 문제도 생각해 볼 만하다. 그것은 폭력과 평화의 개념을 구분할 때의 유용성과 관련된다. 폭력 연속체 개념은 물리적 차원에서 폭력/평화의 이분법을 비판하고 둘의 경계를 허물고, 분쟁의 존재 유무를 막론하고 모든 사회에 적용할 수 있는 확장성을 띠고 있다. 특히, 분쟁을 겪고 있거나 장기 분쟁을 겪은 사회에서의 평화 구축에도 이 개념은 적용될 수 있다. 그럼에도 중동과 우크라이나에서의 전쟁을 목도하고 한반도와 같이 분쟁 가능성이 높은 지역에서는 전쟁과 평화가 확연하게 차이가 난다. 이런 맥락에서는 뉘앙스보다는 질적 차이가 뚜렷한 한정적 개념이 더 적합하다. 전쟁이 일어나고 있는 데서 그보다 '정도가 덜한 전쟁'과 같이 연속체 개념을 적용하는 것은 개념의 무조건적 적용이라는 비판에 직면하게 된다. 이런 경우 폭력 연속체 개념보다는 전쟁과 평화를 구분하는 기존의 개념이 더 설명력이 높다. 말하자면 폭력 연속체 개념이 모든 경우를 다 설명할 필요는 없다는 것이다. 개념의 설명력을 평가하는 제일의 기준은 그 적용 범위보다는 적용 여부의 타당성이 아닌가 생각한다.

5. 요약과 함의

폭력은 외양상 단순해 보여도 그 구성 요소와 성격, 다양한 맥락에서의 작동 등을 고려할 때 실제는 복잡한 것이다. 이런 점을 감안해 이 장에서는 폭력을 연속선상에 있는 하나의 복합적 실체로 정의하고 그 이름을 '폭력 연속체'라 명명하였다. 본론에서는 이 개념의 등장과 전개 과정을 추적해 보았다. 폭력 연속체는 특정 형태의 폭력이라기보다는 폭력을 이해하는 하나의 접근 시각, 혹은 인식의 방법이라 말할 수 있다.

폭력 연속체는 크게 두 가지 종류가 있다. 하나는 폭력 내에서 그 정도의 차이로 보는 것이다. 이 협의의 폭력 연속체는 폭력의 변이를 파악하면서 폭력의 정도는 물론 그 정향과 정당성 등에서 다양한 양상을 띤다. 다른 하나의 폭력 연속체는 이상적인 폭력과 평화를 양 극단으로 하는 하나의 스펙트럼 위에서 폭력과 평화의 상대적 비중에 의해 폭력을 파악하는 접근이다. 이 광의의 연속체, 곧 폭력-평화 연속체는 폭력에서 평화로의 전환을 전망하면서 폭력을 점진적으로 그러나 연속적으로 줄여 나가는 과정과 전략에 초점을 둔다. 둘 중 어떤 개념을 채용할지는 논의 목적에 달려 있지만, 폭력이 현상인 동시에 과정임을 말해 준다. 이 개념은 폭력/전쟁의 이분법의 한계에 착안해 폭력을 직시하고 줄여 나가는 가장 현실적인 대안을 사유하는 데 주안점을 두고 있다.

　폭력 연속체 개념의 이론적 함의는, 이 개념이 폭력의 형성과 발전, 변이 등 대단히 다양한 폭력 현상을 인식하는 데 유용하다는 점이다. 폭력 연속체는 강도, 형태, 성격 등 폭력의 다양한 변이들을 관통해 현실에 나타나는 폭력을 가장 잘 반영한 개념이다. 말하자면 이 개념은 폭력의 한 유형이라기보다는 폭력에 접근하는 시각이라 하겠다. 이는 현실에서 가능한 폭력 지양의 길을 모색하는 데도 유용하다. 폭력 연속체 개념은 하나의 방안으로 폭력을 종식시키고 곧바로 평화를 수립할 수 있다는 성급한 평화로의 전환을 부인하고, 대신 점진적이고 (半)영구적인 평화의 길을 모색한다. 다만, 전쟁과 국가폭력을 비롯한 명백한 물리적 폭력에 대해 폭력 연속체 개념을 적용하기에는 무리가 있다. 그 경우는 점진적 폭력 감소보다는 억제나 분리를 통한 폭력 종식이 더 유용하다.

　둘째, 실천적 측면에서 폭력 연속체 개념은 폭력 문화를 지양하고 평화를 조성하는 데 이바지할 수 있다. 폭력 연속체 개념의 성격과 적용 가능성을 고려할 때, 이 개념은 한국 사회에도 도움을 줄 수 있다. 한국 사회에 폭력적 갈등이 만연한 것은 민주 시민 의식 대신, 자아와 타자를 구별하고 그 둘 사이에 위계적인 관계를 만드는 이분법적 시각이 통용되고 있기 때문이다. 이를 극복하는 데 더 많은 이익 구조를 형성하는 것도 필요하지만, 폭력을 연속체로 인식하는 발상의 전환도 중요하다. 또 이 개념은 한반도 차원에도 적용해 긴장을 완화시키는 데 활용할 수 있다. 국지적 충돌 예방과 상호 비방 중단 같은 정치 군사적 접근과 함께 대화와 교류, 지원 등 사회 경제적 접근은 평화를 조성하는 데 다 같이 유용한 방안이다. 폭력 연속체 개념은 폭력의 정도를 식별하는 일만이 아니라 폭력을 축소하는 데도 유용한 방안을 담고 있다. 다만, 전쟁 위험을 제거하기 위해서는 폭력 연속체 시각만을 적용하는 것에 한계가 있으므로 다른 접근과 보완적으로 적용할 필요가 있다.

비폭력주의와 한반도

이성용·서보혁

이 책의 본문에서는 총 열 가지 폭력 개념을 크게 기존에 익숙한 재래식 개념과 새천년 들어와 부상한 신흥 개념들로 대별하여 분석하였다. 이러한 분석틀은 오랫동안 폭력과 관련한 학술적 논의의 기반을 제공해 온 소위 기본 개념과 새로운 폭력의 양상을 새로운 그릇에 담아내려는 확장 개념이 상호 작용하며 형성해 가는 최근의 논의들을 좀 더 정밀하게 살펴볼 수 있도록 도와준다. 그러나 이 책의 목적을 생각할 때 이런 구분보다 더 중요한 것은, 인류가 추구하는 평화의 이상을 현실에서 구현하기 위해서는 평화를 억압하며 평화와 공존하는 폭력에 대한 폭넓은 이해가 필요하다는 점이다. 이런 문제의식을 공유하고 필자들은 각 폭력 개념의 등장 배경과 전개 과정, 그것이 주는 함의를 생각해 보았다. 이 책에서 다룬 폭력 개념이 모든 폭력을 아우른다고 장담하기는 어렵지만, 재래식 폭력과 신흥 폭력의 많은 부분을 포괄하며 평화를 풍부하게 상상하는 현실적 재료를 불러 모았다고 말할 수는 있을 것이다.

이제 이 책을 마무리하면서 폭력을 염두에 두면서 평화를 그려 가는 논의, 즉 폭력과 평화를 연결짓는 개념으로 비폭력주의를 토의하고, 이러한 논의가 한국의 평화 논의를 더 확장하는 데 기여할 가능성을 토의해보고자 한다. 폭력에 대한 다양한 개념들을 이해하는 목적 중 하나는, 결국 폭력의 성격과 양상을 정확히 분석함으로써 사회에 존재하는 여러 형태의 폭력을 다스려 나가는 것이다. 그런데, 이러한 목표를 추진할 때 우리가 쉽게 간과하는 것이 그 추진 과정에 존재하는 폭력성이다. 과거 사례에서 우리는 각종 폭력과 억압이 없는 사회를 이루고자 하는 사람들이 폭력적인 도구와 방법, 그리고 그 세부과정을 채용함으로써, 그들이 폭력으로부터 해방시키고자 했던 대상들을 외려 더 억압하게 되는 역설적 상황을 자주 경험했다. 따라서 다스리고자 하는 대상으로서 다양한 유형의 폭력을 이해하는 것만큼이나, 그 폭력을 다스리는 과정에서 지켜 가야 할 비폭력의 방법들을 이해하는 것이 중요하다. 이런 맥락에서 본 결론에서는 특히 실천적인 측면에서 각종 폭력에 대응하기 위한 활동에서 중요하게 다루어져 온 두 가지 큰 담론을 고찰하고, 이를 한국의 비폭력 관련 논의에 적용해 그 의미를 조명해 보고자 한다.

비폭력에 대한 두 가지 접근법

비폭력 문제와 관련해 살펴볼 첫 번째 담론은 비폭력에 대한 접근법에 관한 것이다. 개념적으로 볼 때, 순수한 의미의 비폭력은 "물리적 해를 가하지 않거나, 타인의 필수자원을 박탈하거나 최소수준 이하로 줄이지 않는 행위"를 의미한다.[1] 앞선 장에서 논의되어 온 다양한 유형의 폭력들이 모두 존재하지 않는 상황을 의미한다. 그렇다면 실천적 관점에서, 행위로서의 비폭력은 어떻게 표현되어야 하는 것일까? 가령, 다양한 형태의 행위들 중 폭력과

---

1   David Cortright, *Gandhi and Beyond: Nonviolence for an Age of Terrorism* (New York: Routledge, 2006), p.27.

비폭력을 구분 짓는 기준은 어떤 것일까? 이 질문에 대해 비폭력주의자들은 그동안 저마다의 관점에서 다양한 이론과 실천방안을 제시해 왔는데, 그 입장을 크게 원칙적 비폭력주의와 실용적 비폭력주의로 구분할 수 있다. 한국에서 이 두 입장은 근본적 평화주의와 개량적 평화주의로도 알려져 있다. 현실 사회에서 이 둘의 차이가 늘 확연히 드러나는 것은 아니지만, 비폭력을 사람들의 신념으로 지켜 가는 것과 사회 운동의 도구로 인식하는 접근법의 차이는 매우 크기 때문에 비폭력 운동의 실천을 모색하는 사람들에게 이둘 사이의 선택은 매우 어렵고 중요한 문제로 인식되고 있다.

　원칙적 비폭력주의(Principled Nonviolence)는 비폭력이 본질적으로 폭력보다 우월한 방식이라고 믿고, 비폭력을 행하기 위해서는 단지 행위가 폭력을 사용하지 않는 것을 넘어서 사람의 의도와 그 바탕이 되는 정신에 비폭력에 대한 신념이 있어야 한다고 주장한다. 현대 원칙적 비폭력주의의 출발점으로 여겨지는 모델 중 하나가 인도 독립운동의 과정에서 마하트마 간디의 주도로 일어난 사티아그라하 (Satyagraha) 운동에서 탄생하였다. 사티아그라하는 그 어원이 '진리에 의지하는 것'을 의미한다. 간디는 사티아그라하가 무력으로 저항할 힘이 없어 취하는 수동적 행위가 아니라, 그 자체로 폭력보다 도덕적으로 우월하고 잠재적 힘도 거대하기 때문에 행하는 행위 원칙이라고 설명했다. 그리고 비폭력 원칙을 지키기 위해서는 그 행위자인 사람이 내면적으로 강하고 잘 절제된 인격을 연마할 필요가 있다고 주장했다. 이런 관점에서 원칙적 비폭력 저항은 몸과 마음이 모두 비폭력을 지향하는 도덕적이며 총체적인 운동을 지향한다. 또한 그 목적 달성은

상대를 패배시키기보다는 감화시킴으로써 일어난다고 여긴다.[2]

1950년대 인도에서는 사티아그라하의 신념을 이은 비폭력 운동이 연이어 일어났다. 그중 대표적인 사례 중 하나로 비노바 바베(Vinoba Bhave)가 주도한 토지 증여 운동을 들 수 있다. 바베는 간디로부터 비폭력 사상을 직접 배우고 실천한 사람으로 유명하다. 그는 특히 당시 인도 농민들의 비참한 삶을 개선하는 데 큰 관심을 가졌고, 이를 위해서는 농민들이 각자 토지를 소유하는 것이 필요하다고 생각했다. 이후 전국을 다니면서 토지 소유주들을 상대로 그들의 가진 땅을 기부하라는 설득을 하였고, 1951년 무렵 인도 중부 하이데라바드 인근의 뽀짬빨리라는 마을에서 최초의 기부를 받을 수 있었다. 이후 토지 기부 운동에 참여하는 소유주가 꾸준히 증가하였고, 1960년대까지 이 모델을 도입한 운동들이 전국 여러 지역에서 생겨났다. 이윽고 바베의 운동은 단순히 토지를 기증 받아 농민에게 나눠주는 것을 넘어, 정치-경제-사회 의제들을 비폭력-지역 밀착형 사업으로 해결하려는 사르보다야 운동(The Sarvodaya movement)으로 계승되었다.[3] 이후 인도를 넘어서 마틴 루터킹의 공민권 운동을 비롯해, 1960-70년대에 일어난 많은 시민 운동의 모태로 기능하였다.

한편, 실용적 비폭력주의 (Pragmatic Nonviolence)는 1960-70년대에 일어난 반독재 시민 저항과 직접적인 관련이 있다. 세계 각지에서 독재정권의 억압이 강화됨에 따라, 이러한 억압 구조를 시민들의 비폭력 저항을 통해 변화시키는 것이 중요한 화두로 등장하였다. 이 문제에 관해 진 샤프 (Gene

---

2 David Cortright (2006).
3 Raghavendra Nath Misra, *Bhoodan Movement in India: An Economic Assessment* (New Delhi: S. Chand and Company Pvt Ltd, 1972).

Sharp) 등의 학자들은 정치적 권력이 시민들의 동의에 기반한다는 전제 하에, 다수의 국민들이 적극적인 방식으로 정권에 대한 지지 철회 의사를 밝힘으로써 독재정권도 교체하는 것이 가능하다고 주장하였다. 그리고 이런 사회 변혁의 수단으로서 비폭력적 방식이 폭력적 수단을 사용한 경우보다 목적 성취율이 더 높았고, 따라서 비폭력 수단이 사회 변혁에 더 효과적이라고 주장하였다.[4] 또한 비폭력 저항에 사용되는 도구는 크게 상징적 저항(대중 연설, 피케팅), 비협조적 저항(보이콧, 파업), 그리고 비폭력적 개입(단식, 점거)으로 구분되고, 이들 저항 수단은 반독재 투쟁의 시기와 맥락에 따라 다양하게 혼용될 수 있다는 인식이 대두되었다.[5]

원칙적 비폭력주의와 비교할 때 실용적 비폭력주의의 가장 큰 특징은, 비폭력을 목적 달성을 위한 도구로 인식한다는 것이다. 이런 관점에서 속은 "비폭력 행위 그 자체는, 그 주창자 혹은 활동가가 비폭력에 윤리적, 사상적, 종교적, 혹은 형이상학적 믿음의 구속을 받는 것이 아니"라고 말했다.[6] 1980년대 세계 여러 곳에서 일어난 소위 '민중의 힘' 운동은 이러한 실용적 비폭력주의의 특징을 잘 드러내고 있다. 가령 마르코스 독재정권에 대한 저항으로 일어난 필리핀의 시민 변혁 운동의 경우, 정부가 장기적인

4   Joseph Llewellyn, "Pragmatic Nonviolence and Positive Peace," in Katerina Standish, Heather Devere, Adan Suazo, and Rachel Rafferty (eds.), *The Palgrave Handbook of Positive Peace* (Cham: Palgrave Macmillan, 2022), pp. 227-245.

5   Maia Carter Hallward and Julie M. Norman, "Understanding Nonviolence," in Maia Carter Hallward and Julie M. Norman (eds.), *Understanding Nonviolence: Contours and Contexts* (Cambridge: Polity, 2015), pp. 14-34.

6   Kurt Schock, "Nonviolent Action and Its Misconceptions: Insights for Social Scientists," *PS: Political Science & Politics* 36-4 (2003), p.709.

계엄령을 동원하며 강력하게 탄압하였으나 대대적인 민중의 저항을 통해 군부와 가톨릭 교회, 그리고 언론이 차례로 마르코스 정권에 대한 지지를 철회하면서 종식되었다. 좀 더 최근의 경우로는 우크라이나 오렌지 혁명이나 '아랍의 봄' 시위에서 이와 같은 비폭력 시민 저항의 모습을 확인할 수 있다.

많은 비폭력 평화 활동들이 이렇듯 상이한 접근법 중 하나를 따르고 있고, 이들은 서로의 잠재적 문제에 대한 비판적 논쟁도 벌인다. 가령 원칙적 평화주의자들은 실용적 입장만을 견지할 경우, 행위의 효율성과 효과에만 집중한 탓에 결국 비폭력의 선을 넘는 행위조차 효율의 이름 하에 용인되는 문제점이 발생한다고 지적한다. 반대로 실용적 비폭력주의자들은 기존의 원칙적 접근법을 따르는 데에 너무 많은 제약이 있기 때문에 많은 사람들의 참여를 이끌어내기는 현실적으로 어려운 방법이라고 생각한다.

이러한 접근법의 분명한 차이에도 불구하고 현실의 비폭력 평화 활동에는 이 두 가지 접근법이 공존하는 경우가 대부분이다. 실용적 입장에서 벌이는 비폭력 활동의 경우에도 많은 사람들의 공감을 이끌어내는 데에는 결국 사람들의 비폭력에 대한 규범적 지지에 의존해야 한다. 반대로 원칙적 비폭력 활동가들에 의해 조직된 비폭력 활동에서도 모든 참가자들의 폭력 행위를 완전히 근절하는 것은 현실적으로 어렵고, 참가자들의 내적 지지 여부를 확인하는 것도 불가능하다. 이런 맥락에서 로버츠는 이 두 가지 접근법 중 어느 하나가 절대적으로 우월하다고 판단하기보다는, 각 평화 활동이 일어나는 상황과 목적에 맞게 유기적으로 두 접근법을 연계시키는 것

이 필요하다는 주장을 제기한다.[7]

그러나 한국 사회에서 비폭력주의는 위와 같은 두 가지 흐름의 담론이 아직 구체적으로 형성되지 않고 있다. 오히려 비폭력주의 자체가 실천적 대안 담론으로 자리를 잡지 못하고 있다는 것이 정확한 표현일 것이다. 그 저변에는 분단체제·군사주의, 가부장제 등 거대하고 강력한 현실이 버티고 있다.[8] 북한과 이념적, 군사적으로 대치하고 있는 현실에서 비폭력주의는 생각해 볼 여지가 거의 없었고, 그보다는 '힘에 의한 평화', 곧 폭력에 의한 안보 추구가 현실적이라 여겨 왔다. 군사주의와 가부장제가 지속되면서 분단 체제와 연결해(사실은 분단보다 더 오랜 기원을 갖고 있지만), 비폭력주의를 불온시하거나 적어도 비현실적인 것으로 치부하는 토양이 되었다. 이렇게 상상의 빈곤 혹은 편향된 담론에서는 한국 사회와 한반도에서 지속 가능한 평화를 상상하기는 어렵다. 달리 말해 한국 사회와 한반도에서 평화를 일구어 가려면 분단체제의 극복과 군사주의·가부장제와 같이 사회 내 폭력 옹호적인 의식과 관행의 청산이 함께 이루어져야 할 것이다.

군이 첨언하자면, 평화 및 안보와 관련한 주류 담론에서 비폭력주의 혹은 비폭력적 방법론에 대한 논의는 주변적 존재로 취급받아 온 상황이 비단 한국만의 문제는 아니다. 정도는 다르지만 대부분의 국가에서 비슷한 양상이 나타난다. 이를 보여주는 한 단면으로 기존 학술 논의에서 비폭력

---

7 Adam Roberts, "Civil Resistance and Power Politics," in Adam Roberts and Timothy Garton Ash (eds.), *Civil Resistance and Power Politics: The Experience of Non-violent Action from Gandhi to the Present* (Oxford: Oxford University Press, 2009), p.3.

8 김병로 · 서보혁 편, 『분단폭력: 한반도 군사화에 관한 평화학적 성찰』, 서울: 아카넷, 2016.

개념에 정합하는 어휘가 거의 없다는 점이다.[9] 한국어 비(非)폭력이든 영어 non-violence이든, 비폭력을 가리키는 개념은 모두 폭력에 대한 부정형일 뿐, 그 자체를 지칭하는 것은 아니다. 쿨란스키는 비폭력에 관한 적극적 개념의 부재가, 그동안 우리 사회가 (혹은 우리 사회의 주류 세력이) 비폭력을 주변적이고, 위험하고, 불순한 것으로 바라보는 시선과 관련이 있다고 말한다. 이미 경험적으로, 역사적으로 폭력적 방위 수단이 안보를 지키는데 비폭력과 비교해 더 효과적이지 않다는 사실이 증명되었으나, 사회의 주류 세력은 이러한 사실을 인정하지 않고 비폭력과 관련한 모든 담론을 과도한 이상주의나 비과학적 주장으로 무시해 왔다는 것이다. 잭슨은 그 이유를 무정부적(anarchic) 국제 질서라는 개념 전제, 오랫동안 지속되어 온 군사주의(militarism)의 지배적 영향력, 폭력과 비폭력을 엄격한 이분법으로 구분지어 비폭력 담론을 축소시키는 철학 논의 경향 등을 들고 있다.[10]

그러나 이러한 점을 감안하더라도, 한국에서 평화에 관심을 두고 있는 연구와 평화운동이 맞닥뜨리는 척박한 토양은 심각하다. 이런 환경에서 원칙적 비폭력주의와 실용적 비폭력주의를 구분하고 둘의 관계를 토의하는 연구와 운동의 맥락을 만들어내기도 어렵다. 앞에서 언급한 바와 같이 두 비폭력주의는 각각 장단점이 있는데, 그 둘이 상호보완 관계를 형성한다면 더욱 풍부한 평화를 상상할 수 있을 것이다. 그런데 현실에서는 원칙적 비폭력주의는 현실과 떨어져 있는(혹은 현실에 참여하지 않는) 사람들이 더 옹호하는 것처럼 보인다. 그에 비해 실용적 비폭력주의는 분단 극복, 평화정착

---

9   마크 쿨란스키, 『비폭력』, 서울: 을유문화사, 2007, 19쪽.

10   Richard Jackson, "The Challenges of Pacifism and Nonviolence in the Twenty-First Century," *Jounral of Pacifism and Nonviolence* 1 (2023), pp. 28-40.

등 한반도 현실에 개입하려는 평화주의자들이 선호하는 시각으로 보인다. 또 이둘을 연결해 불가피하게 실용적 비폭력주의를 추구하고 적절한 조건이 만들어질 때 원칙적 비폭력주의로 전환을 시도하려는 경우도 있을 것이다. 불행하게도 이런 몇 가지 시각이 한반도 현실에서 뚜렷하게 나타나거나 그들 사이에 경합하는 양상을 발견하기 힘들다. 한반도 현실을 감안할 때 비폭력주의 시각과 관련한 논의 초점은 실용적 비폭력주의와 폭력의 제한적 이용을 지지하는 시각이 서로 소통할 지점을 찾는 일일 것이다. 그만큼 한국에서 비폭력주의론의 박약함을 말해주는 것이지만, 그런 현실을 감안해 비폭력주의론을 발전시킬 계기로 삼아볼 수도 있을 것이다.

비폭력주의의 실천상 문제들

비폭력주의의 실천 과정에서 등장하는 또 하나의 논쟁점은 폭력과 비폭력 구분이 모호하다는 문제이다. 복잡다단한 현실 사회에서 일어나는 활동들이 모든 기준에 완벽하게 부합하는 비폭력 방안을 제시하는 일은 불가능하다. 따라서 많은 비폭력주의 활동에서 비폭력으로 간주할 수 있는 행위의 범위를 정하는 일은 어렵고도 중요한 과제이다. 실제로 다수의 비폭력주의 단체들은 '상대에게 치명적인 피해를 입히지 않는 행위'를 그 기준으로 정하고 있는데, 이처럼 느슨한 기준을 적용할 경우 비폭력 행위 중 저항의 대상과 아무 상관이 없는 제3자 혹은 불특정 다수의 대중에게 상당한 수준의 피해를 야기하고 나아가 저항 운동에 대한 일반 국민의 지지를 잃게 되는 상황이 발생할 위험이 있다. 또한 일상의 활동에서 자신들의 행위의 옳고 그름을 판단하기 힘든 상황에 직면하는 경우도 많고, 어느 쪽의 선택을 하더라도 윤리적 기준을 그르치게 되는 딜레마에 처하기도 한다.

이러한 상황에서 현실적이면서도 활동의 딜레마를 줄이기 위한 방법을 모색하면서, 비폭력주의 활동 단체들이 고려하는 의제는 크게 다음과 같다. 첫째, 비폭력 운동에서 허용할 수 있는 폭력의 수준에 관한 것이다. 직접적·물리적 폭력을 사용하지 않더라도 상대에게 상처를 입힐 수 있는 행동이 많이 있다. 가령, 비폭력 관련 논의에서 자주 등장하는 사례 중 하나는, 상대에 대한 적대적 감정을 있는 그대로 표정에 드러낸 얼굴을 보여주는 행위이다. 좀 더 적극적인 행위의 경우, 1960년대 미국 인종 차별 투쟁 과정에서 많은 백인 공동체들이 특정 인종 집단에 대한 극단적 혐오 표현을 쓴 피켓을 들고 시위를 한 사례를 들 수 있다. 이들의 물리적 행위 형태는 비폭력적이지만, 이러한 행위를 비폭력 활동으로 간주할 수 있을까? 한 발 더 나아가 사람에게 위해를 가하지 않고 대중의 인식 제고를 위한 목적으로 물질에 위해를 가한다면 그 행위는 폭력일까? 이와 관련한 예로 어느 시민단체가 반 세계화 퍼포먼스의 일환으로 돌을 던져 월스트리트에 있는 은행의 유리창을 깬 행위를 들 수 있다.

둘째, 폭력과 비폭력을 판단하는 기준에 그 행위가 이루고자 하는 목적과 피해의 문제가 포함되기도 한다. 많은 논의에서 폭력은 어떤 것을 파괴하거나 손상시키는 행위 자체가 아니라, 그 행위로 인해 상대가 피해를 입는 것으로 판단하고 그 대상은 대부분 인간으로 한정한다. 예를 들어, 폐차장에서 많은 차량이 파괴되고 있지만, 폐차 기계의 파괴 행위를 폭력으로 규정하지는 않는 것이다. 또한 어떤 행위로 인해 파괴 및 손상이 이루어졌다 하더라도, 피해를 입었다고 인식하는 사람이 없는 경우 이를 폭력으로 인정하지 않는 경우가 대부분이다. 복잡하고 긴급한 위기를 다루는 많은 활동은 이러한 목적과 피해의 영역에서 행위의 성격을 판단하기 어려운 경우들을 자주 직면한다. 가령 진입하는 탱크로부터 사람들을 구하기 위해 다리를 파괴하는 행위는 폭력으로 인정해야 하는가? 내전을 겪은 한 국가에서 관련 기업들의 반대를 무릅쓰고 국내 군수물자 대부분을 파괴한 것은 폭력인가? 혹은, 병원 간호사들이 '비협조적 저항'의 한 방식으로 대규모 파업을 할 때, 관련한 대비를 철저히 하지 못해 중환자의 회복에 악영향을 초래했다면 이는 비폭력 방식으로 간주될 수 없는가?

셋째, 원칙적으로 비폭력을 지향한다는 것이 폭력과 관련한 일체의 행위를 근절하는 것을 의미하는가의 문제 역시 고려대상이다. 비록 그 행위를 정당하다고 인정할 수 없다해도, 그 사용을 용인할 수밖에 없는 폭력도 있지 않을까 하는 것이다. 가령 위기 상황에서 자신을 보호하기 위해 사용하는 정당방위로서의 폭력은 어떠한가? 국제정치학에서 오랫 동안 논의된 정당한 전쟁(just war) 이론이 이와 관련한 대표적 사례이다. 이 이론적 논쟁에서는 전쟁 행위를 정당한 것으로 간주할 수 있는 기준으로 전쟁 수행의 목적(just ad bellum)과 과정에서 지켜야 할 윤리적 규범(just in bello)을 정하고자 했다. 여러 논의에서 공통적으로 나타나는 정당화의 기준은, 첫째로 한 국가가 정당방위를 위한 마지막 선택으로 전쟁을 선택하고, 둘째로 그 과정에서 비전투 민간인 및 전쟁 수행 능력이 없는 부상자를 보호하는 등의 행위 규정을 준수하는 것을 골자로 한다. 그렇다면, 이러한 윤리적 기준을 준수하면 전쟁은 정당화될 수 있는 것인가?

위에서 제기한 질문들에 제대로 답하기 위해서는 윤리적·철학적으로 깊이 있는 성찰이 필요하다. 그리고 그 성찰 과정에서 필연적으로 '폭력이란 무엇인가'라는 질문을 맞닥뜨리게 된다. 가령, '폭력의 수위'와 관련한 기준은 이 책 10장에서 다룬 연속선상의 폭력, 그리고 7장에서 소개한 일상의 배제와 직접 맞닿아 있다. 의도 및 피해와 관련한 논쟁과 관련해, 이 책 6장에서 다룬 긍정성의 폭력은 바로 이러한 의도와 결과가 배치되는 경우를 설명하고 있다. 그리고 폭력에 대한 이해의 바탕 위에, 각 질문에 내재한 여러 관련 요인들에 대한 종합적 고려도 필요하다. 이 때문에 비폭력의 범주에 관한 명확하고 일반적인 판단 기준을 제시하기란 무척 어렵다. 어느 한 조건에서는 납득이 되는 기준이 다른 조건에서는 지나치게 이상적이고 비현실적인 요구조건이 될 수 있다. 시간의 흐름에 따라 과거에는 적용 가능했던 활동 기준이 현재는 지지할 수 없는 원칙이 되기도 한다. 경우에 따라서는 하나의 원칙에 부합하는 기준이 다른 원칙의 적용을 어렵게 만드는 일이 되기도 한다. 따라서, 복잡하고 끊임없이 변화하는 현실에 매일매일 대응해 나가야 하는 많은 비폭력주의 단체들은 자신들이 맞닥뜨린 상황에 최선의 대안을 찾기 위해 노력하고 있다. 한발 더 나아가, 이 책 4장의 공동체 폭력과 관련한 여러 사례들을 통해 21세기에 일어난 대부분의 전쟁에서 자신들의 폭력 행위를 정당화하기 위한 명분으로 그 행위를 자위권 행사(self-defence)로 규정하고 있다는 점을 알 수 있다.

이상 비폭력주의의 실천 과정에서 등장하는 여러 쟁점들도 남북 관계를 중심으로 한 한반도 차원에서는 아직 깊이 논의되지 않고 있다. 그에 비해 한국 사회 내에서는 국가와 시민사회, 시민사회 내 집단 간에는 비폭력주의의 실천상의 문제들이 공공연하게 발생하고 있다. 민주화, 세계화, 정보화의 영향이 높아졌기 때문이다. 실제로 한국의 맥락에서 비폭력주의에서 폭력과 비폭력의 구분, 허용할 수 있는 폭력의 범위 문제는 대단히 논쟁적이다. 이 점이 원칙적 비폭력주의와 실용적 비폭력주의를 가르는 한 지점이기도 하다. 한국은 1987년 민주화 이후, 그리고 세계화, 정보화를 활발하게 경험하면서 오늘에 이르고 있다. 민주주의 공고화 단계로 진입하였다는 평가를 받기도 한다. 그래서 공권력의 물리적 폭력은 거의 사라졌다. 그럼에도 합법과 그 언저리에서 공권력의 물리적 폭력은 완전히 가시지 않고 있다는 지적도 있다. 이는 국가와 시민사회 사이에 비폭력을 인정하는 문제를 둘러싼 쟁점의 하나이다.

노무현 정부가 미국의 요청으로, '정의의 전쟁'으로 불리지도 못한 이라크에 파병하였다. 그 사례는 폭력 행위의 완전한 근절이 불가능하거나, 폭력을 통한 평화를 추구하는 지독한 역설을 보여준다. 노무현 대통령 스스로도 개인적으로는 파병을 반대한다고 말했지만, 당시 한국 정부는 한반도 평화 정착을 위해 파병한다고 밝혔다. 북핵 문제를 평화적으로 해결하기 위해 미국의 협력을 구해야 하는데, 미국의 요청을 완전히 거부할 수 없다는 말이다! 여기에 시민사회의 강한 반대가 있었지만, 국가 이익의 차원에서 나타난 폭력의 역설을 적지 않은 국민이 지지한 것도 부인할 수 없다. 파병 반대와 지지의 타협점이 비전투병의 비전투 지역으로의 파병이었다. 이 사례는 폭력을 허용하는 범위, 또 그것을 인식하는 문제가 대단히 난해함을 말해준다.

폭력을 인정하는 문제는 현상적으로 물리적 폭력이 아니고 곧바로 드러나지 않을 때 어려움에 직면한다. 가령 위계에 의한 성차별에서 '피해자다움'에 관한 논란은 비폭력주의 논의가 인권의 문제, 비차별의 문제와 맞닿아 있음을 말해 준다. 또한 많은 문제들이 개인적 의도를 포함하지 않으나 사회적으로 큰 폭력의 양상을 나타낸다. 예를 들어, 수도권 주민들의 풍족한 전기 이용이 밀양을 비롯해 원자력 발전소가 위치한 지역에 살고 있는 주민들의 안전과 기본권을 억압하는 현상을 생각해 볼 수 있다. 전기를 사용하고 있는 특정 개인의 폭력 의도는 개입되어 있지 않으나, 사회 전체적으로는 소수자를 향한 폭력적 영향을 초래하고 있는 것이다. 이와 같이 한국사회에서도 비폭력주의의 실천 과정에서 나타나는 논쟁점들은 어렵지 않게 발견할 수 있다. 다만 관련 이슈들이 민주적 절차 위에서 활발하게 논의되기보다는 계기별로 진행되고 있다. 거기에 오랜 분단체제와 더 오랜 가부장제 및 군사주의의 영향이 작용하고 있다.

이 책에서 필자들은 폭력 개념을 살펴봄으로써 평화를 풍부하게 이해하고 평화를 상상을 넘어 실현하는 가교를 짓고자 하였다. 이러한 다양한 폭력 개념들이 본 장에서 소개한 비폭력주의 관련 논의와 연계함으로써, 향후 한반도와 한국 사회의 여러 사회 문제들에 대한 새로운 접근법을 모색하기를 희망한다.

참고문헌

제1장 국가 폭력 / 강혁민

〈저서〉

김동춘. 『전쟁과 사회: 우리에게 한국전쟁은 무엇이었나?』, 서울: 돌베개, 2000.

권헌익. 이한중 역. 『또 하나의 냉전』, 서울: 민음사, 2013.

메리 캘도어. 유강은 역. 『새로운 전쟁과 낡은 전쟁』, 서울: 그린비, 2010.

슬라보예 지젝. 정일권, 김희진, 이현우 역. 『폭력이란 무엇인가-폭력에 대한 6가지 삐딱한 성찰』, 서울: 난장이, 2011.

이재승. 『국가 범죄』, 서울: 앨피, 2004.

지그문트 바우만. 정일준 역. 『현대성과 홀로코스트』, 서울: 새물결, 2013.

조현연. 『한국 현대정치의 악몽: 국가폭력』, 서울: 책세상, 2022.

한병철. 김태환 역. 『폭력의 위상학』, 파주: 김영사, 2020.

Aiken, Nevin T. *Identity, Reconciliation and Transitional Justice: Overcoming Interactability in Divided Societies.* New York: Routledge, 2013.

Bourdieu, Pierre. *On the State: Lectures at the College de France, 1989-1992.* Cambridge: Polity Press, 2015.

Bloxham, Donald and., Robert Gerwarwh. "Introduction" in Bloxham, Donald., Robert Gerwarwh (eds.). *Political Violence in Twentieth-Century Europe.* Oxford: Oxford University Press, 2011.

Gaddis, John Lewis. *The Long Peace: Inquiries into the History of the Cold War.* New York; Oxford: Oxford University Press, 1989.

Hayner, Priscilla B. *Unspeakable Truths: Transitional Justice and the Challenge of Truth Commission.* New York: Routledge, 2010.

Lawrence, Adria, and Erica Chenoweth. "Introduction" in Chenoweth Erica and Adria Lawrence (eds.). *Rethinking Violence: States and Non-State Actors in Conflict.* Cambridge; London; The MIT Press, 2010.

McEvoy, Kieran. "Letting Go of Legalism: Developing a 'Thicker' Version of Transitional Justice." in Kieran McEvoy and Lorna Mcgregor (eds.). *Transitional Justice from Below.* Oxford: HART Publishing, 2008.

Michalowski, Raymond. "In Search of 'state and crime' in state crime studies" in Chambliss, William J., Raymond Michalowski, and Ronald C. Kramer (eds.). *State Crime in the*

Global Age. New York: Routledge, 2010.

Montoya, Ainhoa. *The Violence of Democracy: Political Life in Postwar El Salvador*. New York: Palgrave Macmillan, 2018.

Murphy, Colleen. *The Conceptual Foundations of Transitional Justice*. Cambridge/New York: Cambridge University Press, 2017.

Philpott, Daniel. *Just and Unjust Peace*. Oxford: Oxford University Press, 2012.

Schaap, Andrew. *Political Reconciliation*. London; New York: Routledge, 2005.

Safford, Frank, and Marco Palacios. *Colombia: Fragmented Land, Divided Society*. New York; Oxford: Oxford University Press, 2002.

Teitel, Ruti G. *Transitional Justice*. Oxford: Oxford University Press, 2000.

〈논문〉

김동춘. "냉전, 반공주의 질서와 한국의 전쟁정치: 국가폭력의 행사와 법치의 한계." 『경제와사회』 89호, 2011.

김혜경. "피해자중심적 정의론과 범죄피해자 개념-법률상 피해자 개념의 해석." 『피해자학연구』 제31권 3호, 2023.

문수현. "국가와 폭력: 국가가 실패하는 순간에 대한 고찰." 『역사비평』 제131권, 2020.

박구병. "라틴아메리카의 '뜨거운 냉전'과 종속의 심화, 1945-1975." 『이베로아메리카연구』 제27권 3호, 2016.

조성권. "콜롬비아에서 정치폭력의 역사적 기원과 발전-양당주의, 후견주의, 그리고 반공주의를 중심으로-." 『중남미연구』 제14집 1호, 1995.

채오병. "부르디외의 국가: 상징권력과 주체." 『문화와 사회』 제26권 2호, 2018.

홍성흡. "국가폭력 연구의 최근 경향과 새로운 연구 방향의 모색." 『민주주의와 인권』 제7권 1호, 2005.

Daly, Erin. "Transformative Justice: Charting a Path to Reconciliation," *International Legal Perspectives* 12 (2001/2002).

Gready, Paul, and Simson Robins. "From Transitional to Transformative Justice: A New Agenda for Practice." *International Journal of Transitional Justice* 8-3 (2014).

Jackson, Richard, and Helen Dexter. "The Social Construction of Organized Political Violence: An Analytical Framework." *Civil Wars* 16-1 (2014).

Mansfield, Edward D., and Jack Snyder. "Prone to Violence: The Paradox of the Democratic Peace." *The National Interest* 82 (2005/6).

Mann, Michael. "The dark side of democracy: the modern tradition of ethnic cleansing." *New Left Review* 235 (1999).

제2장 종교 폭력 / 이병성

* 이 글은 이병성, 「세속 시대의 종교와 폭력: 아브라함 종교를 중심으로」, 『평화와 종교』
  제17호, 2024, 65-85쪽을 이 책 취지에 맞게 수정, 보완하였다.

〈저서〉

강인철. 『한국의 개신교와 반공주의: 보수적 개신교의 정치적 행동주의 탐구』, 중심, 2007.

Avalos, Hector. *Fighting Words: The Origins of Religious Violence*. New York: Prometheus
    Books, 2005.

Bainton, Roland H. *Christian attitudes toward war and peace: a historical survey and critical
    re-evaluation*. Wipf and Stock Publishers, 2008.

Cavanaugh, William T. *The Myth of Religious Violence: Secular Ideology and the Roots of
    Modern Conflict*. New York: Oxford University Press, 2009.

Dubuisson, D. *The Western Construction of Religion: Myths, Knowledge, and Ideology*.
    Trans. W. Sayers. Baltimore, MD: Johns Hopkins University Press, 2003.

Greil, Arthur L. and David G. Bromley (eds.). *Defining Religion: Investigating the
    Boundaries between the Sacred and the Secular*. Oxford: JAI, 2003.

Hitchens, Christopher. *God is Not Great: How Religion Poisons Everything*. New York:
    Twelve, 2007.

Hobsbawm, Eric J. and Marion Cumming. *Age of extremes: the short twentieth century,
    1914-1991*. London: Abacus, 1995.

Huntington, Samuel P. *The Clash of Civilizations and the Remaking of World Order*.
    London: Penguin, 1997.

Juergensmeyer, Mark, Margo Kitts, and Michael Jerryson (eds.). *The Oxford handbook of
    religion and violence*. Oxford University Press, 2013.

Juergensmeyer, Mark. *Terror in the Mind of God: The Global Rise of Religious Violence*.
    Berkeley: University of California Press, 3rd ed., 2003.

Lawrence, Bruce (ed.). *Messages to the World: The Statements of Osama Bin Laden*.
    London: Verso, 2005.

Lawrence, Bruce. *Shattering the Myth: Islam Beyond Violence*. Princeton, NJ: Princeton
    University Press, 2000.

Lee, Byongsung. *Christianity and Modernity in Korea under Japanese Colonial Rule: the
    Federal Council of Protestant Evangelical Missions in Korea, Japanese Colonialism,
    and the Formation of Modern Korea*. PhD Diss., McGill University, 2017.

Lewis, Bernard. *The Crisis of Islam: Holy War and Unholy Terror*. New York: Random
    House, 2003.

Lewis, James R. (ed.). *The Cambridge Companion to Religion and Terrorism*. New York:
    Cambridge University Press, 2017.

McCauley, Clark, and Sophia Moskalenko. *Friction: How Radicalization Happens to Them and Us.* New York: Oxford University Press, 2011.

Pape, Robert A. *Dying to Win: The Strategic Logic of Suicide Terrorism.* New York: Random House, 2005.

Taylor, Charles. *A Secular Age.* Cambridge, MA: Harvard University Press, 2007.

Taylor, Mark C. (ed.). *Critical Terms for Religious Studies.* Chicago: University of Chicago Press, 1998.

Weber, Max. *Economy and Society.* Guenther Roth& Claus Wittich (eds.). Berkeley: U. California, 1978.

〈논문〉

윤정란. "한국 반공주의와 그리스도교-서북청년단을 중심으로." 『가톨릭 평론』 14, 2018.

이병성. "한국 개신교와 민족주의: 국가주의적 민족주의 대 민족대단결 민족주의." 『기독교사회윤리』 제48집, 2020.

한경직. "그리스도인과 반공," 『새가정』 10.3, 1963.

Dawson, Lorne L. "The Study of New Religious Movements and the Radicalization of Home-grown Terrorists: Opening a Dialogue." *Terrorism and Political Violence* 21 (2010).

Silke, Andrew. "Holy Warriors: Exploring the Psychological Processes of Jihadi Radicalization." *European Journal of Criminology* 5 (2008).

제3장 젠더 폭력 / 김신현경

* 이 장은 김현경, "국제인권체제에서의 '젠더폭력' 개념의 형성," 『아시아여성연구』 제63권 2호 (2024)를 단행본 형식에 맞게 수정 · 보완한 글이다.

〈저서〉

김은경. "'인정' 이후 글로벌 지식장-영어권의 일본군 '위안부' 연구의 동향과 과제", 김은실(편) 『'위안부', 더 많은 논쟁을 할 책임』, 서울: 휴머니스트, 2024.

래윈 코넬. 리베카 피어스. 유정미 역. 『젠더: 젠더를 둘러싼 논쟁과 사상의 지도 그리기』, 서울: 현실문화, 2021.

서보혁. 『군사주의-폭력의 이데올로기와 작동방식』, 서울: 박영사, 2024.

정희진. "인권과 평화의 관점에서 본 여성에 대한 폭력." 정희진(편)『성폭력을 다시 쓴다: 객관성, 여성운동, 인권』, 서울: 한울아카데미, 2003.

정희진. "한국 남성의 식민성과 여성주의 이론", 권김현영(편)『한국 남성을 분석한다』, 서울: 교양인, 2017.

케이트 본스타인. 조은혜 역.『젠더 무법자』, 서울: 바다출판사, 2015.

Freeman, Marsha, Christine Chinkin and Beate Roudolf. *The UN Convention on the Elimination of All Forms of Discrimination Against Women: A Commentary.* Oxford:

Oxford University Press, 2012.

Girad, Françoise. "Negotiating Sexual Rights and Sexual Orientation at the UN." in Parker, R. ed al.(eds.). *SexPolitics: Reports from the Front lines.* Sexuality Policy Watch, 2007.

Hawkesworth, Mary. *Political Worlds of Women, Activism, Advocacy, and Governance in the Twenty-First Century.* Boulder: Westview Press, 2012.

Olcott, Jocelyn. *International Women's Year: The Greatest Consciousness-Raising Event in History.* Oxford: Oxford University Press, 2017.

〈논문〉

권혜령. "가정폭력에 있어 관습국제법으로서 "due diligence"의 개념과 적용-유럽인권재판소 결정을 중심으로."『법학논집』제27권 1호, 2022.

김민정. "묻지마 범죄가 묻지 않은 것: 지식권력의 혐오 생산."『한국여성학』제33권 3호, 2017.

김양희. "'가정폭력'은 '개발협력' 이슈인가? - 젠더기반폭력과 현황."『국제개발협력』제8권 4호, 2014.

김정혜. "평등권으로서 젠더 폭력으로부터 자유로울 권리."『이화젠더법학』제12권 1호, 2020.

루인. "젠더, 인식, 그리고 젠더 폭력: 트랜스(젠더)페미니즘을 모색하기 위한 메모, 네 번째."『여성학논집』제30권 1호, 2013.

박기자. "'world polity' 차원에서의 여성 인권과 여성에 대한 폭력의 이해."『여성연구논집』28호, 2017.

배은경. "사회 분석 범주로서의 '젠더' 개념과 페미니스트 문화 연구: 개념사적 접근."『페미니즘연구』제4권 1호, 2004.

변혜정. "성폭력 개념에 대한 비판적 성찰: 반성폭력운동단체의 성정치학을 중심으로."『한국여성학』제20권 2호, 2004.

신상숙. "성폭력의 의미구성과 '성적 자기결정권'의 딜레마."『여성과사회』13호, 2001.

신상숙. "젠더에 기반한 차별과 폭력의 연속선: 통합적 접근의 모색."『페미니즘연구』제18권 1호, 2018.

신혜수. "유엔 여성차별철폐협약(CEDAW)과 선택의정서에 의한 여성 인권보호."『이화젠더법학』창간호, 2010.

양현아. "가정폭력에 대한 비판적 성찰: 젠더 폭력 개념을 중심으로."『가족법연구』제20권 1호, 2006.

엄혜진. "운동사회 성폭력 의제화의 의의와 쟁점: '100인위' 운동의 수용과 현재적 착종."『페미니즘연구』제9권 1호, 2009.

윤덕경・차인순. "여성폭력 방지를 위한 포괄적 입법에 관한 연구."『이화젠더법학』제8권 3호, 2016.

이나영. "성매매는 '죄'인가? '여성혐오'에 기반한 구조적 폭력인가?: 헌법재판소의 성매매특별법 합헌 판결을 통해 본 성매매 문제 재고." 『페미니즘연구』 제16권 2호, 2016.

이대훈. "비엔나 세계인권대회의 성과와 교훈." 『민주법학』 7호, 1994.

이혜령. "1975년 세계여성대회와 분단 체험: 이효재, 목격과 침묵 그리고 증언 사이에서. " 『상허학보』 68집, 2023.

장복희. "국제법상 여성의 지위와 인권: 차별금지와 여성폭력철폐를 중심으로." 『법학연구』 제15권 3호, 2005.

장진영. "한국의 혐오범죄 사건 분석: 형법 판례를 중심으로." 『중앙법학』 제24권 3호, 2022.

전형준. "차별의 문제로서 여성에 대한 젠더 기반 폭력: 유럽인권법원 '볼로디나 대 러시아' 판결(제2호)에 적용된 국가의 적극적 의무 법리의 분석을 중심으로." 『인권법평론』 32호, 2024.

조희원·장재남. "유엔을 통한 여성정책의 지구화에 관한 연구." 『평화학연구』 제10권 4호, 2009.

홍성수. "혐오에 어떻게 대응할 것인가?: 혐오에 관한 법과 정책." 『법학연구』 제30권 2호, 2019.

홍성수. "혐오범죄의 법정책." 『형사정책』 제35권 4호, 2024.

허민숙. "여성주의 인권 정치학: 보편 vs 상대주의의 전환적 논의를 중심으로." 『한국정치학회보』 제46권 1호, 2012.

허민숙. "젠더 폭력과 혐오범죄: 여성에 대한 폭력은 혐오범죄인가? 논쟁을 중심으로." 『한국여성학』 제33권 2호, 2017.

Antić, Marja and Ivana Radačić. "The Evolving Understadning of Gender in International Law and 'Gender Ideology' Pushed 25 years since the Beijing Conference on Women." Women's Studies International Forum 83 (November-December 2020).

de Haan, Francisca. "Continuing Cold War Paradigms in Western Historiography of Transnational Women's Organizations: The Case of the Women's International Democratic Federation (WIDF)." Women's History Review 19-4 (September 2010).

Ghodsee, Kristen. "Revisiting the United Nations Decade for Women: Brief Reflections on Feminism, Capitalism and Cold War Politics in the Early Years of the International Women's Movement." Women's Studies International Forum 33-1 (January-February 2010).

Crenshow, Kimberlé. "Mapping the Margins: Intersectionality, Identity Politics, and Violence against Women of Color." Stanford Law Review 43-6 (July 1991).

Oosterveld, Valerie. "Constructing Ambiguity and the Meaning of "Gender" for the International Criminal Court." International Feminist Journal of Politics 16-4 (December 2014).

Orta, Lydia C. G. "The Convention on the Elimination of All Forms of Discrimination Against Women(CEDAW): From Its Radical Preamble to Its Contemporary Intersectional Approach." Women's History Review (NOV. 06. 2023, published online).

Šimonović, Dubravka. "Global and Regional Standards on Violence Against Women: The Evolution and Synergy of the CEDAW and Istanbul Convention." *Human Rights Quarterly* 36-3 (August 2014).

⟨1차 자료⟩

United Nations General Assembly, "International Convention on the Elimination of All Forms of Racial Discrimination," United Nations (December 21, 1965) at https://www.ohchr.org/en/instruments-mechanisms/instruments/international-convention-elimination-all-forms-racial (검색일: 2024.05.15).

United Nations, "Report of the World Conference of the International Women's Year", United Nations(1976) at https://www.un.org/en/conferences/women/mexico-city1975 (검색일: 2024.05.15).

United Nations General Assembly, "Convention on the Elimination of All Forms of Discrimination Against Women," United Nations General Assembly (December 18, 1979) at https://www.ohchr.org/en/instruments-mechanisms/instruments/convention-elimination-all-forms-discrimination-against-women (검색일 2024. 5. 15).

United Nations, "Report of the World Conference of the United Nations Decade for Women: Equality, Development and Peace," United Nations (1980) at https://www.un.org/womenwatch/daw/beijing/otherconferences/Copenhagen/Copenhagen%20Full%20Optimized.pdf (검색일: 2024.05.15).

United Nations, "Report of the World Conference to Review and Appraise the Achievements of the United Nations Decade for Women: Equality, Development and Peace", United Nations(1986) at https://digitallibrary.un.org/record/113822?v=pdf (검색일: 2024.05.15).

United Nations Committee on the Elimination of Discrimination against Women, "General recommendation No. 12: Violence against women," United Nations Committee on the Elimination of Discrimination against Women (1989) at https://tbinternet.ohchr.org/_layouts/15/treatybodyexternal/Download.aspx?symbolno=INT%2FCEDAW%2F (검색일: 2024.05.15).

United Nations Committee on the Elimination of Discrimination against Women, "General recommendation No. 19: Violence against women," United Nations Committee on the Elimination of Discrimination against Women (1992) at https://tbinternet.ohchr.org/_layouts/15/treatybodyexternal/Download.aspx?symbolno=INT%2FCEDAW%2FGEC%2F3731&Lang=en (검색일: 2024.05.15).

United Nations General Assembly, "Vienna Declaration and Programme of Action," World Conference of Human Rights in Vienna (July 25, 1993) at https://www.ohchr.org/

en/instruments-mechanisms/instruments/vienna-declaration-and-programme-action (검색일: 2024.05.15).

United Nations General Assembly, "Declaration on the Elimination of Violence against Women," United Nations General Assembly (December 20, 1993) at https://digitallibrary.un.org/record/179739?v=pdf (검색일: 2024.05.15).

United Nations Committee on the Elimination of Discrimination against Women, "General recommendation No. 21: Equality in marriage and family relations," United Nations Committee on the Elimination of Discrimination against Women (1994) at https://tbinternet.ohchr.org/_layouts/15/treatybodyexternal/Download.aspx?symbolno=INT%2FCEDAW%2FGEC%2F4733&Lang=en (검색일: 2024.05.15).

The Commission on Human Rights, "Question of Integrating the Rights of Women into the Human Rights Mechanisms of the United Nations and the Elimination of Violence against Women," The Commission on Human Rights (March 4, 1994) at https://digitallibrary.un.org/record/226487. (검색일: 2024.05.15).

United Nations, "Report of the Fourth World Conference on Women," The Fourth World Conference on Women (September 15, 1995) at https://www.un.org/en/conferences/women/beijing1995 (검색일: 2024.05.15).

United Nations Economic and Social Council, "Report on the mission to the Democratic People's Republic of Korea, the Republic of Korea and Japan on the issue of military sexual slavery in wartime", Special Rapporteur Radhika Coomaraswamy (January 4, 1996) at https://digitallibrary.un.org/record/228137?v=pdf (검색일: 2024.05.15).

United Nations Committee on the Elimination of Discrimination against Women, "General recommendation No. 28: The Core Obligations of States Parties under Article 2 of the CEDAW," United Nations Committee on the Elimination of Discrimination against Women (2010) at https://digitallibrary.un.org/record/711350?v=pdf (검색일: 2024.05.15).

Council of Europe, "Council of Europe Convention on Preventing and Combating Violence against Women and Domestic Violence," Council of Europe (2011) at https://rm.coe.int/168008482e (검색일: 2024.05.15).

United Nations Committee on the Elimination of Discrimination against Women, "General recommendation No. 35: Gender-based Violence against Women, Updating General Recommendation No.19," United Nations Committee on the Elimination of Discrimination against Women (2017) at https://digitallibrary.un.org/record/1305057?v=pdf (검색일: 2024.05.15).

The International Criminal Court, "The Rome Statue of the International Criminal Court," The International Criminal Court (July 17, 1998) at https://www.icc-cpi.int/sites/default/files/2024-05/Rome-Statute-eng.pdf (검색일: 2024.05.15).

〈기타〉

구경하. "'여성'만을 위한 '여성폭력방지기본법' 누가 만들었나?" 『KBS 뉴스 취재후』(2018년 12월 10일). https://news.kbs.co.kr/news/pc/view/view.do?ncd=4091968 (검색일: 2024.07.21).

국가법령정보센터. "여성폭력방지기본법". https://www.law.go.kr/법령/여성폭력방지기본법 (검색일: 2024.05.01).

국제엠네스티. "터키의 이스탄불 협약 탈퇴, 무엇이 문제인가." 『인권뉴스』(2021년 7월 20일). https://amnesty.or.kr/42103/ (검색일:2024.04.29).

김신현경. "미소지니를 넘어서기 위해 더 물어야 할 질문들." 『말과활』 11호 (2016).

마녀 D. "여성혐오는 가해자 '선처'의 근거일 수 없다." 『한겨레21』(2024년 4월 19일). https://h21.hani.co.kr/arti/society/society_general/55397.html (검색일: 2024.04.28).

박용필. "가정폭력 피해자, 동의 없이 분리·보호 조치 가능…대법 첫 판단." 『경향신문』(2022년 9월 5일). https://m.khan.co.kr/national/court-law/article/202209051129001. (검색일: 2024.07.21).

오세진. "여성혐오 범죄 피해자는 빠진 여성폭력방지법." 『한겨레신문』(2024년 1월 17일). https://www.hani.co.kr/arti/society/society_general/1124724.html (검색일: 2024.04.28).

임명수. "살해된 아내…가정폭력 못 막은 '임시조치'" 『한국일보』10면. (2024년 4월 25일).

장다혜. "정책영역에서의 젠더 폭력 개념 도입의 의미와 한계." 『한국여성정책연구원 세미나 자료집-문재인 정부 2주년 성과와 평가: 젠더 폭력정책을 중심으로』 (2019).

정환봉, "머리 짧다고 여성 구타…대검, '진주 편의점 폭행 사건' 엄정대응 지시, "전형적 혐오범죄…죄에 상응하는 형 선고되도록." 『한겨레신문』(2023년 11월 21일). https://www.hani.co.kr/arti/society/society_general/1117180.html (검색일: 2024.07.21).

제4장 공동체폭력 / 이성용

〈저서〉

박찬승. 『마을로 간 한국전쟁: 한국전쟁기 마을에서 벌어진 작은 전쟁들』, 파주: 돌베개, 2010.

아마르티아 센, 이상환, 김지현 옮김. 『정체성과 폭력: 운명이라는 환영』, 서울: 바이북스, 2009.

Augustine, Sali. "5 Religion and Cultural Nationalism: Socio-Political Dynamism of Communal Violence in India." in Kolig, Erich, Vivienne SM. Angeles, and Sam Wong eds. *Identity in Crossroad Civilisations: Ethnicity, Nationalism and Globalism in Asia*, Amsterdam: Amsterdam University Press, 2009.

Davis, John B. *The Theory of the Individual in Economics: Identity and Value*. London and New York: Routledge, 2003.

Encyclopedia of Violence, Peace, & Conflict Vol. 1, Oxford: Elsevier, 2008.

Etzioni, Amitai. "Communitarianism: A Historical Overview." in Reese-Schäfer, W. (eds.). Handbuch Kommunitarismus. *Springer Reference Geisteswissenschaften*. Springer VS, Wiesbaden, 2018.

Gleditsch, Kristian Skerede "Civil War" in Britannica Encyclopedia (n.d.) https://www. britannica.com/topic/civil-war

Gurr, Ted Robert. *Political Rebellion: Causes, outcomes and alternatives*. London: Routledge, 2015.

Kaldor, Mary. *New and Old Wars: Organised Violence in a Global Era*, New York: John Wiley & Sons, 2013.

Kriesberg, Louis. "Conflict Transformation." in Kurtz, Lester Ed., In Kurtz, Lester ed. Encyclopedia of Violence, Peace & Conflict, Philadelphia PA: Elsevier Inc., 2008.

Pandey, Gyanendra. *The construction of communalism in colonial North India*. Oxford: Oxford University Press, 2006.

Short, Jr., James F. and Lorine A Hughes. "Youth Violence," In Kurtz, Lester ed. *Encyclopedia of Violence*. Peace & Conflict, Philadelphia PA: Elsevier Inc., 2008.

〈논문〉

김강산. "제노사이드의 관점으로 본 관동대학살,"『한국독립운동사연구』제81권, 2023.

김여진. "전복되는 조선인像과 '불령선인'-나카니시 이노스케(中西伊之助)의 조선 소설에서 찾은 차별과 혐오 해소의 실마리,"『일본문화학보』제98권, 2023.

설동훈. "연속기획/한국 사회의 편견과 차별의 구조4-외국인 이주 노동자외국인 노동자, 현대판 노예인가 외국인 용병인가,"『당대비평』제20권, 2002.

신동준. "다문화사회 범죄문제의 사회적 맥락,"『형사정책연구』제23권, 2012.

윤정화. "제노사이드 기억의 재현방식과 재일한인의 정체성,"『현대소설연구』제46권, 2011.

황익구. "전후 일본의 관동대지진 조선인학살의 기억과 문학 담론-『피의 9월』과 '책임'의 서사,"『韓日民族問題研究』제42권. 2022.

Akerlof, George, and Rachel Kranton. "Economics and Identity." *Quarterly Journal of Economics* 115-3 (2000).

Akerlof, George, and Rachel Kranton, "Identity and the Economics of Organizations." *Journal of Economic Perspectives* 19-1 (2005).

Brosché, Johan, and Emma Elfversson. "Communal conflict, civil war, and the state: Complexities, connections, and the case of Sudan." *African Journal on Conflict Resolution* 12-1 (2012).

Davies, Shawn, Therese Pettersson, and Magnus Oberg. "Organized violence 1989-2021 and drone warfare." *Journal of Peace Research* 59-4 (2022),.

Eck, Kristine "The law of the land: Communal conflict and legal authority." *Journal of Peace Research* 51-4 (2014).

Eck, Kristine and Lisa Hultman, "One-sided violence against civilians in war: insights from new fatality data." *Journal of Peace Research* 44-2 (2007).

Galtung, Johan. "Violence, Peace, and Peace Research." *Journal of Peace Research* 6-3 (1969).

Gurr, Ted Robert. "Why minorities rebel: a global analysis of communal mobilization and conflict since 1945." *International Political Science Review* 14-2 (1993).

Hudayana, Bambang, and Suharki, AB. Widyanta. "Communal violence as a strategy for negotiation: Community responses to nickel mining industry in Central Sulawesi, Indonesia." *The Extractive industries and Society* 7 (2020).

Noor, M., Nurit Shnabel, Samer Halabi, and Arie Nadler. "When Suffering Begets Suffering: The Psychology of Competitive Victimhood Between Adversarial Groups in Violent Conflicts." *Personality and Social Psychology Review* 16-4 (2012).

Stavrianakis, Anna. "Small Arms Control and the Reproduction of Imperial Relations." *Contemporary Security Policy* 32-1 (2011).

Watson, Daniel."Rethinking Inter-Communal Violence in Africa." *Civil Wars* 1-30 (2023). https://doi.org/10.1080/13698249.2023.2180924

〈인터넷 및 기타 자료〉

백상진. "예멘 난민에 대한 분노, 한국인의 심각한 외국인 혐오증," 『국민일보』 (2018년 7월 3일) https://news.kmib.co.kr/article/view.asp?arcid=0012490984

UNEP. Relationships and Resources: Environmental governance for peacebuilding and resilient livelihoods in Sudan. (2014) https://reliefweb.int/sites/reliefweb.int/files/resources/UNEP_Sudan_RnR.pdf.

제5장 생태폭력 / 이나미

* 이 글은 『평화와 종교』 제17호(2024. 6)에 실린 필자의 논문, 「생태폭력 개념의 등장 배경 과 특징」을 수정·보완한 것이다.

〈저서〉

김종철. 『근대문명에서 생태문명으로』, 서울: 녹색평론사, 2019.

낸시 프레이저. 『좌파의 길』, 장석준 옮김, 파주: 서해문집, 2023.

레이첼 카슨. 『침묵의 봄』, 김은령 옮김, 서울: 에코리브르, 2011.

롭 닉슨. 『느린 폭력과 빈자의 환경주의』, 김홍옥 옮김. 서울: 에코리브르, 2020.

마리-모니크 로뱅, 『에코사이드』, 목수정 옮김. 서울: 시대의 창, 2020,

서보혁. 『군사주의』, 서울: 박영사, 2024.

신승철. 『펠릭스 가타리의 생태철학』, 홍성: 그물코, 2011.

앤서니 J. 노첼라 2세 외, 『동물은 전쟁에 어떻게 사용되나?』, 곽성혜 옮김, 서울: 책공장더불어, 2017.

울리히 벡. 『위험사회』, 홍성태 옮김, 서울: 새물결, 1997.

이나미. 『생태시민으로 살아가기』, 고양: 알렙, 2023.

조효제. 『침묵의 범죄 에코사이드』, 파주: 창비, 2022.

펠릭스 가타리. 『세 가지 생태학』, 윤수종 옮김, 서울: 동문선, 2003.

환경과공해연구회. 『공해 문제와 공해대책』, 파주: 한길사, 1991.

Baechler, Gnther. *Violence Through Environmental Discrimination*. Berne: Springer Science+Business Media Dordrecht, 1999.

Haraway, Donna J. *Staying with the Trouble: Making Kin in the Chthulucene*. Durham and London: Duke University Press. 2016.

Homer-Dixon, Thomas F. *Environment, Scarcity, and Violence*. Princeton: Princeton University Press, 1999.

Steenbergen, Bart Van. *The Condition of Citizenship*. London: Sage, 1994.

Stoett, Peter and Delon Alain Omrow. *Spheres of Transnational Ecoviolence*. Cham: Palgrave Macmillan, 2021.

Van Den Born and Riyan J. G. *Thinking Nature*. Nijmegen: Radboud Repository of the Radboud University Nijimegen, 2017.

Zierler, David. *The Invention of Ecocide*. Georgia: The University of Georgia Press, 2011.

〈논문〉

고태우. "20세기 한국 환경오염사 서설." 『생태환경과 역사』 10호, 2023.

박민철. "한반도 분단극복과 생태주의의 결합." 『서강인문논총』 48집, 2017.

신재준. "1970년대 전후 공해의 일상화와 환경권 인식의 씨앗." 『역사문제연구』 45호, 2021.

이찬수. "녹색이 평화다: 생명의 관계성과 종교." 『원불교사상과 종교문화』 55, 2023. 3.

이찬수. "인간과 자연의 점선적 경계에 대하여." 『경계연구』 2집 1호, 2023. 6.

Absher, Brandon. "Toward a Concept of Ecological Violence: Martin Heidegger and Mountain Justice." *Radical Philosophy Review* 15-1 (2012).

Barca, Stefania. "Telling the Right Story: Environmental Violence and Liberation Narratives," *Environment and History* 20 (2014).

Clark, Jonathan L. "Ecological Biopower, Environmental Violence Against Animals, and the "Greening" of the Factory Farm." *Journal for Critical Animal Studies* 10-4 (2012).

Galtung, Johan. "Violence, Peace, and Peace Research," *Journal of Peace Research* 6-3 (1969)

Kendrick, Leslie. "The Perils and Promise of Public Nuisance." *The Yale Law Journal* 132 (2022),

O`bryan, Katie. "Giving a Voice to the River and the Role of Indigenous People." *Australian*

Indigenous Law Review 20, (2017).

Olumba, Ezenwa E. et al. "Conceptualising Eco-Violence: moving beyond the multiple labelling of water and agricultural resource conflicts in the Sahel." *Third World Quarterly* 43-9, (2022)

〈인터넷 및 기타 자료〉

김승국. "한반도의 중립을 위한 조건(15)", 『프레시안』, 2011.3.7.

이승준. "브뤼노 라투르와 해러웨이의 공생적 협치" 생태적지혜연구소 생태민주주의 강의, 2022.

Kool, Richard. "Violence, Environmental Violence, and Pro-environmental Action." (Sep. 2019). https://clearingmagazine.org/archives/15219 (searched date: June 15, 2024).

제6장 인도주의 폭력 / 황수환

〈저서〉

서보혁. 『군사주의: 폭력의 이데올로기와 작동방식』, 서울: 박영사, 2024.

볼프강 조프스키 지음. 이한우 옮김. 『폭력사회: 폭력은 인간과 사회를 어떻게 움직이는가?』, 파주: 푸른숲, 2010.

카너 폴리 지음. 노시내 옮김. 『왜 인도주의는 전쟁으로 치닫는가?: 그들이 세계를 돕는 이유』, 서울: 마티, 2010.

Atanasoski, Neda. *Humanitarian Violence*, "Dracula as Ethnic Conflict-The Technologies of Humanitarian Militarism in Serbia and Kosovo." University of Minnesota Press, 2013.

Chesterman, Simon. *Just War or Just Peace? Humanitarian Intervention and International Law*. Oxford: Oxford University Press, 2011.

Gray, Christine. "The use of force for humanitarian purposes." Henderson and White (eds.). *Research Handbook on International Conflict and Security Law*.

McNeish, John-Andrew and Oscar López Rivera. "The multiple forms of violence in post-war Guatemala1." Suhrke, Astri and Mats Berdal, *The Peace in Between_ Post-War Violence and Peacebuilding*. New York: Routledge, 2012.

Suhrke, Astri and Mats Berdal. *The Peace in Between_ Post-War Violence and Peacebuilding*. New York: Routledge, 2012.

Weizman, Eyal. *The least of all possible evils: Humanitarian violence from Arendt to Gaza*. London: Verso, 2012.

〈논문〉

김소정. "인도주의 개념과 인도주의적 활동에 관한 고찰." 『연세유럽연구』 제2권 2호, 2014.

박혜윤. "국제개발원조의 문제점과 대안: 신제도주의적 접근." 『국제·지역연구』 제22권 1

호, 2013.

양순창. "인도주의적 개입의 정당성 문제." 『국제정치연구』 제13집 1호, 2010.

오병선. "인도적 간섭의 적법성과 정당성." 『국제법학회논총』 제54권 3호(통권 115호).

Massingham, Eve. "Military intervention for humanitarian purposes: does the Responsibility to Protect doctrine advance the legality of the use of force for humanitarian ends?" *International Review of the Red Cross* 91-876 (December 2009).

Delori, Mathias. "Humanitarian violence: how Western airmen kill and let die in order to make live." *Critical Military Studies* 5-4 (2019).

Ruachhaus, Robert W. "Principal-Agent Problems in Humanitarian Intervention: Moral Hazards, Adverse Selection, and the Commitment Dilemma." *International Studies Quarterly* 53-4 (2009).

〈기타자료〉

The Guardian. 〈https://www.theguardian.com/world/2024/mar/29/famine-gaza-us-state-department-israel-food-aid?CMP=Share_iOSApp_Other〉 (2024.3.29).

UNHCR. 〈https://emergency.unhcr.org/protection/protection-principles/humanitarian-principles〉.

제7장 일상적 폭력 / 허지영

* 이 글은 "일상적 폭력: 개념적 논의와 의의", 『평화와 종교』 제17호, 2024에 실린 필자의 논문을 수정 · 보완한 것이다.

〈저서〉

Augustova, Karolina. *Everyday Violence at the EU's External Borders: Games and Push-backs.* London & New York: Routledge, 2023.

Collins, Alan. *Black Feminist Thought: Knowledge, Consciousness, and the Politics of Empowerment.* New York: Routledge, 2000.

Corsaro, William. *The Sociology of Childhood.* Thousand Oaks, CA: Pine Forge, 1997.

Delpit, Lisa. *Multiplication is for White People: Raising Expectations for Other People's Children.* New York: The New York Press, 2012.

Hanhardt, Christina B. *Safe Space: Gay Neighborhood History and the Politics of Violence.* Durham, NC: Duke University Press, 2013.

Kanbur, Ravi. *Poverty and Conflict: The Inequality Link.* New York: International Peace Academy, 2007.

Kelly, Liz. "The Continuum of Sexual Violence." in Jalna Hanmer and Mary Maynard (eds.). *Women, Violence and Social Control.* London: MacMillan Press LTD, 1987.

Kolysh, Simone. *Everyday Violence: The Public Harassment of Women and LGBTQ*

People. New Brunswick: Rutgers University Press, 2021.

Lee, Nick. *Childern and Society: Growing up in an Age of Uncertainty*. New York: Open University Press, 2001.

Meyer, Doug. *Violence Aginast Queer People: Race, Class, Gender, and the Persistence of Anti-LGBT Discrimination*. New Brunswick, NJ: Rutgers University Press, 2015.

Riva, Paolo, and Jennifer Eck (eds.). *Social Exclusion: Psychological Approaches to Understanding and Reducing Its Impact*. Switzerland: Springer, 2016.

Sheffield, Carle J. "Sexual Terrorism: The Social Control of Women." in Beth B. Hess and Myra Marx Ferree (eds.). Analyzing Gender: A Handbook of Social Science Research. Thousand Oaks, CA: Sage, 1987.

Stanko, Elizabeth. *Everyday Violence: How Women and Men Experience Sexual and Physical Danger*. London: Pandora, 1990.

Stewart, Frances, Graham K. Brown and Arnim Langer. "Major Findings and Conclusions on the Relationship between Horizontal Inequalities and Conflict." in Frances Stewart (ed.). *Horizontal Inequalities and Conflict: Understanding Group Violence in Multiethnic Scieties*. Palgrave Macmillan, 2008.

Sue, Derald Wing. *Microaggressions in Everyday Life: Race, Gender, and Sexual Orientation*. Hoboken, NJ: John Wiley, 2010.

〈논문〉

김범선 · 조영한. "한국의 일상적 인종주의에 대한 고찰: 다문화가정에 대한 뉴스 담론을 중심으로." 『한국언론학보』 65권 1호.

김성윤. "우리는 차별을 하지 않아요: 진화된 혐오 담론으로서 젠더 이퀄리즘과 반다문화." 『문화과학』 93호, 2018.

김희정. "한국 거주 이주민 출신국에 따른 고정관념의 탐색." 『미디어, 젠더 & 문화』 32권 2호.

박천웅. "한국사회의 다문화 현실 비판과 정책적 과제," 『선교와 신학』 19권, 2012.

Banki, Sara. How much or How many? Partial Ostracism and Its Consequences. Doctoral Dissertation. University of Toronto (2012).

Blackhart, Ginette C., Brian C. Nelson, Megan L. Knowles and Roy F, Baumeister. "Rejection Elicits Emotional Reactions but Neither Causes Immediate Distress nor Lowers Self-esteem: A Meta-Analytic Review of 192 Studies on Social Exclusion." *Personality and Social Psychology Review* 14-2 (2009).

Calvo, Kerman and Martin Portos. "Securitization, Repression and the Criminalization of Young People's Dissent: An Introduction." *Revista Internacional de Sociologia* 77-4 (2019).

Coe, Anna-Britt. "Everyday Violence and Crosscutting Conditions Shaping Social and

Political Dimensions of Unsafety in Youth Activism." *Young* 30-5 (2022).

Choi, Hyun Jin. "How Ethnic Exclusion Influences Rebellion and Leader Survival A Simulation Approach." *Social Science Computer Review* 32-4 (2014).

Crenshaw, Kimberle. "Mapping the Margins: Intersectionality, Identity Politics, and Violence against Women of Color." *Stanford Law Review* 43-6 (1991).

Demoulin, Stephanie, Vassilis Saroglou and Matthieu Van Pachterbeke. "Infra-humanizing Others, Supra-humanizing Gods: The Emotional Hierarchy." *Social Cognition* 26-2 (2008).

Demoulin, Stephanie, Jacques-Philippe Leyens, Maria-Paola Paladino and Ramon Rodriguez-Perez and Armando Rodriguez-Perez, and John F. Dovidio. "Dimensions of "uniquely" and "non-uniquely" human emotions." *Cognition and Emotion* 18-1 (2004).

Dotan-Eliaz, Orly, Kristin L. Sommer and Yonata S. Rubin. "Multilingual Groups: Effects of Linguistic Ostracism on Felt Rejection and Anger, Coworker Attraction, Perceived Team Potency, and Creative Performance." *Basic and Applied Social Psychology* 31-4 (2009).

Douma, Pyt. "Poverty, Relative Deprivation and Political Exclusion as Drivers of Violent Conflict in Sub Saharan Africa." *Journal on Science and World Affairs* 2-2 (2006).

Galtung, Johan. "Violence, Peace, and the Peace Research." *Journal of Peace Research* 6-3 (1969).

Galtung, Johan. "Cultural Violence." *Journal of Peace Research* 27-3 (1990).

Gerber, Jonathan and Ladd Wheeler. "On Being Rejected: A Meta-Analysis of Experimental Research on Rejection." *Perspect Psychol Sci* 4-5 (2009).

Gordon, Hava R. and Jessica K. Taft. "Rethinking Youth Political Socialization: Teenage Activists." *Youth & Society* 43-4 (2011).

Harris, Angela P. "Gender, Violence, Race, and Criminal Justice." *Stanford Law Review* 52-4 (2000).

Haslam, Nick. "Dehumanization: An integrative review." *Personality and Social Psychology Review* 10-3 (2006).

Hlavka, Heather R. "Child Sexual Abuse and Embodiment." *Sociological Studies of Children and Youth* 13 (2010).

Hlavka, Heather R. "Normalizing Sexual Violence: Young Women Account for Harrassment and Abuse." *Gender and Society* 28-3 (2014).

Hughey, Matthew W., Jordan Rees, Devon R. Goss, Michael L. Rosino, and Emma Lesser. "Making Everyday Microaggressions: An Exploratory Experimental Vignette Study on the Presence and Power of Racial Microaggressions." *Sociological Inquiry* 87-2 (2017).

Jamte, Jan and Rune Ellefsen. "The Consequences of Soft Repression." Mobilization An

International Quarterly 25-3 (2020).

Jones, Eric E. and Janice K. Kelly. "The Psychological Costs of Knowledge Specialization in Groups: Unique Expertise Leaves You out of the Loop." *Organizational Behavior and Human Decision Processes* 121-2 (2013).

Kerr, Nobert L. and John M. Levine. "The Detction of Social Exclusion: Evolution and Beyond." *Group Dynamics: Theory, Research, and Practice* 12-1 (2008).

Kimari, Wangui, Luke Melchiorre and Jacob Rasmussen. "Youth, the Kenyan State and a Politics of Contestation." *Journal of Eastern African Studies* 14-4 (2020).

Koudenburg, Namkje. *Conversational Flow*. Unpublished doctoral dissertation. University of Groningen (2014).

Koudenburg, Namkje, Tom Postmes and Ernestine H. Gordijn. "Disrupting the Flow: How Brief Silences in Group Conversations Affect Social Needs." *Journal of Experimental Social Psychology* 47-2 (2011).

Leary, Mark R. "Making Sense of Self-esteem." *Current Directions in Psychological Science* 8-1 (1999).

Nadal, Kevin L. "The Racial and Ethnic Microaggressions Scale (REMS): Construction, Reliability and Validity." *Journal of Counseling Psychology* 58-4 (2011).

Nadal, Kevin L., Chassity N. Whitman, Lindsey S. Davis, Tanya Erazo, and Kristin C. Davidoff. "Microaggressions toward Lesbian, Gay, Bisexual, Transgender, Queer and Genderqueer People: A Review of the Literature." *Journal of Sex Research* 53-4(5) (2016).

Nezlek, John B. Eric D. Wesselmann and Kipling D. Wheeler. "Ostracism in Everyday Life." *Group Dynamics: Theory, Research, and Practice* 16-2 (2012).

Noble, Greg. "The Discomfort of Strangers: Racism, Incivility and Ontological Security in a Relaxed and Comfortable Nation." *Journal of Intercultural Studies* 26-1(2) (2005).

Richardson, Diane, and Hazel May. "Deserving Victims? Sexual Status and the Social Construction of Violence." *Sociological Review* 47-2 (1999).

Richman, Laura Smart, and Mark R. Leary. "Reactions to Discrimination, Stigmatization, Ostracism, and Other Forms of Interpersonal Rejection." *Pcychol Rev* 116-2 (2009).

Rosga, AnnJanette. "Policing the State: violence, identity and the law in constructions of hate crime." *Georgetown Journal of Gender and Law* Inaugural Issue (1999 summer).

Rohwerder, B. and Haider, H. *Conflict: Topic Guide*. Birmingham: Governance and Social Development Resource Centre. University of Birmingham (2014).

Sabo, Samanth, Suan Shaw, Maia Ingram, Nicolette Teufel-Shone, Scott Carvajal, Jill Guernsey de Zapien, Cecilia Rosales, Flor Redondo, Gina Garcia and Raquel Rubio-Goldsmith. "Everyday Violence, Structural Racism and Mistreatment at the US-Mexico

Border." *Social Science & Medicine* 109 (2014).

Sager, Maja, and Diana Mulinari. "Safety for Whom? Exploring Femonationalism and Care-racism in Sweden." *Women's Studies International Forum* 68 (2018).

Saith, Ruhi. "Social Exclusion: The Concept and Application to Development Countries." *Queen Elizabeth House Working Paper* 72 (2001).

Silver, Hilary. "Social Exclusion and Social Solidarity: Three Paradigms." *International Labour Review* 133-5(6) (1994).

Smith, Anita, and Kipling D. Williams. "R U There? Effects of Ostracism by Cell Phone Text Messages." *Group Dynamics: Theory, Research, and Practice* 8-4 (2004).

Spade, Dean, and Craig Wilse. "Confronting the Limits of Gay Hate Crimes Activism: A Radical Critique." *UCLAW Chicano-Latino Law Review* 21 (2000).

Stanko, Elizabeth. "Women, Crime, and Fear." *The Annals of the American Academy of Political and Social Science* 539 (1995).

Stout, Jane G. and Nianjana Dasgupta. "When He Doesn't Mean You: Gender-Exclusive Language as Ostracism." *Personality and Social Psychology Bulletin* 37-6 (2011).

Richman, Laura Smart, Julie Martin and Jeniffer Guadagno. "Stigma-based Rejection and the Detection of Signs of Acceptance." *Social Psychological and Personality Science* 7-1 (2015).

Sue, Derald Wing, Christina M. Capodilupo, Gina C. Torino, Jennifer M. Bucceri, Aisha M. Holder, Kevin L. Nadal and Marta Esquilin. "Racial Microaggressions in Everyday Life: Implications for Clinical Practice." *American Psychologist* 62-4 (2007).

Williams, Kipling D. "Ostracism," *Annual Review of Psychology* 58 (2007).

Williams, Kipling D. "Ostracism: A Temporal Need-Threat Model." *Advances in Experimental Social Psychology* 41 (2009).

Wirth, James H., Michael J. Bernstein, Eric D. Wesselmann and Angie S. LeRoy. "Social Cues Establish Expectations of Rejection and Affect the Response to Being Rejected." *Group Processes & Intergroup Relations* 20-1 (2017).

〈신문기사〉

Safronova, Valeriya. "Exes Explain Ghosting, the Ultimate Silent Treatment." *The New York Times* (June 26 2015). Retrieved from http://nyti.ms/1GPgSyC

제8장 긍정성의 폭력 / 이찬수

* 이 글은 「긍정성의 폭력」, 『평화와 종교』 제17호, 2024에 실린 필자의 논문을 일부 수정·보완한 것이다.

〈저서〉

김보화. 『시장으로 간 성폭력: 성범죄 가해자는 어떻게 감형을 구매하는가』, 서울: 후마니타스, 2023.

김진석. 『초월에서 포월로』, 서울: 솔, 1994.

김홍중. 『마음의 사회학』, 파주: 문학동네, 2016.

로버트 D. 퍼트넘 외. 『아메리칸 그레이스』, 정태식 외 옮김, 서울: 페이퍼로드, 2013.

르네 지라르. 『폭력과 성스러움』, 김진식 외 옮김, 서울: 민음사, 2007.

바디우, 알랭. 『사도 바울: '제국'에 맞서는 보편주의 윤리를 찾아서』, 현성환 옮김, 서울: 새물결, 2008.

발터 벤야민. 『역사의 개념에 대하여·폭력비판을 위하여·초현실주의 외』, 최성만 옮김, 서울: 길, 2012.

수전 손택. 『타인의 고통』, 이재원 옮김, 고양: 이후, 2004.

슬라보예 지젝. 『폭력이란 무엇인가』, 이현우 외 옮김, 서울: 난장이, 2011.

앨리스 터너. 『지옥의 역사 I·II』, 이찬수 옮김, 서울: 동연, 1998.

울리히 벡. 『위험사회』, 홍성태 옮김, 서울: 새물결, 2006.

울리히 벡. 『글로벌 위험사회』, 박미애 외 옮김, 서울: 길, 2010.

이문영 편. 『폭력이란 무엇인가, 기원과 구조』, 파주: 아카넷, 2015.

이찬수 외. 『평화의 신학: 한반도에서 신학으로 평화 만들기』, 서울: 동연, 2019.

장 보드리야르. 『테러리즘의 정신』, 배영달 옮김, 서울: 동문선, 2003.

존 티한. 『신의 이름으로: 종교 폭력의 진화적 기원』, 박희태 옮김, 원주: 이음, 2011.

지그문트 바우만. 『현대성과 홀로코스트』, 정일준 옮김, 서울: 새물결: 2013.

칼 슈미트. 『정치적인 것의 개념』, 김효전 옮김, 서울: 법문사, 1992.

캐서린 켈러. 『묵시적 종말에 맞서기: 기후, 민주주의, 그리고 마지막 기회들』, 한성수 옮김, 고양: 한국기독교연구소, 2021.

토머스 홉스. 『리바이어던』, 최공웅·최진원 옮김, 서울: 동서문화사, 2016.

한병철. 『피로사회』, 김태환 옮김, 서울: 문학과 지성사, 2012.

한병철. 『투명사회』, 김태환 옮김, 서울: 문학과 지성사, 2014.

한병철. 『폭력의 위상학』, 김태환 옮김, 파주: 김영사, 2020.

한병철. 『심리정치: 신자유주의의 통치술』, 김태환 옮김, 서울: 문학과 지성사, 2023.

Baudrillard, Jean. *Fragments.* London and New York: Routledge, 2004.

Bowler, Catherine. *Blessed: A History of the American Prosperity Gospel.* Ph.D. diss., Duke University, 2010.

Galtung, Johan. *Peace by Peaceful Means: Peace and Conflict, Development and Civilization.* London: Sage Publications, 1996.(=요한 갈퉁, 『평화적 수단에 의한 평화』, 이재봉 외 옮김, 서울: 들녘, 2000)

Haraway, Donna J. *Staying with the Trouble: Making Kin in the Chthulucene.* Durham & London: Duke University.(=도나 해러웨이, 『트러블과 함께 하기: 자식이 아니라 친

척을 만들자』, 최유미 옮김, 파주: 마농지, 2021)

Nietzsche, Friedrich. *Menschliches, Allzumenschliches I.* Berlin: Kritische Gesamtausgabe IV-2, 1967.

Osteen, Joel. *Your Best Life Now: 7 Steps to Living at Your Full Potential*, New York: Warner Faith, 2004(=조엘 오스틴, 『긍정의 힘』, 정성묵 옮김, 서울: 두란노서원, 2005)

Wilkinson, Bruce H. *The Prayer of Jabez: Break Through to the Blessed Life*, Multnomah Publishers Inc, 2000(=브루스 윌킨슨, 『야베스의 기도』, 마영례 옮김, 서울: 디모데, 2001)

〈논문〉

이진구. "신자유주의 시대의 자기계발과 복지: 한국 개신교 공간의 번영복음을 중심으로", 『종교문화비평』 37, 2020.

Boulding, Kenneth E. "Twelve Friendly Quarrels with Johan Galtung." *Journal of Peace Research* 14-1 (1977).

Galtung, Johan. "Twenty-five Years of Peace Research: Ten Challenges and Some Response." *Journal of Peace Research* 22-2 (June 1985).

Galtung, Johan. "Violence, Peace and Peace Research." *Journal of Peace Research* Vol.6, No.3(1969).

Gaviria, Maicol Mazo and Juan Camilo Restrepo Tamayo. "The Violence of Positivity as Ontological Mutilation: An Approach to Byung-Chul Han's Philosophy." *Eidos: Revista de Filosofía de la Universidad Del Norte* 37(2022).

Horrocks, Chris. "Notes on Jean Baudrillard and Critical Theory." *Berlin Journal of Critical Theory* 4-1 (March, 2020).

Stanton, Timothy, "Hobbes and Schmitt", *History of European Ideas* 37 (2011).

李賛洙. "新自由主義時代の自由の様相と自由の連帯", 『リ-ラ-(lila)』 第九号, 2015.11.

〈기사검색〉

https://books.google.com/ngrams/graph?content=positivity&year_start=1800&year_end=2019&corpus=en-2019&smoothing=3(검색일 2024.02.02.)

제9장 사이버 폭력 / 조계원

* 이 글은 조계원, 「디지털 혐오 시대의 사이버 폭력」, 『시민정치연구』 제8호, 2024, 65-90쪽을 이 책의 목적에 맞게 수정한 것이다.

〈저서〉

안도 슌스케 저 · 송지현 역. 『정의감 중독 사회』, 서울: 또다른우주, 2023.

월 스토 저 · 문희경 역. 『지위 게임』, 서울: 흐름출판, 2023.
조효제. 『인권의 지평: 새로운 인권 이론을 위한 밑그림』, 서울: 후마니타스, 2016.
홍성수. 『말이 칼이 될 때』, 서울: 어크로스, 2018.

〈논문〉
김민정. "일베식 "욕"의 법적 규제에 대하여: 온라인에서의 혐오 표현에 대한 개념적 고찰",
　　『언론과 법』 제13권 2호, 2014.
김성우. "미디어로서의 사이버공간에 드러난 제2자아와 현실 연구: 글로컬 사이버윤리 제
　　언을 위한 소고", 『문화콘텐츠연구』 제28호, 2023.
김정애. "청소년의 학교폭력 경험이 사이버폭력에 미치는 영향: 인권감수성과 또래동조성
　　의 다중매개효과를 중심으로", 『한국콘텐츠학회논문지』 제21권 5호, 2021.
김학주. "사이버폭력의 실태 및 대응방안에 관한 연구", 『생명연구』 제59집, 2021.
두경희. "사이버 폭력 피해자의 정서적, 인지적 경험 및 대처행동", 『청소년학연구』 제22권
　　11호, 2015.
두경희 · 김계현 · 정여주. "사이버 폭력 연구의 동향과 과제: 사이버 폭력의 정의 및 유형을
　　중심으로", 『상담학연구』 제13권 4호, 2012.
반형걸 · 남윤재. "메타버스 내 사이버 폭력과 법적 보호에 관한 연구: 아바타에 대한 폭력
　　을 중심으로", 『커뮤니케이션학 연구』 제31권 1호, 2023.
서창국. "코로나19 발생 전후의 사이버폭력에 대한 뉴스 빅데이터 분석", 『사회융합연구』
　　제7권 4호, 2023.
유지희 · 엄명용. "중학생의 사이버불링 피해경험이 사이버불링 가해행동에 미치는 영향",
　　『한국사회복지학』 제74권 2호, 2022.
이성식. "사이버범죄에서 탈억제의 심리와 통합적 작용의 모형구성과 검증", 『한국범죄심
　　리연구』 제13권 2호, 2017.
정문경. "청소년기 사이버폭력 피해경험과 사회불안의 관계에서 사회적 유능성과 지각된
　　사회적 지지의 매개효과", 『상담학연구』 제16권 2호, 2015.
정영희. "청소년 사이버 폭력 예방 프로그램 독일 '미디어 헬덴'에 관한 고찰", 『문화와 융
　　합』 제45권 7호, 2023.
정완. "사이버폭력의 피해실태와 대응방안", 『피해자학연구』 제13권 2호, 2005.
조계원. "온라인 행동주의와 집합 감정: 청와대 국민청원을 중심으로", 『비교민주주의연구』
　　제17집 2호, 2021.
조계원. "한국에서 증오범죄의 가능성과 규제 방안", 『법과 사회』 제55호, 2017.
최소윤 · 한민경. "'사이버 음란물'에서 '기술매개 젠더기반 폭력'까지: 디지털 성범죄 관련
　　국내 연구동향 분석", 『한국범죄학』 제14권 2호, 2020.
홍남희. "디지털 플랫폼 시대 자동화 거버넌스와 '나쁜 말'의 규제", 『사이버커뮤니케이션학
　　보』 제40권 1호, 2023.
홍성수. "혐오표현의 해악과 개입의 정당성: 금지와 방치를 넘어서", 『법철학연구』 제22권 3

호, 2019.

홍성희. "청소년의 사이버폭력 피해경험과 자살생각과의 관계에서 자아존중감과 우울의 이중매개효과", 『교정복지연구』 제76호, 2022.

홍주현·나은경. "온라인 혐오표현의 확산 네트워크 분석: 이슈 속성별 확산 패턴 및 혐오 표현의 유형과 강도", 『한국언론학보』 제60권 5호, 2016.

Ansary, Nadia S. "Cyberbullying: Concepts, Theories, and Correlates Informing Evidence-based Best Practices for Prevention." *Aggression and Violent Behavior* 50 (January-February, 2020).

Backe, Emma Louise, Pamela Lilleston, and Jennifer McCleary-Sills. "Networked Individuals, Gendered Violence: A Literature Review of Cyberviolence." *Violence and Gender* 5-3 (September, 2018).

Castaño-Pulgarín, Sergio Andrés, Natalia Suárez-Betancur, Luz Magnolia Tilano Vega, and Harvey Mauricio Herrera López. "Internet, Social Media and Online Hate Speech. Systematic Review." *Aggression and Violent Behavior* 58 (May-June, 2021).

Crespi, Isabella and Laurie-ann M. Hellsten. "Cyberviolence and the Digital Experience: Reflections on a Rroblematic Issue for Youth." *International Review of Sociology* 32-3 (October, 2022).

Hawdon, James, Colin Bernatzky, and Mattew Costello. "Cyber-Routines, Political Attitudes and Exposure to Violence-Advocating Online Extremism." *Social Forces* 98-1 (September, 2019).

Peterson, Jillian and James Densley. "Cyber Violence: What Do We Know and Where Do We Go from Here." *Aggression and Violence* 34 (May, 2017).

〈인터넷 및 기타 자료〉

국가인권위원회. "온라인 혐오표현 인식조사." 국가인권위원회 (2021년 9월 2일). https://www.humanrights.go.kr/base/board/read?boardManagementNo=17&boardNo=7607189&menuLevel=3&menuNo=115 (검색일: 2024. 03. 31).

김송이·김세훈. "'카톡 감옥' '딥페이크 능욕'…시공간 뛰어넘는 '사이버 학폭'." 『경향신문』 (2023년 3월 20일), https://www.khan.co.kr/national/national-general/article/202303201130001 (검색일: 2024. 03. 31).

류철. "사이버 폭력 방지를 위한 AI 기술 동향." 『KISDI AI Outlook』 제9호 (2022). https://www.kisdi.re.kr/report/view.do?key=m2101113025377&masterId=4333446&arrMasterId=4333446&artId=669736 (검색일: 2024. 03. 31).

마녀. "성착취물로 번 500억…'웹하드 카르텔' 처벌엔 추징이 없다." 『한겨레신문』 (2023년 2월 10일), https://www.hani.co.kr/arti/society/society_general/1079204.html (검색일: 2024. 03. 31).

방송통신위원회·한국지능정보사회진흥원. "2023년 사이버폭력 실태조사." 방송통신위원회 · 한국지능정보사회진흥원 (2024년 02월). https://kcc.go.kr/user.do?mode=view &page=A02060400&dc=K02060400&boardId=1030&cp=1&boardSeq=60296 (검색일: 2024. 03. 31).

이승현 · 강지현 · 이원상. "청소년 사이버폭력의 유형분석 및 대응방안 연구." 한국형사정 책연구원 (2015년 12월). https://scienceon.kisti.re.kr/commons/util/originalView.do ?cn=TRKO201600001178&dbt=TRKO&rn= (검색일: 2024. 03. 31).

조성은. "학교폭력의 사각지대 '사이버폭력'···성소수자 학생은 더 아프다."『프레시안』 (2021년 09월 14일), https://www.pressian.com/pages/articles/2021091410291679387 (검색일: 2024. 03. 31).

최진응. "사이버폭력 규제를 위한 입법과제." 국회입법조사처.『이슈와 논점』제1970호 (2022년 07월 05일). https://www.nars.go.kr/report/view.do?cmsCode=CM0018 &brdSeq=39609 (검색일: 2024. 03. 31).

학생 사이버폭력 예방 및 대응 실무협의체. "학생 사이버폭력 예방 · 대응 가이드." 교육부 (2022년 02월 11일), https://www.moe.go.kr/boardCnts/viewRenew.do?boardID= 316&lev=0&statusYN=W&s=moe&m=0302&opType=N&boardSeq=90663 (검색일: 2024. 03. 31).

Human Rights Watch. "'I Thought of Myself as Defective': Neglecting the Rights of LGBT Youth in South Korean Schools." Human Rights Watch (September, 2021). at https://www.hrw. org/sites/default/files/media_2021/09/southkorea0921_web.pdf (검색일: 2024. 03. 31).

제10장 폭력 연속체 / 서보혁

* 이 장은 서보혁, "폭력 연속체,"『평화학보』제2집(원광대학교 평화학연구소, 2024)에 실 린 것을 일부 수정한 것이다.

〈저서〉

공진성.『폭력』, 서울: 책세상, 2009.

노다 마사아키 지음. 서혜영 옮김.『전쟁과 죄책: 일본 군국주의 전범들을 분석한 정신과 의 사의 심층 보고서』, 서울: 또다른우주, 2023.

비릴리오, 폴 지음. 이재원 옮김.『속도와 정치』, 서울: 그린비, 2014.

사카이 다카시 지음. 김은주 옮김.『폭력의 철학: 지배와 저항의 논리』.

슈라이버 2세, 도널드 W. 지음. 서광선 · 장윤재 옮김.『적을 위한 윤리』, 서울: 이화여자대 학교 출판부, 2001.

아렌트, 한나 지음. 김정한 옮김.『폭력의 세기』, 서울: 이후, 1999.

이재원. "해설: 속도와 유목민." 폴 비릴리오 지음. 이재원 옮김.『속도와 정치』, 서울: 그린 비, 2014.

이진우.『전쟁은 일어나지 않는다는 착각』, 서울: 휴머니스트출판클럽, 2022.

이찬수. 『평화와 평화들: 평화다원주의와 평화인문학』, 서울: 모시는사람들, 2018.

최유미. 『해러웨이, 공-산의 사유』, 서울: 도서출판b, 2020.

Cockburn, Cynthia. "The Continuum of Violence: A Gender Perspective on War and Peace." in Giles, Wenona and Jennifer Hyndman (eds.). *Sites of Violence: Gender and Conflict Zones*. Berkley: University of California Press, 2004.

Davenport, Christian. "5. A Relational Approach to Quality Peace." in Davenport, Christian, Erik Melander, and Patrick M. Regan. *The Peace Continuum: What It Is and How to Study It*. New York: Oxford University Press, 2018.

Galtung, Johan. *Peace by Peaceful Means: Peace and Conflict, Development and Civilization*. Oslo: SAGE, 1996.

James, Ian. *Paul Virilio*. London: Routledge, 2007.

Marzec, Robert P.*Militarizing the Environment: Climate Change and the Security State*. Minneapolis: University of Minnesota Press, 2015.

Melander, Erik. "4. A Procedural Approach to Quality Peace." in Davenport, Christian, Erik Melander, and Patrick M. Regan. *The Peace Continuum: What It Is and How to Study It*. New York: Oxford University Press, 2018.

Pinker, Steven. *The Better Angels of Our Nature: Why Violence Has Declined*. New York: Penguin Books, 2012.

Virilo, Paul. *Bunker Archeology*. New York: Princeton Architectural Press, 1994.

Williams, Philip J. and Knut Walter. "The Armed Forces after the Peace Accords." in Williams, Philip J. and Knut Walter (eds.). *Militarization and Demilitarization in El Salvador's Transition to Democracy*. PA: University of Pittsburgh Press, 1997.

〈논문〉

Boulding, Elise. "The Roots of Peace in Conflict (1993)." Philadelphia: The Wider Quaker Fellowship, 1995. chrome-extension://efaidnbmnnnibpcajpcglclefindmkaj/https://www.fwccamericas.org/pub/BouldingE1995.pdf. 검색일: 2024년 1월 4일.

Boulding, Kenneth E. "Twelve Friendly Quarrels with Johan Galtung." *Journal of Peace Research* 14-1 (1977).

Bourgois, Philippe. "The Power of Violence in War and Peace: Post-Cold War Lessons from El Salvador." *Ethnography* 2-1 (2001).

Croissant, Aurel, David Kuehn, Paul Chambers and Siegfried O. Wolf. "Beyond the Fallacy of Coup-ism: Conceptualizing Civilian Control of the Military in Emerging Democracies." *Democratization* 17-5 (2010).

Gaddis, John Lewis. "The Long Peace: Elements of Stability in the Postwar International System." *International Security* 10-4 (1986).

Jordan, Thomas. "Glasl's Nine-Stage Model Of Conflict Escalation." October 10, 2000.

https://projectmanagement.guide/9-stages-of-conflict-escalation-according-to-friedrich-glasl/#Level_1_Win-Win. 검색일: 2024년 1월 4일.

Kohn, Richard H. "How Democracies Control the Military." *Journal of Democracy* 8-4 (1997).

McDougal, Myers S. "Peace and War: Factual Continuum with Multiple Legal Consequences." *American Journal of International Law* (1955), Published online by Cambridge University Press (30 March 2017). https://www.cambridge.org/core/journals/american-journal-of-international-law/article/peace-and-war-factual-continuum-with-multiple-legal-consequences/CB00CFB6B939653C063D30CB7F7756 BF. 검색일: 2023년 12월 24일.

결장 비폭력주의와 한반도/ 이성용 · 서보혁

〈저서〉

김병로 · 서보혁 편. 『분단폭력: 한반도 군사화에 관한 평화학적 성찰』, 서울: 아카넷, 2016.

마크 쿨란스키 지음. 전제아 옮김. 『비폭력』, 서울: 을유문화사, 2007.

Carter Hallward, Maia, and Julie M. Norman. "Understanding Nonviolence." in Maia Carter Hallward and Julie M. Norman (eds.). *Understanding Nonviolence: Contours and Contexts*. Cambridge: Polity, 2015.

Cortright, David. *Gandhi and Beyond: Nonviolence for an Age of Terrorism*. New York: Routledge, 2006.

Llewellyn, Joseph. "Pragmatic Nonviolence and Positive Peace." in Katerina Standish, Heather Devere, Adan Suazo, and Rachel Rafferty (eds.). *The Palgrave Handbook of Positive Peace*. Cham: Palgrave Macmillan, 2022.

Nath Misra, Raghavendra. *Bhoodan Movement in India: An Economic Assessment*. New Delhi: S. Chand and Company Pvt Ltd, 1972.

Roberts, Adam. "Civil Resistance and Power Politics." in Adam Roberts and Timothy Garton Ash (eds.). *Civil Resistance and Power Politics: The Experience of Non-Violent Action from Gandhi to the Present*. Oxford: Oxford University Press, 2009.

〈논문〉

Jackson, Richard. "The Challenges of Pacifism and Nonviolence in the Twenty-First Century." *Journal of Pacifism and Nonviolence* 1 (2023).

Schock, Kurt. "Nonviolent Action and Its Misconceptions: Insights for Social Scientists." *PS: Political Science & Politics* 36-4 (2003).

서 보 혁: 한국외국어대학교에서 2003년 2월 정치학 박사학위를 취득하였고, 현재 통일연구원 연구위원으로 근무하고 있다. 근래 저작으로 『군사주의』(2024), 『인권의 평화·발전 효과』(공저, 2023) 등이 있다.

허 지 영: 독일 베를린 자유대학교에서 정치학으로 박사학위를 받았으며 현재 강원대학교 통일강원연구원 연구교수로 근무하고 있다. 최근 저작으로 The Iran Nuclear Deal (JCPOA) and Implications for the North Korean Nuclear Crisis (Journal of Asian and African Studies, 2023) 등이 있다.

강 혁 민: 뉴질랜드 오타고대학교에서 평화학 박사학위를 취득하였고 현재는 이화여대와 경희대 등에서 강의 중이다. 이행기 정의와 정치적 화해, 그리고 평화운동을 연구하고 있으며, 대표적인 논문으로는 「The Agency of Victims and Political Violence in South Korea: Reflection on the Needs-Based Model of Reconciliation」이 있다.

이 병 성: 캐나다 맥길대학교에서 종교학 박사를 받았고 현재 연세대학교 기독교문화연구소 전문연구원 소속으로 동대학교에서 강의하고 있다. 저작으로는 『한국전쟁 70년과 '이후' 교회』(공저), 『한국 개신교와 민족주의』 등이 있다.

김신현경: 연세대 정치외교학과에서 학사학위를, 이화여대 여성학과에서 석사 및 박사학위를 받았으며 현재 서울여대 교양대학 조교수로 가르치고 연구한다. 최근 저작으로 『위안부, 더 많은 논쟁을 할 책임』(공저, 2024), Mediating Gender in Post-Authoritarian South Korea(공저, 2024) 등이 있다.

이 성 용: 영국 코벤트리 대학교 및 뉴질랜드 오타고 대학교에서 조교수 및 부교수로 근무하였고, 현재 일본 소카대학교 문학부 소속 평화학 교수로 일하고 있다. 최근 저서 및 편서로 Everyday Reconciliation in Post-Khmer Rouge Cambodia(2022, Palgrave Macmillan), Multi-Level Reconciliation and Peacebuilding(2021, Routledge, with Kevin Clements) 등이 있다.

이 나 미: 고려대학교에서 정치학 박사학위를 받았고 현재 동아대 융합지식과 사회연구소 전임연구원, 경희사이버대 후마니타스학과 외래교수로 근무하고 있다. 주요 저작으로,『생태시민으로 살아가기』(2023),『한국 자유주의의 기원』(2001),『한국의 보수와 수구』(2011),『이념과 학살』(2013),『한국시민사회사』(2017) 등이 있다.

황 수 환: 한국외국대학교에서 정치학 박사를 받았고 현재 통일연구원 부연구위원으로 근무하고 있다. 최근 저작으로『평화학 개론』(2022),『인권의 평화·발전 효과와 한반도』(2023) 등이 있다.

이 찬 수: 서강대 종교학과에서 박사학위를 받았고, 현재 연세대 교양교육연구소 전문연구원이다. 최근 저작으로『메이지의 그늘』(2023),『전쟁 넘어 평화』(공저, 2023) 등이 있다.

조 계 원: 고려대에서 정치학 박사를 받았고, 현재 고려대 정치연구소 연구교수로 근무하고 있다. 최근 저작으로『갑을관계의 정의론』(2024),『새로운 사회계약과 디지털 권리장전』(2024) 등이 있다.

찾아보기